上海光华教育发展基金会
Shanghai Guanghua Education
Development Foundation

王增藩　刘志祥——著

XIE XIDE

谢希德传

〔增订本〕

复旦大学出版社

出版说明

一、谢希德院士是我国半导体物理学的开拓者之一、表面物理研究的先驱者和奠基人,同时也是富有实践经验的教育家、享有盛誉的社会活动家,于1983年至1988年担任复旦大学校长,是新中国第一位大学女校长。《谢希德传》初版于2005年,值此复旦大学建校120周年之际,予以全面修订再版。

二、本次再版修订情况大致如下:

(1)改正初版文字、知识性差错,确保内容严谨性与学术规范性。

(2)吸收近年的研究成果进行修改增补,此次修订增补的内容主要包括:① 改写谢希德的童年故事"雪夜的电报";② 增补"物理学父女"一节,重点介绍谢希德的父亲谢玉铭的学术人生与个人成就;③ 增补"要留希德在人间"一节,主要记录复旦大学建校100周年以来,后人为纪念谢希德所做的工作,如为纪念谢希德诞辰90周年成立希德书院,为庆祝谢希德百年诞辰举办多项纪念活动,多年来在她工作的地方复旦大学、学习的地方厦门大学、故乡福建石狮等地相继建造谢希德雕像等,让谢希德精神永远留在人间。

(3)对书稿涉及的所有引文和文献进行核查、校勘,确保史料来源的权威性与准确性。

(4)调整所有插图,并采用AI图像修复技术着色优化老照片。

三、本书初版时为单色印制,本版采用全彩印刷工艺。

四、本次修订工作得到了两位作者的全力配合，上海光华教育发展基金会予以大力支持，在此表示衷心感谢！

谨以此书致敬复旦先贤，献礼双甲之庆，冀望承前启后，薪火永续。

编者

2025 年 4 月

目 录

001	初版序言（王　迅）
001	再版前言（王增藩　刘志祥）
001	第一章　凌空雏凤破岚烟
001	1. "梯航万国"出群才
005	2. 雪夜的电报
009	3. 漫游书海有乾坤
013	4. 母校贝满女中
018	5. 学会思考
020	6. 两次高考四年病
028	7. 南方之强
034	8. 物理学父女
039	9. 战火纷飞惜良缘
043	第二章　负笈异乡求学忙
043	10. 艰难出国苦筹谋
047	11. 重洋远涉烦双鬓
049	12. 独在异乡勤攻读
054	13. "今后去向"问题
056	14. 在麻省理工学院

061	第三章	风波浪里忆萍踪
061		15. "不能再等了"
064		16. 南辕北辙
069		17. 万里征程辗转归
072		18. 教坛初播芬芳
075		19. 北大燕园的灯光
084		20. 一段往事成追忆
091		21. 人到中年几沉浮
096		22. 在当"牛"的岁月中
101		23. 与死亡擦肩而过
104		24. 身在病中心忧国
109	第四章	筚路蓝缕沐春风
110		25. 一流实验室的由来
116		26. 远见卓识拓新知
123		27. 科教春天趁东风
128		28. 润物细无声
137		29. 书山有"路"
140		30. 钟的精神
144		31. 辩论与读书
147		32. 为了母校的嘱咐
151	第五章	冀门纵横称女杰
151		33. 新中国任命的第一位大学女校长
158		34. 开启教育改革之门
164		35. 预防"近亲繁殖"
167		36. 师资培养与教学齐飞
172		37. 慈母严师出俊彦

177	38. 一心在复旦
180	39. 教育理论之花常开
186	40. 科研前哨放光芒

197	第六章　慧眼向洋谋振兴
197	41. 放眼看世界
202	42. 得心应手管外资
209	43. 从复旦走向世界
217	44. 校园外交结硕果
222	45. 父亲的最后消息
225	46. 美国研究中心
233	47. 内聚外联"会"上海
238	48. 毕生要为家国忙

245	第七章　德才师表仰高风
245	49. 政坛初展经纶
252	50. 教育情怀永眷恋
260	51. 利乐人群福慧足
265	52. 家庭风雨相扶将
273	53. "我是党的一员"
278	54. 偷得浮生半日闲
288	55. "三月会议"传佳讯
292	56. 师德景行构脊梁

300	第八章　无私心底即神州
300	57. 数年风雨同学会
305	58. 身心俱在病痛外
310	59.《会章》"要有英文稿"

313	60.《会刊》上的人间绝笔
316	61. 巾帼相惜吴健雄
320	62. 生命弥留之际
326	63. 一夜漫天素鹤翔
332	64. 最后的永远怀念
340	65. 要留希德在人间
352	初版后记

初版序言

在复旦大学百年校庆之际,《谢希德传》和我们见面了。2005年又适逢谢希德先生逝世五周年祭,这本书的出版让我们再一次追思这位最敬爱的师长,寄托我们深切的怀念。

谢希德先生的一生是极不平凡的一生:她生于军阀混战的贫穷旧中国;求学于日寇侵略、民族灾难深重的岁月;怀着科学救国的抱负学成于万里海外;又在新中国成立之后,历尽曲折毅然返回祖国;无私忘我地投身于祖国的社会主义建设事业之中。她的一生和复旦大学所走过的百年历程一样,见证了中国从一个贫穷落后、任人欺凌之旧中国到当今飞速发展、昂首屹立于世界民族之林之新中国的近百年历史。

从1952年回到祖国,直到2000年3月离开我们,谢先生在复旦大学奋斗了将近半个世纪。作为她在复旦大学的第一批学生和第一批研究生之一,我追随她从她进校直到离去,一直在她悉心的指导下工作,受到她的教育、提携和鞭策,我是谢先生在这近半个世纪中丰功伟绩的直接见证者。她在复旦的足迹是复旦大学半个世纪以来大跨步前进的写照。

谢先生刚来复旦大学时,正值院系调整、全盘学习苏联,物理系要在短短两三年内开出许多过去从未有过的课程。当时她倾全力投入到教学中,讲授了从大一到大四的各种课程,是当时物理系开课最多的教师。根据苏联的体制,要设立专门化,物理系只有周同庆和叶蕴理两位老教授一起开设了光学专门化。谢先生和方俊鑫先生这两位当时只有 35 岁左右的讲师，奋力合作，在 1955 年开出了固体物理专门化，比计划提前了一年。他们俩合著的《固体物理学》一书自 1959 年出版后，在相当长的一段时间里，一直是国内最为流行的固体物理学教科书。1956 年国家实行副博士研究生制度，她和周同庆先生是当时物理系第一批招收副博士研究生的导师。根据国家十二年科学发展纲要，为了培养半导体方面的科技人才，1956 年秋，国家调集了国内五所学校的师生，在北京大学成立了联合半导体专门化。谢先生告别自己的丈夫和出生仅半年的儿子，带领一批年轻教师和研究生到了北大。黄昆教授和她分别担任联合半导体专门化的正副主任，他们为中国的半导体事业培养了好几代人才，他们领导的联合半导体专门化，在我国半导体事业发展中具有里程碑的意义。1958 年回到复旦，她和方俊鑫先生一起，将复旦的半导体物理教研室建设成为一个先进的教学科研基地。1963 年以后，她又与黄昆先生一起倡议和领导了国家科委的基础研究重点项目"固体能谱"，可惜后因"文化大革命"而完全终止。"文化大革命"结束以后，她敏锐地洞察到国际物理学发展的新动向，大力提倡开展表面物理学研究，经过十几年不懈努力，在复旦建成了应用表面物理国家重点实验室，使之成为我国表面物理研究和人才培养的基地，得到国际学术界的赞誉。在改革开放之初，她率先带领复旦大学走出国门，与国际学术界建立了广泛的联系，极大地提高了复旦大学在国际上的知名度。她先后担任复旦大学副校长和校长，成为新中国任命的大学女校长第一人。她也是使复旦大学物理系改天换地的第一人。同时，复旦大学美国研究中心也是在她的领导下建立起来的，她为中心的发展鞠躬尽瘁，直到生命的最后一息，她是复旦大学美研中心开天辟地第一人。

谢希德先生是著名的科学家、教育家，又是一位社会活动家，她的社会影响非常之广，人们熟知她在社会活动方面为国家所作的巨大贡献。但是，在我们学生辈的心目中，她首先是一位伟大的物理学家，她以国内外学者所崇敬的科学家个人魅力征服了他人的心灵，在我们心里最不可磨灭的是她对科学和教育事业的杰出贡献。在谢先生逝世时发布的《谢希德同志生平》中有这样几句话:"谢希德先生是我国在半导体物理学方面的开拓者之一,又是我国表面物理学的先驱者和奠基人,是我国在国际上这些学科的代表人物。"这应该是对谢先生在科学上的贡献的最好概括。

谢希德先生的事迹非常广泛,为这样一位伟人作传是不容易的。本书作者之一王增藩先生曾在谢先生身边工作了十多个年头,作为一个有心人,他积累和保留了不少弥足珍贵的资料和照片。为了写好这本传记,他还走访了很多专家、学者和谢先生的同事、学生以及身边的工作人员。多年辛勤的劳动,加上他的合作者、复旦大学新闻学院刘志祥硕士的优美文笔,产生了这一结晶,使复旦大学百年校庆更增添了一点鲜艳的光彩。虽然对于谢先生在各个方面的贡献与成就,很难点滴不漏地反映在一本书中,但是作者的笔触已经涉及谢先生工作和生活的各个方面,为读者提供了许多感人至深的故事和细节,特别是对谢先生的人格魅力有精彩的描述,足以令人欣慰。

在缅怀谢希德先生的同时,我们决不能忘却她的终身伴侣、与她相濡以沫的生物化学家曹天钦先生。他放弃了在英国剑桥大学很高的学术地位,与谢先生一起历尽艰辛,回到新中国的怀抱。他和谢先生正好在1956年的同一天加入中国共产党,成为忠诚的共产主义战士。在"文化大革命"的动乱年代,他们二人又都遭受到残酷迫害,被长时间隔离审查、批斗,曹先生更因此落下严重疾患、以致后来不幸早逝。1980年,他们二人同时当选为中国科学院学部委员(院士)。他们二人生前共同立下遗愿,并且实现了身后将遗体捐献给祖国的医学事业。他们二人给自己的儿子取名曹惟正,是为了纪念曹天钦在燕京大学化学系的学弟,为党、为人民捐躯的革命者吴惟正,他是在研制炸弹时不幸牺牲的。谢先生在厦门大学的校友曾以"希德女杰"四个字为字头,写了一首诗来赞美她;谢先生逝世四周年的甲申清明,复旦大学应用表面物理国家重点实验室的同人们去龙华烈士陵园祭奠谢先生和曹先生时,陆栋教授以"天钦英豪"为字头也写了一首和诗,两首藏头诗一起供奉在谢先生和曹先生的遗像前。

希圣希贤领学风，
德慧术智紧疚躬。
女流从此亦强者，
杰出中华举世崇。

天教器宇非凡同，
钦仰生化成一宗。
英才已与时际会，
豪情浦江有烈风。

谨转录在此，以缅怀两位先生，传诵于后世。
是为序，以追思先人。

王 迅
写于 2005 年 3 月 19 日
谢希德先生 84 周年诞辰

再版前言

谢希德先生，我国著名的固体物理学家、教育家、社会活动家，她一生波澜壮阔，成就斐然，集诸多荣誉于一身，为国家和科学界留下不可磨灭的功绩。

2021年3月，与党同龄的谢希德先生迎来100周年诞辰，复旦大学物理学系召开了隆重的纪念大会，同时出版《大音希声　德馨四方——谢希德先生百年诞辰纪念文集》。谢希德先生众多的好友、同事、学生及家属纷纷撰写回忆文章，以深情笔触缅怀先生的丰功伟绩。而值复旦大学建校120周年之际，《谢希德传》的修订再版，正是对先生百年诞辰的再一次深情铭记与崇高致敬。

作为《谢希德传》增订版的前奏，《谢希德先生百年诞辰纪念文集》彰显出修订传记的重要意义与紧迫性。回顾谢希德先生的一生科教历程，诸多事迹令人动容、催人奋进，中国科学院院士黄昆先生的回忆尤具代表性。1958年，他们携手完成了《半导体物理学》的写作与出版任务。这本著作不仅是我国半导体领域最早的专门著作，在国际上也处于前沿地位，成为培养半导体学科专门人才的重要教材，为我国半导体人才的培养奠定了坚实基础。1962年，在广州召开的国家科学研究规划会上，他们二人再次联名提出开展固体能谱研究的建议，获得政府批准并拨款，有力推动了全国固体物理基础研究的发展。由此可见，谢希德先生当之无愧是半导体物理学的开拓者之一，也是我国表面物理学的先驱者和奠基人。她所培养的学生，在国家半导体事业发展中已作出卓越贡献，进一步凸显了她在人才培养方面的深谋远虑。

此次《谢希德传》再版，作者对内容进行精心的修订与补充，新增了许多珍贵的历史资料和彩色照片，使传记更加生动立体。同时，作者特别仔细进行校对，纠正了原书中一些不妥或错误的表述，力求让传记内容更为精准，最大程度还原谢希德先生的精彩一生，以及她那几代学人的精神。特别值得一提的是，再版增补了谢希德先生的父亲谢玉铭先生的学术研究经历和业绩，形成"物理学父女"一节，为读者呈现出更为完整的家庭学术传承脉络；增补了复旦大学成立希德书院、谢希德先生诞辰一百周年、塑像落成等大事，以及后人诸多的纪念，形成"要留希德在人间"一节放在最后；还根据谢希德先生自己撰写的小故事《雪夜的电报》（载《儿童时代》1981年第24期）修订了第一章"2. 雪夜的电报"，在保留故事精髓的同时提升了可读性。至于传记所涉及的一些当事人的身份、职务、成绩，以及科技方面的最新发展等，虽与20年前相比发生了巨大变化，但限于作者的学科背景以及考证难度，基本忠于原作而不再作更新。

在这个过程中，谢希德先生的儿子曹惟正先生付出了大量心血。他不辞辛劳，前往北京亲友处、厦门大学档案馆、中国国家博物馆等地，收集了大量此前未曾发表的有关谢希德先生的原始资料和珍贵照片。不仅如此，他还向复旦大学档案馆、厦门大学档案馆捐赠了母亲撰写的著作、讲义、各类证书和照片等珍贵资料。在修订期间，曹惟正先生废寝忘食，亲自校对书稿、撰写文章、还原历史，他对母亲的敬爱与对科学家精神传承的执着，令人感动。

同时，这次传记修订得到了复旦大学物理学系教师的大力帮助，他们提供了许多信息。复旦大学出版社党委书记、董事长严峰，副总经理李华，理科编辑部主任梁玲等领导，不仅参加修订版研讨会，给予专业指导，还作出了提升出版质量的重要决定，并会见了谢希德先生的家属和传记的作者。特别要提出的是，在《谢希德传》的修改、排版、校对等繁琐的出版工作中，梁玲主任给了足够的耐心和巨大的包容，并十分专业地帮助作者订正错误、提升质量。在此，我们向所有为《谢希德传》修订和再版作出贡献的教师、编辑等致以最崇高的敬意。

谢希德先生一生大爱至诚,始终秉持着为国奋斗、为民奉献的信念,勇攀科学高峰,深铸人格楷模。先生的人生,先生的故事,是一部激励后人奋勇拼搏的壮丽史诗。我们希望通过此次增订再版的《谢希德传》,能让更多人了解先生的卓越贡献,传承她的精神,在各自的领域发光发热,为国家的发展和进步贡献力量。

"云山苍苍,江水泱泱,先生之风,山高水长。"谢希德先生虽已离去,但她永远活在历史、活在我们心中,精神熠熠生辉而永不磨灭。

王增藩　刘志祥
2025 年 2 月 6 日

《周易》有云,"天行健,君子以自强不息;地势坤,君子以厚德载物",《老子》又云,"大音希声,大象无形",是故天地贵希,君子厚德。人如其名,谢希德就是这样一位光耀于我国科学历史的著名物理学家、教育家和社会活动家。

第一章

凌空雏凤破岚烟

> 我出身于知识分子家庭，父亲是我国前辈物理学家谢玉铭教授，曾于1923年赴美留学，先后在哥伦比亚大学和芝加哥大学攻读，并获得硕士、博士学位。他早年的求学经历和治学精神对我幼年时的学习成长影响很深，父亲常有言道，"中国需要科学"，这句话自幼年起就时时激励我，在我心灵深处早早地植下了为振兴中华而学习的种子，从此根深蒂固……
>
> ——谢希德

1. "梯航万国"出群才

泉州市地处福建省东南部，和台湾一衣带水、隔海相望，是我国东南的重要门户。自唐代起，泉州开始成为我国对外通商的重要口岸之一，后经五代、宋、元历代风云变幻，被誉为"梯航万国"的东南巨镇。明清以后，由于连年战乱，倭寇、西方殖民者侵扰不断，加以封建王朝的"禁海"和"迁界"，泉州的海外交通贸易逐步走向衰弱。而今，走向新世纪的泉州，作为著名的侨乡，以其得天独厚的地理环境，兼天时、地利、人和于一身，再次崛起于我国的东南沿海。

泉州是国务院首批公布的24个历史文化名城之一，市内风景名胜奇特，文物古迹众多。泉州"刺桐港"扼晋江下游，水道深邃、港湾曲折，自唐代至元朝一直是我国主要的对外贸易港口，是古代"海上丝绸之路"的起点,曾享有"东方第一大港"的盛誉。一时之间,商贾群聚、货舶云集,有"市井十洲人"之盛况。作为泉州港的重要组成部分,泉州湾有后渚、石湖、蚶江等重要港口。

自古以来,濒海之民,眼界开阔,格局高远,而多开放之气,多璀璨之星。在波澜起伏的历史长河中,泉州人才辈出,学问、事功、文章、气节,前后相望。我国著名物理学家谢希德教授,1921年3月19日就出生在这座文化古城的蚶江镇赤湖乡。她的祖家世代从事农商,时常往来于福建和台湾之间贩货,家境尚好。然而,祖父30岁不到即英年早逝,此后家里的生计全部依靠祖母操持,经济越来越拮据,日子也过得越来越艰难。

谢希德的父亲谢玉铭,是一位毕生奉献教育事业的老教授,也是物理学界一位卓有贡献的科学家。谢玉铭生于1895年,四岁时父亲早逝,但是有一位十分能干、非常疼爱他的母亲,从而弥补了过早失去父爱的不幸。母子二人,克勤克俭,相依为命。小学毕业后,他进入福建泉州私立培元中学,继续学习生涯。

培元中学是一所由英国长老会设立的学校,虽然学校没有实行工读制度,但谢玉铭的四年中学费用,完全是由他自己利用课余时间赚钱支付。"穷人的孩子早当家",当时国内最大的一家图书公司尚无法印出挂在墙上的地图,具有绘画才能的谢玉铭就利用假期,在宣纸上画了许多亚洲、欧洲、日本、台湾等地的地图,由校长在暑期教师聚会的时候拿给洋人看,因而引起外国人士的争先购买。就这样,他凭借自己的辛勤劳动,平均一年可以

幼年谢希德

1990年冬，谢希德在父亲谢玉铭捐造的泉州培元中学图书馆前留影

赚得80块大洋，不但还清了家庭债务，还足以缴付自己的学费，生活上也绰绰有余。

在谢玉铭念中学二年级时，培元中学校长的一位朋友表示愿意帮助一个学生进大学深造。经过综合筛选，谢玉铭有幸成为最合适的人选，但入学有一个条件，即必须学过平面几何。当时，培元中学并没有开设这门课程，谢玉铭凭借自己的聪明才智和刻苦勤奋，突击自学而顺利考进北平协和大学。

在北平协和大学读书期间，谢玉铭再次遇到类似的情况。一天，校长突然问他为什么没有立体几何的成绩。事实上，谢玉铭还没学过这门课，又怎么可能会有成绩？他没有正面回答校长的问话，只说以后会有这门课的成绩。此后，他又通过刻苦自学，顺利地取得了立体几何的优秀成绩。谢玉铭由北平协和大学（后来几所教会大学合并为一所，取名燕京大学）毕业后，回到培元中学任教，与正在毓德女学念书的郭瑜瑾小姐结婚。

"机会总是光顾有准备的头脑"，在大学就特别重视英文学习的谢玉铭，又一次遇到好的机会。1921年，燕京大学聘请他回校教物理课程。于是他一边教书，一边进修高等物理，对当时学校采用英文版教材也应付自如。正是由于平时的刻苦学习和严格要求，谢玉铭具备了进一步深造的基础。1923年，他获得了洛克菲勒基金会奖学金，离开灾难深重的祖国，踏上赴美留学的征途。与此同时，郭瑜瑾也到厦门

父亲谢玉铭和生母郭瑜瑾

大学念书。在美国的第一年，谢玉铭进入纽约哥伦比亚大学研究生院攻读物理学，并提早一年时间获得理学硕士学位。

此后，谢玉铭转学芝加哥大学，开始攻读博士学位。按规定，当时要取得攻读博士学位资格，还必须修过德文或法文，并在博士入学考试前通过外语考试。在攻读物理学的同时，他仅用六个月的时间苦苦自修德文，终于通过了考试。"宝剑锋从磨砺出，梅花香自苦寒来"，正是他多年的孜孜不倦，最后在美国获得博士学位，开始在物理学界崭露头角。他这些勤奋刻苦、自学成才、锲而不舍的优良品质，给谢希德幼小的心灵以深刻的影响，对她后来的发展起到了关键的作用。

钟灵毓秀、人杰地灵，一方山水养一方亲人，谢希德就是从这样的地方和家庭中走出来的。有着深刻家乡文化影响的她，此后不管走到何方，总不忘家乡养育之恩。东方管理学派创始人、复旦大学泉州籍教授苏东水说："谢希德爱国爱乡，心系家乡冷暖和发展，在泉州人民中间广为传扬。1987年，泉州在上海成立上海泉州侨乡开发协会，其成员有院士、科学家、教授、企业家等，谢希德担任名誉会长，该协会成为联系泉州和上海的桥梁。每逢召开重要会议，谢希德教授有请必到，而且提出不少中肯的建议，泉州的发展也凝聚了她的汗水和心血。"

2. 雪夜的电报

1925年3月，谢希德的生母郭瑜瑾不幸患了伤寒病，由于当时医疗条件的限制和医院误诊的因素，被夺走了年轻的生命，因此小希德过早地失去了母爱。造化弄人，谢玉铭四岁丧父，谢希德四岁丧母，相同的不幸在两代人身上出现得如此巧合，这再次给他们一家人带来沉重的打击。

那时，谢玉铭正在美国芝加哥大学攻读物理博士学位，隔洋相望、路途遥远且事发突然，他来不及赶回来料理妻子的后事。"白发人送黑发人"，一切自然由小希德的祖母一肩承担了下来。不幸发生后，白发苍颜的祖母强忍着巨大的悲痛，把全部希望寄托在小希德身上，终日细心看护着她，以慰藉自己痛苦孤寂的心灵和远在异乡求学的儿子。四岁的小希德，在祖母无微不至的照料下，长得既活泼可爱，又文静懂事。

郭瑜瑾去世一年后，谢玉铭才从海外学成归来，立即从北平回泉州看望母亲和女儿，一家三代人终于团聚了。小希德想念父亲，更想念母亲。虽然她得到祖母的厚爱，但年幼的希德多么期望从父母那里得到更多的父爱和母爱！然而，半世奔波苦，终为生计忙。谢玉铭在泉州没逗留多久，便匆匆赶赴北平，走上了新的工作岗位，应聘到燕京大学物理系执教。

工作的第一年间，谢玉铭结识了当时在燕京大学数学系学习的四年级学生张舜英小姐，她后来成为谢希德的继母。六岁那年，小希德和祖母迁居北平，住进了燕京大学燕东园的一座小楼。谢玉铭整日忙于教学和科学研究，无暇照顾好她。小希德除了上学之外，就与祖母相依为伴，过着一种恬静安然的生活。

一个冬天的夜晚，天正下着大雪，雪花像棉絮球似的飘落下来，一瞬间在院子里堆起了厚厚的一层，在黑夜里闪烁着晶莹的亮光。凛冽的北风呜呜叫着，似乎夹杂着哪家母亲呼唤孩子的凄怆哀哭声，从门窗缝里不时地钻进来。

北平的夜是那样的阴冷、骇人。此刻，谢希德——一个七八岁的小女孩，正在灯下做算术题。当时，她的爸爸谢玉铭有事到上海去了，妈妈也不在家，贪玩的弟弟们早已进入了梦乡。外面呼啸、凄厉的风声使谢希德打了一个寒战，她看了看黑咕隆咚的窗外，心里有一种害怕的感觉。谢希德一个人在爸爸的书房里，一个劲儿地做老师布置的寒假作业，看爸爸的书，好让寂寞和恐惧不再靠近。好在她爸爸的书房满屋子都是书，有精装烫金封皮的，有线装大厚本的，有古书，有外文书，还有给她看的小人书……简直像个图书馆。平时，谢希德常常在爸爸的书架上东翻翻，西看看，获得了不少有益的知识。

突然，谢希德似乎听到几下敲门声，蓦地一阵高兴：敢情是爸爸、妈妈回来了？她刚想站起身去开门，却从门外传来一个陌生的声音："谢先生在家吗？有他的电报。"透过冰霜凝结的窗玻璃，在雪

雪夜的电报

XUE YE DE DIAN BAO

谢希德

二十年代一个冬天的夜晚，天正下着大雪，雪花象棉絮球似地飘落下来，一瞬间在院子里堆了厚厚的一层，在黑夜里闪烁着晶莹的亮光。凛冽的北风呜呜叫着，夹杂着哪家母亲呼唤孩子的凄怆的哀哭声，从门窗缝里不时地钻进来。

北平[1]的夜是那样的阴冷、骇人。此刻，我——一个七八岁的小女孩，正在灯下做算术题。爸爸有事到上海去了，妈妈也不在家，贪玩的弟弟们早已进入了梦乡。外面呼啸、凄厉的风声使我打了一个寒颤，我看看黑咕隆咚的窗外，心里有一种害怕的感觉。我一个人在爸爸的书房里，一个劲地做老师布置的寒假作业，好让寂寞和恐惧不再靠近我。好在爸爸的书房里有不少书。爸爸常对我说："只要你好好学习，这些书都可以作为你的好伙伴。"爸爸是燕京大学的物理教授，嗬！他的书满屋子都是，有精装烫金封皮的，有线装大厚本的，有古书，有外文书，还有给我看的小人书……简直象个图书馆。平时，我常常在爸爸的书架上东翻翻，西看看，获得了不少有益的知识。

突然，我似乎听到了几下敲门声。我霍地一阵高兴：敢情是爸爸、妈妈回来了？我刚想站起身去开门，却从门外传来一个陌生的声音："谢先生在家吗？有他的电报。"透过冰霜凝结的窗玻璃，在雪地亮光的反射下，我看清是一位邮差[2]叔叔在打门。我赶忙把门拉开，邮差叔叔递给我一样东西，说："是谢先生的一份电报。"说完他就走了。

家里没有识字的大人，只有我这个念小学一年级的女孩认得几个字。可是，我打开电报一看，不由得楞住了。原来，电报上都是一些阿拉伯数字，没有翻译出来；当时的电报都是只有电码，并不译出。我想，既然打电报给爸爸，就一定有要事、急事，应该赶快让爸爸知道电报的内容。可是，我看不懂它说的什么，真急死人！怎么办呢？我想啊想啊，急得在屋里直转圈子。……噢，有办法了：我记得爸爸有一本电报码的小册子，他每次收到电报后，常在这上面翻看、查对。我赶忙垫了一只椅子，在爸爸的书架上找开了。找啊找的，终于，在一个角落里找到了那本小册子。经过一番钻研，电报内容居然被我一字一句地翻译出来了，那时的一股高兴劲就别提啦！我把电报内容另外用纸写好，连同原电文装在另外的信封里，写好父亲的地址、姓名，冒着风雪和严寒，兴冲冲地朝街上的邮筒走去。

当我踮起脚尖把信塞进邮筒后，我的心里象有一只小鹿在欢快地蹦跳。雪，照样纷纷扬扬地下着；风，还是那样尖利、呼号；夜，还是那样地深沉、阴郁，可此刻我先前那种害怕、寒冷的感觉全没有了……后来，大人们经常提起这件事，夸奖我，称赞我。这件事给我的印象太深了！

我常想：许多事情看起来很难，其实并不太难，只要有决心和毅力，就一定可以学会做的。

(吴建兴 插图)

---

* 谢希德奶奶，复旦大学副校长，物理学教授，是我国著名的半导体物理学家。

[1] 北平：即现在的北京；1928年到解放前夕称北平。
[2] 邮差：解放后称邮递员。

地亮光的反射下,谢希德看清是一位邮差叔叔在敲门。她赶忙把门拉开,邮差叔叔递进一样东西,说"是谢先生的一份电报",说完就走了。

家里没有识字的大人,只有谢希德这个念小学一年级的女孩认得几个字。可是,谢希德打开电报一看,不由得愣住了。原来,电报上都是一些阿拉伯数字,没有翻译出来,当时的电报都是只有电码,并不译出。谢希德想,既然打电报给爸爸,就一定有要事、急事,应该赶快让爸爸知道电报的内容。可是,她看不懂它说的什么,真急死人!怎么办呢?想啊想啊,谢希德急得在屋里直转圈子……噢,有办法了:谢希德记得爸爸有一本电报译码的小册子,他每次收到电报后,常在这上面翻看、查对。于是,她赶忙垫了一把椅子,在爸爸的书架上找开了。找啊找的,终于,谢希德在一个角落里找到了那本小册子。

经过一番钻研,电报内容居然被谢希德一字一句地翻译出来了,那时的一股高兴劲就别提啦!她把电报内容另外用纸写好,连同原电文装在新信封里,写好父亲的地址、姓名,冒着风雪和严寒,兴冲冲地朝街上的邮筒走去。

《电码新编》及其内文

当谢希德踮起脚尖把信塞进邮筒后,心里像有一只小鹿在欢快地蹦跳。雪,照样纷纷扬扬地下着;风,还是那样尖利、呼号;夜,还是那样地深沉、阴郁,可谢希德先前那种寒冷、害怕的感觉全没有了……

后来,大人们经常提起这件事,夸奖她、称赞她。这件事给谢希德的印象太深了,也深刻地教给了她一个道理——世上许多事情看起来很难,其实并不太难,只要有决心和毅力,就一定可以学会做的。

3. 漫游书海有乾坤

"小荷才露尖尖角,早有蜻蜓立上头",或是遗传或是幼承家学,谢希德从小就展现出卓尔不群的学习天赋。

刚到北平的第一个秋天,由于不会说"国语",谢希德先上幼稚园,那时的她已能阅读和做简单的算术。当她学会"国语"后,第二学期就跑到在同一个院中的燕京大学附小一年级去上课了。同年4月,燕京大学心理学系学生对附属小学的一些学生进行智商测验,老师告诉谢希德的父亲,由于智商较高,她被获准在秋天跳级升入三年级。

谢希德七岁那年夏天,父亲与张舜英女士结婚;继母对她十分疼爱,给她幼小的心灵以极大安慰。那时,性格文静的她心田里自小孕育着爱学习的思想,最大的爱好就是待在父亲那藏书丰富的书房。在那里,除了陈列着父亲许许多多物理科学的书,还藏有一些文学书籍,年幼的她起初看不懂,但是有限的涉猎也带她走入丰富多彩的世界。

自然,对不喜欢外出玩耍,也不怎么喜欢体育锻炼的谢希德来说,书籍是她唯一的亲密伙伴,读书也逐渐成为她生活中的第一需要。在那么多书中,有些只了解书名或凭借一些插图猜测大意,她就觉得十分有趣,并似懂非懂地啃了起来。后来识字多了,她便开始读起《水浒传》《儒林外史》等名著。特别是《水浒传》,她爱不释手,起码念过七八遍,一些内容甚至达到脱口而出的境界。那书中一百零八将栩栩如生的人物形象及跌宕起伏的故事情节，给幼小的她展开了一个丰富的世界，促进了她的形象思维，提高了她的文字驾驭能力。《儒林外史》中的一些内容则过于深奥，幼小的她那时还无法理解官场中的黑暗。但是从此，谢希德一直爱好文学书籍，以至在漫长的人生岁月中，阅读文学作品成了丰富她业余生活和精神境界的一项重要活动。由于她从小勤奋好学，又有比较优越的学习环境，为她日后成才奠定了坚实的基础。后来谢希德担任固体物理教研组组长后，著名语言学家、时任复旦大学校长陈望道对她的中文功底赞誉有加，这不得不归功于小时候的良好读书习惯所带来的广泛涉猎。

"书籍是人类进步的阶梯"，每每提起儿时读书的故事，谢希德总是沉浸在愉快的回忆之中。1997年底，70多岁的她还兴趣盎然地谈起了三代人的读书习惯。据她说，幼年时期自己是怎样读书的，已记不太清楚。只记得那时并没有许多玩具，最吸引她的地方是父亲的书房。由于父亲每晚在书房工作到深夜，他的勤奋深深地激励着她的读书学习。每逢节假日，她都很少出去玩，而是在家中超前地自学。在她看来，读书从来不是一种负担，而是一种乐趣、一种自然。这样，

在物理楼办公室工作（1983年）

从小形成的习惯也一直持续终身,读报看书和坐在计算机前写作已是她最大的乐趣。

谈到读报,其实谢希德还有一段鲜为人知的往事,就是她读报的乐趣是从关心体育新闻开始的。在抗日战争前,我国唯一振奋人心的体育新闻大约是撑竿跳健将符保卢在一次世界大赛的预选中出线,一家报纸居然用套红的字登出来,给她留下了极深的印象。从那以后,她几乎每天坚持看报,关心国家和世界大事。虽然她自己并不喜欢从事体育锻炼,但是体育新闻仍是吸引她的重点。在她的思想里,体育是衡量一个国家国民素质进步的重要指标,热爱体育就是爱国的表现,关心体育就是关心祖国的发展。作为一个体育迷,她经常为我国体育健儿带来的赛场捷报兴奋不已,但也时常为我国足球的现状感叹,为上海申花队捏把汗。当然,由于她教学、科研以及领导工作繁重,实际上整场的足球赛看得很少,只是不忘跟踪排名榜,关心着足球的发展,关心申花队的成长。

书香门第,家学秉承。到了谢希德儿子曹惟正一代,读书学习的环境发生了很大的变化。1966年之前,家庭的经济条件比较殷实,她每个周末就和爱人带着儿子逛书店,尽量满足儿子的买书要求。日积月累,家中收藏了许多完整的小儿连环画,常吸引许多小朋友放学后到她家中,坐在地板上安静地看书,一直到天黑才各自散去。这样一来,书的利用率很高,小朋友看书前也不洗手,因此书很快变得又旧又脏。那时他们往往看得入迷,也忘了开灯,而谢希德由于工作繁忙无暇顾及,因此小惟正很小时眼睛就近视了。后来由于政治气候环境的影响,升学的希望很渺茫,但曹惟正受到父母的影响,还是经常到书店买回许多旧的数理化自学辅导丛书。因此,虽然他的基础没有打好,但也没有完全荒废,粉碎"四人帮"后得以升入大学,而那些常来家中看书的小朋友,后来也都圆了各自的升学梦。

1990年,谢希德三代同堂了,她没有忘记将良好的读书学习习惯传下去。小孙女名叫科林,出生在美国,长到三个月后回上海和她同住。大约在九个月时,每天晚饭后她就和小孙女坐在沙发上,试图讲故事给孙女听。那时,她一面看图一面用手比画着,不过很神奇的是小孙女居然能心领神会,还特别喜欢听《白雪公主》的故事。当然,时间不可能太久,听了一会儿就要做些顽皮的动作。后来,她告诉儿子惟正,孙女已能听懂故事,儿子也感到惊讶。

一年后,小孙女回美国了,谢希德则趁每年参加美国物理学会"三月会议"的机会,到儿子家小住两星期,看望孙女。在十多天时间里,她经常给小孙女科林讲故事、识汉字、做算术题。在她的启蒙下,科林从小就喜欢看书,养成了良好的学习习惯。1996年春天,还是她讲故事给孙女听,可是过了一年角色就换了过来,已经是孙女讲故事给她听了。

联想起自己家族几代人的成长经历,谢希德不无感慨地说:"万丈高楼平地起,儿时养成的学习习惯,对一个人的成长应该是有些作用的。"小科林的健康成长的确与她无微不至的关怀分不开,也印证了她的说法。上学以后,经过老师的测试,小孙女从幼儿园直升二年级,学习成绩仍名列班级前茅。1997年和1998年夏天,科林到上海

与孙女科林在上海家中(1999年)

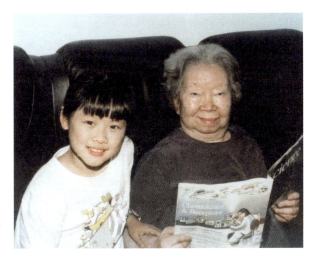

谢希德与她疼爱的小孙女科林

过暑假,谢希德请了当初教儿子钢琴的徐祖颐老师来住处教小孙女弹琴,还每天给她出题目做功课。甚至在1998年8月,因癌症第四次复发住院前,她提前给科林出好作业题;住院后还经常打电话询问孙女弹琴和做功课的情况。科林回美国后,她每星期通过计算机给远方的孙女布置作业;科林做完作业后,则将答案用电子邮件发给她批改。万万没想到,1999年12月中旬寄出二元一次方程的数学题作业,竟成了她给心爱的孙女的最后一篇作业。

"情留学问,爱系儿孙",谢希德自小养成的读书学习习惯,不但成就了她自己的一生,还深深影响了两代人的成长,留给了后人无尽的思念……

4. 母校贝满女中

尽管谢希德天资聪明,又勤奋好学,算术、音乐及其他课程成绩总是名列班级前茅,可是她的体质很弱,在班上最瘦最矮,而且每学期几乎都因病假而被扣分,使她的学习总成绩不能每学期都保持第一。父亲和继母都挺着急,曾经带她到协和医院作详细的全身体格检查,可结果并没有查出患有什么疾病。

11岁那年，谢希德像其他学生一样，不必经过考试，就从附小直升燕京大学附中。学校离家很近，她总是提前到学校去，一有空就看书学习。附中大部分学生是燕大教职员的子弟，燕大化学系曹敬盘老师的第四个儿子叫曹天钦，与她正好同班念书。放学后，他们可以同行回家，相互交流。那时，比她大一岁的天钦，对文静、瘦小的希德总是给予关照。他们俩的学习成绩都不错，不过彼此间暗地里进行友好的竞争，谁也不甘落后。

其实，谢希德和诺贝尔奖获得者、著名华裔物理学家杨振宁也颇有渊源，可惜他们虽闻名已久，但总是阴差阳错，数十年以后才真正见面。她的父亲谢玉铭和杨振宁的父亲杨武之教授，在美国芝加哥大学就是同学，虽然不在一个系，但相交甚深。回国后，谢玉铭任教当时北平的燕京大学，杨武之则任教清华大学，两校相隔很近，他们两家时有来往。谢希德和杨振宁虽然岁数相近，但不上同一所小学和中学，因此那时他们虽同在北平，但并没有见过面。不过，谢希德经常听父亲说，杨振宁曾随其父到过她家，他的聪明好学给谢希德的父母留下深刻的印象。她记得弟弟们小时候由于贪玩，学习不够认真时，父亲常以"杨武之之子"的好学精神为典范来教导他们努力读书，这就是谢希德最早从父亲那里得到有关杨振宁的最初印象。遗憾的是，1957年杨振宁和李政道荣获诺贝尔奖时，谢希德的父亲已在菲律宾，因而她无法和父亲讨论这个重要的消息，但她还是深深为父亲看出杨振宁幼年时的非凡天才而感到骄傲。后来，谢希德与曹天钦结婚，天钦在20世纪40年代时曾随李约瑟博士访问昆明，结识并十分敬佩当时西南联大的几位著名才子，杨振宁和黄昆位列其中。

1971年，杨振宁首次访问复旦大学，谢希德因莫须有的罪名，仍在"劳动改造"，没有资格参加接待。她告知当时的领导："虽然我们的父母是相识的，但我和杨振宁并不相识。"由于他们怕杨振宁看到像谢希德这样的知识分子还在劳动，就把她调出车间，不再磨硅片，而去校对一本翻译的书。真没想到，从来没有见过面的杨振宁成了她的"间接恩人"，把她从当时的"劳动"中解放出来。后来，谢希德才得知像她一样,因杨振宁来访而被解放出来的科学家远不止一两个人,也许当时的杨振宁也不会想到自己的访问会影响这么多人的命运,真是无心插柳柳成荫。

谢希德真正参加接待杨振宁,大约是 1974 年以后的事了,粉碎"四人帮"后接待他的机会则更多。同时,谢希德也多次访问美国,在纽约州立大学石溪分校受到杨振宁的热情接待,她及同行朋友都为杨振宁对祖国各方面进展的热情关心而非常感动。1996 年 5 月,复旦大学举办"杨武之教授讲座",杨振宁教授是第一个演讲者,他的演讲座无虚席,连走道上都挤得水泄不通,受到复旦师生极其热烈的欢迎。谢希德有幸主持了其中的一讲,事后她激动地说,"我可以毫不夸张地说,杨振宁教授是本世纪最伟大的物理学大师之一"。同年,复旦大学出版社出版《杨振宁传》,杨振宁的弟妹振平、振汉、振玉专门为该书撰写了文章,引起谢希德非同寻常的关注。除振平外,谢希德和振汉、振玉都相识,所以读起他们写的内容,感到特别亲切。

与杨振宁教授在一起(1985 年)

1932年,谢希德念初中一年级时,她父亲谢玉铭趁燕京大学休假之际重访美国,到加州理工学院做研究。他同豪斯顿合作,对氢原子光谱精细结构作了极准确的测定,发现与当时量子力学理论不符,并预言电磁辐射场起重要作用。

由于燕京大学附中没办高中,为了避免投考高中的激烈竞争,谢希德在征得继母和祖母的同意后,决定读完初中一年级后转学到贝满女中。当时该学校就已有近70年的历史,在北平颇有名气,是一所既有住宿条件,又可走读的教会学校。贝满女中的初中部,设在灯市口大街公理会教堂的大院西面,东面则是育英中学的初中部,两校都有围墙。"敬业乐群"是贝满女中的校训,也是知识界一种可贵的品质,让"敬业乐群"根深蒂固和发扬光大,却并非说说这四个字那么容易。不过,这掷地有声的烁烁金字,给所有贝满女中学生都留下极

1935年夏,贝满女中苏蘭亭、萧梅芬、谢希德、苏兆孙、孙幼云合影(从右至左)

其深刻的印象,后来也在她们的品格中得到或多或少的体现。因此,当时的贝满女中如此教育学生,其见识自是高人一筹,其精神与影响可见一斑。当时凭着扎实的基础和优异的成绩,谢希德顺利地通过了入学考试,进入贝满女中学习。

谢希德对贝满女中给她的教育仍有极深的印象。当时学校的校规严谨,不少家长把孩子送到贝满女中都比较放心。学生穿着朴素,冬日在各色的旗袍上必须罩上一件蓝长衫,夏日则是浅蓝长衫。学生上课肃穆安静,课后活泼有礼,待人亲切而大方;教师讲课简洁扼要,透彻明了,以学生为重。数学和其他许多课常有不通知的突击小测验,总能促使学生处于经常复习的戒备状态,物理、化学课的实验设备也比较齐全。英文教师有外国人,也有中国人,上英语课不许学生讲中文。有一位名叫薛正的中国女英文教师,给谢希德留下了极为深刻的印象。1986年9月,谢希德在上海和平饭店举行的"红烛之光"中外教师联谊会上,荣幸地见到了她中学时代的老师、上海市第三女子中学名誉校长薛正,师生俩晚会上相逢显得非常兴奋和激动。她亲

与中学外语教师、时任上海市第三女子中学名誉校长的薛正亲切交谈(1986年)

切地拉着薛正的手,向大家介绍说,"薛校长是我初中时的外文教师,我之所以对外文有浓厚的兴趣,都是薛老师培养教育的,对此我至今仍非常感激"。

当时的校园环境优美,花开四季飘香,沁人心脾;树木郁郁葱葱,鸟语蝉鸣,徘徊读书于其间乐而忘返……一切都有益于学生的身心健康。此外,学校上课,每节课都要换一个教室,学生也因此可以呼吸到新鲜的空气。谢希德后来谈起在贝满女中的学习生活,总是那么清晰而激动,"当拿到转学贝满初中二年级的录取通知书时,我无比地兴奋——和许多人一样——我以能够成为贝满的学生而感到自豪。我常怀念那些对我们既严格要求,又和蔼可亲的师长。我喜欢那种频繁的突击式小测验,它督促我们养成了经常复习功课的好习惯,所学到的知识对后来的成长起了很大的作用"。

显然,贝满女中的学习经历让谢希德健康成长,她后来回忆道:"短短的四年中,伴随着紧张学习的,是丰富多彩的业余生活;歌咏队和年级之间的各种球赛、讲演比赛、话剧表演赛等等,陶冶着青年的身心。我对于母校贝满给予我的教育,永远铭记在心……"

5. 学 会 思 考

"学而不思则罔",在思考中学习、在总结中进步是谢希德成才的关键。虽然人生没有终南捷径,但不可否认的是好的方法总能事半功倍。诸如人们要跨越深沟险壑,天堑变通途,总得想办法架设桥梁。同样,掌握读书的方法便是学习中到达成功彼岸的"桥梁",就是"捷径"。

中学时代,谢希德已能很好地安排自己的学习。每到假期,她总是将下学期的课预先学完。在正式上课时,她和同学们一起做数学题,不少同学都遇到困难无从下手,她却能不慌不忙地正确解题。同学们对她的聪明既羡慕又嫉妒。一次,有一名女同学解不出题,急得差点哭出来。她怀着忐忑不安的心情求教,谢希德马上给她作了详细的解答,并且以一道数学题为例,一步步地演算,同时提醒她应该注意的问题，有条有理地把问题解释清楚。那位女同学非常感激，认为谢希德的指导不仅帮她解决一道题，而且还让她学会了解题的方法。

进入高中阶段，有一次谢希德染上麻疹，足足两个多星期不能到学校上课。有些同学不免心里嘀咕：这下子她的学习成绩可要下降了吧！不料，当她再到学校上课时，非但所有功课没有落下，而且地理课还超前学习了许多。同学们知道后，都向她投来佩服的目光，也渐渐以她为榜样努力学习、奋起直追。

在学习上，谢希德不少科目是很拿手的，除数学和物理之外，英文底子好，词汇丰富，这对她后来的发展很有帮助。当然，她的优异成绩固然有着天赋聪慧的因素，但更重要的是在于她善于学习，肯动

全家在燕京大学的燕东园42号家中（1937年）

脑子。她为了探索好的学习方法，掌握学习本领，投入了比别人多得多的时间。她喜欢总结，在成绩面前总结经验，在挫折面前总结教训，然后通过自己的思考融会贯通，最后变成了适合自己的学习方法。因此，谢希德始终把学会思考当作自己的座右铭，指导自己不断学习。

1937年7月7日，卢沟桥一声炮响，宣告日本帝国主义全面侵华的开始，也打破了谢玉铭一家宁静的生活。那年6月，外祖母正好从武汉到北平参加她舅舅燕京大学毕业典礼。七七事变后，外祖母回武汉心切，外祖父也百般不放心。经过激烈的思想斗争，谢希德的父亲决定举家南下，先把外祖母送回武汉，然后根据时局变化的情况，再决定秋季开学时是否回北平。然而7月28日夜北平沦陷，后来日本帝国主义又发动了淞沪会战，他们不能坐船到上海再转北平，而从北平南下的日军又把武汉到北平的铁路线切断。谢玉铭决定不回北平，应邀到坐落在岳麓山下的湖南大学任教，谢希德也于1937年秋转入武汉圣希理达女中就读高三年级。不久，南京沦陷，武汉危急。她和母亲、弟弟们移居长沙，和在湖南大学执教的父亲相聚。谢希德于1938年春转入长沙的福湘女中。

福湘女中是当时一所相当著名的教会学校，校风严肃，教师优秀，环境也很幽雅，杨开慧、李淑一都曾在该校就读。谢希德虽然在战乱中转学到该校就读，但学习依然是那么认真刻苦。除了体育课外，每一门课的成绩都名列前茅，最后以全班第一的优异成绩毕业，给同学们留下深刻的印象。更重要的是，湖南悠久的历史文化传统、高涨的爱国革命思想也在潜移默化中深深影响着她，并为她日后克服千辛万苦回到祖国起了决定性的作用。

6. 两次高考四年病

历史的车轮转到1938年夏，日军炮火日益逼近武汉、长沙，但当时全国大学统一招生仍打算在内地许多城市举行，长沙便是其中之一，考试地点安排在湖南大学。

谢希德和其他同学一样，专心致志地准备迎考。她对数学、物理和医学都感兴趣，但最后选择了以学物理为主。当时，许多学校忙于搬迁，一切都在动荡之中。她还清楚地记得，考试的日期是在 9 月 1 日至 3 日，比正常的入学考试要晚得多。白天是紧张的考试；傍晚则和同学们散步于岳麓山下、湘江河畔，边走边唱，珍惜临别学校的最后欢聚时光。不幸的是，那时她的右腿股关节在夜晚入睡时已开始隐隐作痛。

如果不是在兵荒马乱的岁月，少女的希冀、青春的梦想、同窗的情谊，在这看似和平静谧的一隅——湖南大学的校园里，该显得多么富有诗意啊！当时，岳麓山下、爱晚亭中、湘江河畔、橘子洲头……都留下谢希德少女时代的流连足迹和美好回忆，尤其是千年学府岳麓书院更是让她流连忘返。"应知当日里，圣哲亦留情"，名胜古迹、诗情画意尽在眼中，湖湘文化源远流长、博大精深，换作任何人对此也不会无动于衷，况且正值国家民族生死存亡之际，自然更加能激起爱国忧民之情，谢希德也不例外。

岳麓书院是宋代著名的四大书院之一，始建于北宋开宝九年（公元 976 年），由潭州太守朱洞创建，北宋天禧二年（公元 1018 年），真宗赐以"岳麓书院"的门额。南宋孝宗乾道年间（公元 1165—1173 年），南宋著名的理学家张栻到书院主持讲事，朱熹闻名也从福建赶来书院讲学，并手书"忠、孝、廉、节"四个大字，刻石嵌于讲堂的两壁，其四字笔力遒劲，是岳麓书院道统源流的象征。绍熙五年（公元 1194 年），朱熹任湖南安抚使，书院规制一新，当时有"道林三百众，书院一千徒"的说法。历代的文献史籍上还把岳麓书院和孔子讲学处并提，誉为"潇湘洙泗"。清光绪二十九年（公元 1903 年）改为高等学堂，1925 年，政府将工专、商专与法政专校合并，改称为湖南大学。每每心烦意乱而或气爽神清之时，谢希德总是静静地面对那古老的书院，于青松翠竹、名联佳句之前放飞自己的思绪，纵情于优美的风景与悠久的历史之间。这样，与诗书为伍，与圣贤交心，直至心情归于平静她才离开。

可是，远处战火的硝烟已滚滚而来，这样安宁悠闲的生活在当时外敌入侵、风雨飘摇的神州大地已经是一种奢望。10 月份之后，长沙

1938年夏,谢希德于湖南长沙湘雅医院留影

告急,由于家中老的老、小的小,谢玉铭决定把全家搬到贵阳山城,自己再只身回到迁往辰溪的湖南大学。临行前,谢希德曾到湘雅医院检查,但当时X光片并未显示出右股关节病变,医生认为是风湿性关节炎,主要由扁桃腺经常发炎所致,建议到贵阳尽快摘除扁桃体。

一路颠簸到贵阳,谢希德一家先住在从济南迁到那里的表姨家,后经过一阵忙碌才找到自己的住处。那时,谢希德的腿已经越来越痛,虽然服用了不少治疗关节炎的药物,但仍不见效,只能寄希望于摘除扁桃体。

家庭安顿之后不久,谢希德住进医院。手术那天,由于她的身体虚弱,而且不会张开大嘴,压下舌头,医师原先准备局部麻醉摘除她的扁桃体,最后不得不改用全身麻醉。后来,谢希德回忆起,当时病房同住的还有冯玉祥将军的一个女儿,她也是进行扁桃体手术,但她身体强壮,与自己身体瘦弱形成了鲜明的对比。

扁桃体摘除后,谢希德的病情非但没有好转,反而更加严重,尤其是每到夜深人静时更是腿疼难忍,迟迟不能入睡。那时,湖南大学的录取通知书虽已接到,却没能带给她多少欢乐。而且最后因疾病的原因,她不得不以痛惜的心情放弃入学,申请在家病休一年。

1939年2月4日,日寇军用飞机狂轰滥炸,贵阳市区一片断壁残垣,市民伤亡惨重。在天天战火、处处恐慌的气氛里,继母张舜英也感到生病的谢希德在家中太危险了,而且影响全家迅速到防空洞躲避,于是决定把她送到中央医院住院治疗。经医师多次检查、拍片,诊断书出来了——股关节结核。在中央医院期间,医生采用牵拉方法进行治疗,待疼痛减轻后给她上石膏。当时,刚从德国回来的青年医生屠开元,为她的病腿上了石膏。

在那个年代,治疗结核病还没有任何特效药。谢希德深知得了结核病,与判处无期徒刑差不多,心情自然很不好。当时父亲远在湖南,继母张舜英为了安全,并且希望给病中的谢希德找个好的生活环境,最后让她搬到贵阳郊区湘雅医学院的疗养院,而家庭其他成员则迁回惠水。虽然当时的条件很有限,但在那里得到精心的照顾和治疗,谢希德的心情有所好转。这期间,她渐渐稳定了自己的情绪,但在病床上毕竟很无聊,她回想起童年的学习生活,可是全无以往的乐趣,常常感到生存的艰难和生命的忧患。

本来,病中的谢希德,肉体和疾病搏斗,精神和痛苦搏斗,自己和自己搏斗。而外面的世界又如此不安宁,除了"内战"之外,病人还要和外界环境作斗争。每当晴天无云,敌机一大早就发动空袭,医护人员手忙脚乱地把谢希德抬到山脚的树荫下,直到傍晚才又抬回病房。有一次炸弹落在医学院附近,家人更为谢希德的安全担心起来,于是他们决定把她接到惠水继续养病。谢希德很不情愿,一方面每半年要换一次石膏,来回搬迁很困难;另一方面,在湘雅医学院的同学们常常去探望她,送去她喜欢的许多书,即使不能起床也可以如饥似渴地看书,还可以和病友们打桥牌,日子过得挺快的。可是到了惠水卫生院,她自己一个人住在病房里,日子就很难过了。

但是,谢希德毕竟是一个坚韧不拔、知难而进的人,生存的艰难、病痛的折磨和战乱的磨砺进一步坚强了她的意志。在惠水卫生院期间,慈爱的继母常相伴在她的身边,有时抚摸着她的病腿,劝她少看点书,多休息。有时为了让她专心养病,以免用脑过度而影响身体,悄悄地取走她的英文书。不过,在那国难当头的年代,谢希德一想起父亲常说的一句话"中国需要科学"时,一种为振兴中华而学习的责任感和爱国情便油然而生。她三番五次说服继母,英文书终于又回到自己的手中。

1942年7月17日,《贵州日报》刊登谢希德获第一名的妇女节征文《妇女运动方针》

于是,谢希德仰卧着,默默地念着英语,有时还借助于字典,大量地阅读英文小说。这对一个与病榻打交道多时的人来说,不仅提高了英文阅读能力,还得到了精神上的享受,增强了与疾病斗争的信心。在外文小说看厌之时,她也会托朋友带几本中文小说或其他杂志,用以调剂阅读口味。

病人的心情忧郁而压抑,就像天空笼罩着乌云,有度日如年之感。在惠水卫生院还没住多久,谢希德却觉得像是过了几年,掐指算着过日子就像载重的老牛拉破车般悠悠地走着,像沉甸甸的磨盘缓缓地转着。一天,她收到一封远方的来信,内心如一潭孤寂的死水终于被投石打破,荡起一阵阵涟漪,久久不去。虽然生活还是平静依旧,身体还是疾病缠绕,可内心却有了新的期盼、新的生活意义,谢希德也渐渐觉得生命开始变得丰富多彩、生趣盎然起来。这封信,就是当时远在北平燕京大学化学系念二年级的曹天钦寄来的。

谢希德和曹天钦两家原来就是好朋友,谢希德一家在七七事变后匆匆离开北平,本来预想不久即可重返。后因战争持续而两家分隔,通信也就成为应有之义。当曹天钦从其母亲那里得知谢希德生病住院时，就主动写信到惠水表示慰问，信中除了表达怀念之情外，还常用较长的篇幅摘抄他在燕京大学的学习心得，以及课外的一些活动情况。那时从北平到惠水的信件，要通过战争前线或绕道香港，路上需花费很长时间，对谢希德来说，得到这样的一封信是很不容易的。于是，在对一封封书信的期盼中，他们从初中一年级时建立起来的同学情感，通过互相的了解又加深了。

1940 年春，由于拆换石膏不便，谢希德又搬回湘雅疗养院。次年春，在经过一年半三次拆换石膏之后，医生经过 X 光检查，证实她的股关节已固定好，可以不必再上石膏了。"病树前头万木春"，她终于结束了两年多的住院生涯，便想立即参加暑期的大学入学考试。然而，理想和现实之间，有时看起来似乎只有一步之遥，可这中间还需要经历无数的考验才能到达。

拆去石膏之后不久，谢希德进行病腿的锻炼，希望恢复行走。她咬紧牙关，学习坐起来，然后下地，再依仗双拐行走，继而丢掉拐杖。每一个微小的进步，每一次生活的拼搏，都要付出巨大的努力，然而她成功了。1942 年夏天，大学入学考试迫在眉睫，当时离贵阳最近的大学是在湄潭县的浙江大学。于是，她选择填报的第一志愿是浙大物理系。坚实的基础，顽强的拼搏精神，她又一次以优异的成绩被大学录取了。但是，父亲不同意她一个人在浙江大学念书，而坚持要她到厦门大学就读。于是，上大学的机会再次被迫放弃，全家从贵州搬到福建省长汀县。虽然一路艰辛、百般磨难，但全家从此不再分居两地、颠沛流离，因而她觉得父亲的决定完全是可以理解的。

一到长汀，父亲即告诉谢希德作好高考的准备，报考厦门大学。那时正式的入学考试时间早已过了，战乱时期情况特殊，从赣、浙和闽南等地赶来的其他学生，都希望学校举行入学补考。谢希德和一些学生先被允许跟班上课，一个月后他们通过了为迟到者举行的入学考试，转为正式学生。所谓"好事多磨"，谢希德一生参加了两次高考，一次是湖南大学，一次是浙江大学。虽然都录取了，但因为生病等原

1946年,全家在长汀,这也是谢希德全家最后一张合影

因而擦肩而过。直至后来到厦门大学,因为考试日期已过,所以是由人担保插班入学的。

谢希德生前说,"在我卧床的四年中,光阴似乎从我身边悄悄溜走,但事实上并非如此,我深知'一寸光阴一寸金'的道理,十分珍惜分分秒秒。虽然我卧床不起,但并没有因此灰心气馁。我在给天钦的信上,畅谈了学习英文和数学的心得,讲到应该有鹰击长空的志气。天钦给我的回信,除了谈学习情况和对我的关怀外,还有数学的题解、满纸的方程演算……我每天阅读报纸,不但对希特勒占领欧洲14国的顺序记得清清楚楚,而且连时间也记得正确无误。那时有不少

1946年厦门大学长汀时期,与同学合影(左二为谢希德)

人来看望我,送来吃的和鲜花。还有的老同学给我送来中英文书籍,特别是英文小说,一时不能看懂,查字典也不方便,就硬着头皮,从上下关系中揣摩、验证,日积月累,靠这种自学的方法,在英文学习上积累了学习经验,也掌握了大量的词汇,可以说英文水平有了较大的提高。同时,我还自学数学和物理,这种超前学习的方法,使我读大学时显得十分轻松"。

话匣子一打开,谢希德说起来特别动情,一时也收不住了,"所谓'塞翁失马,焉知非福',在床上躺了四年这应该是祸,但我却抓住了机遇,学好英语,又扩大了自学面,掌握了自学的一套方法,你能说不是福吗?我高中毕业时17岁,是全班最矮小的一位,但进入大学学习时已经21岁了,身体也逐渐好起来"。

"冰雪独能知绰约,风尘谁与叹艰难",在经历了人生的种种劫难以后,谢希德终于在厦门大学的校园找到了自由王国,开始展开那稚嫩的翅膀搏击蓝天了……

7. 南 方 之 强

战火纷飞，经济萧条，坐落在闽西山城长汀的厦门大学，面临着许多前所未有的困难，但学校的正确领导和优良传统，让全体师生沉勇度过那段艰难的岁月，正如校歌《南方之强》那优美的歌词、激昂的旋律，就一直激励着全校师生员工奋发向上。每当校歌响起，它就像一根拐杖支撑着蹒跚的旅行者，在荆棘和荒凉中艰难跋涉，开拓进取。

> 自强，自强，学海何洋洋！
> 谁与操钥发其藏？
> 鹭江深且长，
> 致吾知于无央。
> 吁嗟乎！南方之强！
> 自强！自强！人间何茫茫！
> 谁与普渡驾慈航？
> 鹭江深且长，
> 充吾爱于无疆。
> 吁嗟乎！南方之强！

开学没几天，大家都会唱校歌了。每逢全校聚会时，学生齐声高唱，声音回荡在山间久久不绝。激昂的歌声增强了学生之间的凝聚力，也使大家为能在南方之强的学府中深造而感到自豪。后来每每谈起校歌，谢希德总是无比激动，"这些歌词至今仍留在我的脑海中，催我上进，为国争光"。

那时，日寇的飞机经常空袭长汀，谢希德他们不得不冒着生命危险在枪炮中求学。每当听到空袭的警报汽笛声时，厦门大学师生总是尽快疏散到山洞中，以躲避炸弹的袭击。在东郊的一次日机轰炸中，几个没有来得及躲避的学生在露天行走，被附近炸弹溅起的泥土埋了

1946年5月10日,厦门大学女生同学会欢送毕业同学留影(前排左一为谢希德)

半身,当时的求学环境不言而喻。

不过,条件再艰苦,环境再恶劣,也阻挡不了学生的求知欲望,那轰轰的枪炮声似乎成为他们学习的号角。他们十分珍惜时间,效率比平常高多了。无论上课或节假日,无论在图书馆或室外,他们毫不懈怠,不是温习功课便是阅读课外参考书。谢希德也每天早上5时半起床,上午上课,下午忙着做实验,几乎没什么休息的时间。也许正是这种勤勉的风气,使厦门大学声誉大振,使之成为南方比较知名的高等学府之一,一时之间学者云集,学生趋之若鹜。

"止于至善"是厦门大学的校训,主要体现在两个方面,一是治学,二是生活。厦门大学治学风气之"朴实"在建校初期已初步形成,整个学校朴实勤学。内迁长汀之后,萨本栋校长极力提倡"朴实"的学风,反复告诫师生"不要大吹大擂""应加紧研究学术与培养技能"。他们在深山沟里为追求真理勤学苦练,给山区带来了青春的活力和不同凡响的黎明气息。尤其是抗战形势艰危,山区条件粗陋,学生家境贫寒,他们受到了真正的锻炼,也更加地珍惜时间、立志成才。

一位穷苦学生说道:"正因为是处在山城中,大都市的一切繁华喧嚣,都不会烦扰我们,反而使我们无形中养成了朴实的风气,这对我这个穷小子,特别方便。没有钱做西装,可以穿棉布学生装,因为在这里穿西装的只是凤毛麟角的例外;没有钱穿皮鞋,可以穿布鞋、草鞋,因为在这里穿布鞋、草鞋的也大有人在。就这样,布衣草鞋度过了四年的大学生活,而在交际上,并没有降低身份的感觉;在学习上更没有被不良的嗜好所引诱。"

其实,当时教授的生活也是十分困苦的。1937年9月起,教师薪金改为七成发给(以50元为基数,余额七成发给),加以各种名目的捐款,所剩不多。虽然从1940年起改为十足发给,但由于国民党反动派对人民的搜刮愈益严重,货币贬值,物价暴涨,大学师生和广大人民一同成为饥饿线上的挣扎者。当时教授曾对这种生活发出了"十儒九丐""啼饥号寒"的哀叹,不过多数教授出于责任感和爱国心,仍继续认真教学和进行科研工作。不少卓有才能的教授,为了养家糊口,忍痛出卖自己心爱的书籍;为了教学科研,尽力自制和仿制一些紧缺的实验仪器,以解决学校教育资金紧缺的问题。

当年的学生这样说道,"当时厦大教师不论文、理、工,以清华出身的最多,担任教务长的谢希德父亲谢玉铭、化学系的傅鹰,都是富有幽默感、很有成就的自然科学家"。有的同学还回忆说,"谢玉

1945年,与厦门大学同学合影(前排右一为谢希德)

铭教授在一次愚人节的集会上讲过一句话——'It is good to be a fool sometimes'（译成中文的意思是，难得糊涂是好事）——这句话对我处世做人起过一些超脱荣辱得失的作用"。由于教师们的辛勤耕耘，使许多无法到大后方深造的优秀青年，得到了宝贵的学习机会。谢希德也深深地爱上了这所南方之强的学府，她深知校舍及生活条件虽然简陋、艰苦，但自己心中却是充实的；而自己越是在艰苦的环境中，越能锻炼坚强的意志。

正是基于优良的教学风气，厦门大学培养了许多优秀的学生。谢希德所在的大班，学习普通物理学课程时原有100来人，其中包括其他系的学生；但到了三年级，同系同班就只剩下六人了。这六名学生，除其中一位不知去向外，其余五名后来都评上了教授或研究员的高级职称，其中两名还成为中国科学院学部委员（院士）。谢希德本人在校就学期间，一直品学兼优，是陈嘉庚奖学金的获得者。

厦门大学毕业照（1946年）

抗战开始后，国民党教育部以所谓《抗战建国纲领》为依据，对大学教育的目标，提出"应为研究高深学术，培养能治学治人创业之通才与专才之教育"（见《第二次中国教育年鉴》），比战前更进一步片面强调培养"实用科学"人才，贬低文法科以至理科。"这一政策"反映在招收学生和派遣公费留学生上，实用科学的比例要比文理科高，许多学生为了毕业后的出路，也争相学习工科和经济等学科。不过，谢希德一直坚守物理，以后几十年科海沉浮，从没三心二意过。

一举龙门跃，师恩记心间。1984年4月14日，谢希德在给家乡省报——《福建日报》的"我与福建"专栏里写道，"萨本栋校长治学严谨，给学生留下了深刻的印象。他虽然担任校长职务，一周还要教 12 至 16 学时课程。更使我感动的是，他经常胃病发作，最严重时，连弯腰拾粉笔都很困难，仍坚持给学生上课，使听课的学生深受感动。后来发现他得了癌症，终于在疾病的折磨中早逝。厦门大学的师生，无不怀念这位受人尊敬的校长"。

萨本栋少年时代在福州求学，毕业于清华学堂，后赴美入斯坦福大学学习机械专业，再进麻省伍斯特工学院攻读电机工程和物理学，并获理学博士学位，回国后任清华大学教授。他自编教材《普通物理学》和《普通物理学实验》，先后于 1933 年和 1935 年用中文出版，从而取代了英文教科书，获得中国高等教育界的普遍赞赏。我国当代科技界名家，不少人在年轻时都学习过此套教科书，可见其对我国大学物理教学影响之大。

1935 年 9 月，萨本栋应邀担任美国俄亥俄大学客座教授，在电机工程系讲学。由于在电机工程学上的突出成就，他被美国电气工程师学会接纳为外籍会员。1937 年 3 月，萨本栋从美国讲学归来，续任清华大学教授，恰逢爱国华侨陈嘉庚先生将其所创办的厦门大学献给国家。国民党政府教育部经行政院批准，于 1937 年 7 月 1 日改私立厦门大学为国立，并于 7 月 6 日任命萨本栋为国立厦门大学首任校长。当接到厦门大学校长的任命时，萨本栋这位在电机工程学上造诣高深、成就卓越，且在国内外电机工程界颇负盛名的教授，曾考虑再三。最后，为了发扬陈嘉庚毁家兴学的伟大爱国精神，为了把厦门大学办成著名的具有特色的高等学府，为家乡、为祖国培育优秀人才，他毅然就任了。

就在 1937 年 7 月 26 日萨本栋正式上任后，10 月间因日军战火逼近厦门，为保存"南方之强"，厦大内迁到地处闽、粤、赣交界的山城长汀。当时，福建交通极为不便，厦门到长汀又万山阻隔。萨本栋却周密筹划，指挥若定，在不到一个月的时间内，将师生员工全部安全送达；图书、仪器设备等也赶在厦门沦陷之前，大部分抢运抵达长汀。在非常艰苦的条件下，萨本栋校长尽可能地聘用了一批有才华的教授，吸引了闽粤赣以及江浙一带的一批优秀中学毕业生，创建了良好的校风，为国家培养了不少优秀人才。

萨本栋校长是谢希德最崇拜的师长之一。1945年，就在谢希德进入毕业班时，萨本栋被任命为中央研究院总干事兼物理研究所所长。他离开长汀前往重庆时，几百名师生与萨校长依依告别的情景，在她的心中留下了终生的烙印。1947年，由于办出国手续，她曾到南京去拜望萨校长，没想到那次见面竟成了永别。不久，萨校长在旧金山逝世。

谢希德对萨本栋校长的言传身教，一直记忆犹新。萨校长非常重视基础学科的教学，他教过"电工原理""微积分""交流电路""直流电路"等课程。有些课程难度较大，学生听不懂，经常提出问题，萨校长总是不厌其烦地给予回答。谢希德在读期间，有幸上过他教的"微积分"课程，印象极其深刻。

1952年，谢希德夫妇回国途经香港，在九龙轮渡上巧遇萨师母。当晚，萨师母特意到旅馆与他们叙谈，他们得知萨校长的两个孩子支唐和支汉在美国读书，师母暂留香港。其实，萨师母是一位个性坚强、善于独自拼搏的女性，后来也到美国攻读数学博士学位，在美国任教直到退休。退休后，萨师母先是自己独住，后来身体不好才迁至老人院居住，记忆逐渐衰退，说话也有些困难。谢希德于1992年和1995年两次到伊利诺伊州的厄尔巴那（Urbana，Illinois）访问时，曾去老人院探望过萨师母。1998年3月，萨师母在美国逝世。

萨校长的长子萨支唐教授，是一位著名的半导体器件物理学家，事业卓有成就。1979年，谢希德率团去美国开会并进行访问活动时，得到了他的热情接待和支持。他先后从中国科大、北京大学、复旦大学、上海科大接收四名访问学者，并回国访问讲学，为国际学术交流作出积极的贡献。1998年10月，萨支唐及夫人、公子，专程从美国抵达厦门大学，参加父母亲的骨灰合葬仪式，其间他还作了一场学术报告。

其实，萨支唐的《固态电子学基础》一书是在谢希德的推动和组织下，才进入中文版的翻译和出版日程的。那时她正在病重住院期间，她一面吩咐译者抓紧进度，一面忙于筹措经费，在病床上给有关单位写信，介绍这本书：

> 此书是一本非常好的本科生、研究生和有关人员的参考书。

作者在该领域做了很多开拓性工作,是一位国际知名的华裔科学家。本书的早日出版,对培养我国这方面的人才定能作出更大的贡献。

谢希德逝世之后,阮刚、汤庭鳌、章倩苓、包宗明四位教授,牢记她的嘱托,在百忙之中挤时间,笔耕不辍,终于使该书面世。

萨支唐在2003年4月中文版序中说:"本书的中文版是奉献给她(谢希德)的,不仅因为她对翻译本书的鼓励和支持,而且因为她对中国的半导体科学、教育和工业发展的贡献;特别是她同北京大学黄昆教授等十多位教师在1956—1958年期间为集中培养近300名从中国几所优秀大学选送的学生所作的贡献,这些受训过的当时的青年人,已成为当今中国半导体科学、教育和工业发展的主要领导力量。"

8. 物理学父女

谢希德在厦门大学读书,不但勤奋上进,而且非常优秀,深得她父亲谢玉铭教授的喜爱,平时他自然也多一份关切、期待和自豪。

正如谢希德获得陈嘉庚奖学金一事,早在1943年7月,当时在长汀厦门大学物理系执教的谢玉铭,给在云南作社会调查的老同学蔡咏春写了一封信,就称赞爱女希德"成绩为全校冠""本年谅可获得嘉庚奖学金",甚至还附带说明奖学金为"每年约合四千元"。谢玉铭把女儿的读书情况和所获奖励如此自信地告诉老同学,自豪之情溢于言表,这是父女感情的真挚流露,也可见谢玉铭对女儿的关心,这种感情和关心在潜移默化之间必然影响谢希德,并引导她走上学物理的道路。

可以说,谢希德的父亲谢玉铭是一位慈父,也是一位著名的物理学家、教育家。他把科研和教学当为己任,勤奋耕耘,坚持不懈。1925年,从美国哥伦比亚大学拿到硕士学位的谢玉铭到芝加哥大学师从光学大师迈克耳孙进行有关光干涉仪的研究。著名物理学学家、教育家吴有训和谢玉铭是同学，也在芝加哥师从康普顿教授。

谢玉铭和在燕京大学物理系工作的美国人郭察理合编《物理学原理及其应用》英文版图书于1925年出版、1933年再版。同时，中文版也在1925年出版、1933年再版。美国著名教育家、哲学家、心理学家杜威为这本书写序并称赞。另外，英文版的《物理学实验》也于1928年出版。两部书启发学生充分理解物理学原理，在当时对提高中国的中学、大学物理教学水平起到了促进作用。

实践是理论的源泉，是自然科学的根本。基础课乃一切学科之本。谢玉铭先后两次在国外得到名师的悉心指导，深切体会到

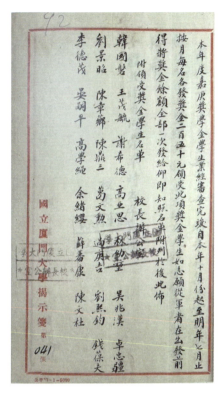

陈嘉庚奖学金获得者名单（厦门大学档案馆提供）

实验工作在理工学科中的重要性。在读书期间，他旁听多达24门课程，为后来在燕京大学和抗日战争时期的厦门大学的建设和发展，作出重要贡献。

在芝加哥大学获得博士学位后，谢玉铭回到了他的母校燕京大学，担任物理系教授兼系主任，为我国培养了许多优秀人才。他和学生在国内的合作包括：焙滑石的电绝缘，氢与铂、钯、镍接触之游离，氯化银之慢电子分解，以及连续记录器测定北平大气之尘埃含量、以转动液体测定重力加速度、紫外吸收光谱等。

除了传道授业解惑，谢玉铭先生也是一位以身作则的师者、长者，为学生、子女启智明德。在谢玉铭的影响下，大学学术气氛浓厚，学院考试严格，学生学习成绩优良，学风严谨，这种自强不息、

艰苦奋斗的精神不断被强化和传承，令人感慨不已。

在燕京大学，谢玉铭教育和培养出的学生中有许多成为中国的物理学家，其中有中国宇宙线和高能实验物理研究的奠基人之一、高能物理学家张文裕院士，中国铀同位素分离理论研究的奠基人、核物理学家王承书院士，我国最早立足国内开展宇宙线实践的先驱者之一、物理学家和教育家褚圣麟博士，以及孟昭英、毕德显、卢鹤绂、袁家骝、王明珍等。1936 年，卢鹤绂在谢玉铭的指导下，完成学士学位论文《中国物理学家在国内外所发表之物理论文目录及其提要（1914—1936.3）》，统计并梳理了 321 篇中国学者在国内外期刊上发表的物理学相关研究论文，引人关注。

20 世纪 30 年代，在燕京大学任教的谢玉铭利用学术休假到美国加州理工学院与豪斯顿教授合作，用实验光学方法研究氢原子光谱并观察到"氢光子光谱移位"，这与后来兰姆在 1946—1947 年的工作是同一个方向。可惜的是，在谢玉铭和豪斯顿的研究前后，还有几个别的实验组得出了与他们的研究相反的结果，产生了混乱，没有引起当时理论物理学界的广泛注意。十多年后，兰姆用新的技术研究氢原子光谱，得到了高度准确的相同结果，这在光谱学和量子电动力学发展史上具有重要意义。兰姆因此在 1955 年获得了诺贝尔物理学奖。

谢玉铭强调培养理工科学生的动手能力，强调"（空有）物理实验室，而无一个为它服务的好的机械车间，不能称之为完善的实验室"。他自力更生地建立起厦门大学的金工厂和实验室。对学生实验操作和实验报告，有十分严格的要求。他讲授"普通物理学"时，几乎每堂课都有生动且富有启发性的演示实验。演示所用的仪器设备，许多是他不惜耗费很多时间和精力亲自设计、制作出来的，很受学生欢迎。抗战期间在湖南大学时，他设计了一个实验，演示力学中两只猴子爬绳的问题，吸引了几乎全校的学生过来观看。

可以说，学生动手能力得到很好的培养，谢玉铭功不可没。周咏棠出生于 1923 年，毕业于厦门大学，他回忆道："对我一生影响最大的是谢玉铭老师。"他表示谢老师教理工科学生的"普通物理"课,上课时要做物理示范实验,是当场做实验给学生看,理论与实用二者具备,学生的印象深刻,也培养学生的思考能力、创新能力,取得优良的效果。

1937年,抗日战争爆发,谢玉铭离开了即将陷入日本侵略者魔爪的燕京大学,举家南下到湖南大学任教。1938年,他任教于南迁的唐山交通大学。

1939年11月,应好友厦门大学校长萨本栋的邀请,谢玉铭到该校担任理学院院长。

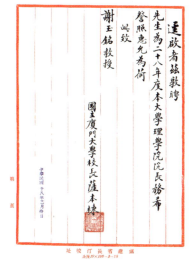

厦门大学校长萨本栋颁发的聘书(谢希文教授提供,现藏于厦门大学档案馆)

在厦门大学内迁闽西长汀期间,谢玉铭成为萨本栋校长的左右手,先后担任理学院院长、教务长、数理学系系主任等重要职务。萨校长要求教授开基础课,谢玉铭第一学期就开设"普通物理学"等五门课程,为学生今后的学习打好基础。

1946年,谢玉铭前往菲律宾。受著名爱国侨领李清泉创办的"李氏兄弟进出口公司"之聘,担任副经理。但他不习惯商业经营,于是辞职去马尼拉东方大学任教长达18年,其中有16年担任物理系系主任。1968年,谢玉铭退休后移居中国台湾,受聘于台北私立实践家政专科学校,从事教学工作十多年。

很遗憾的是,虽然谢玉铭很喜欢谢希德,也支持了她赴美留学的费用,并最终影响到谢希德走上物理研究之路,但后来父女俩因是否回国报效而产生严重分歧。从1946年直到1986年谢玉铭去世,父女再也没见过面,真所谓"一朝隔山岳,生死两茫茫"。

谢希德寄给父亲的
三张结婚照

9. 战火纷飞惜良缘

战乱四年间,谢希德的大学生活很不安宁,即使在山区长汀也是如此。除了日寇飞机不断空袭,造成师生惶恐不安之外,各地传来的战乱新闻也时常影响学生的学习情绪。有时为了松弛一下紧张的神经,她偶尔也与同学到郊外游览,留下了青春的倩影。

1944年冬,日本帝国主义再次发动大规模进攻,侵略军从广西攻到贵州;在广东占领了韶关(曲江),切断了从江西到内地的主要道路,而且进到江西赣县,长汀告急。次年寒假,谢希德迫于局势的变化,随继母、祖母和小弟弟,乘船疏散到上杭。在那里生活不多久,由于日军未发动进一步的攻势,全家人得以回到长汀,谢希德才又继续坐进课堂学习。

学习上如此,而她和天钦之间的感情,也在战火中经受着考验。考上大学到长汀以后,他们的通信变得很困难,粤汉路被切断,一时之间音讯全无。"烽火连三月,家书抵万金",记得有一封信,竟在途中走了近一年,这无疑更增添他们的思念之情,而这种思念也渐渐昭示着他们之间感情的微妙变化,从单纯的友情开始向爱情升华。

1946年,谢希德从厦门大学毕业前夕,曹天钦正准备到英国去,他决定在出国前去长汀看望多年未见、思念已久的谢希德。这个愿望与谢希德父母不谋而合,而谢希德此时也在考虑要是能在长汀与青梅竹马的曹天钦订下婚约,也不失为人生的一段佳缘美事。其实,他们这门婚事,是经历了较长时间联系、了解和考验以后确定下来的,可以说已经到了瓜熟蒂落的时候。

自从谢希德转学贝满女中之后,他们就不再是同班同学了。1935年夏天,曹天钦由燕大附属中学保送入通县潞河中学,1937年转入北平育英中学直至高中毕业。他在中学时期不仅各类科目学习成绩优秀,而且还积极参加各种社会活动。当时正值日本帝国主义者不断侵犯我国,"华北之大,已经安放不下一张平静的书桌了"。处在国防前线的平津广大青年学生,对国家民族的危机最为敏感。因此,曹天钦

1946年4月28日,谢希德、曹天钦在长汀合影

在燕京附中时,与同学一起参加了燕大学生会的抗日募捐活动,并立志将来学习航空专业,保卫祖国。进入高中阶段,受知识分子家庭影响,他又立志"科学救国"和"工业救国",对化学产生特殊的兴趣,从而树立了专修化学的理想。

1938年,曹天钦由育英中学保送入燕京大学化学系学习,在自己的人生理想定位上迈出了坚实的一步。大学一年级至三年级,由于成绩优良,他一直获得学校的奖学金,减轻了家庭的一些负担。1941年春,珍珠港事件爆发前夕,他估计燕京大学会遭封闭,便与一些同学逃离日寇占领地,经由上海转开封、郑州,入内地服务抗战,在陕西宝鸡参加了当时由路易·艾黎创办和指导的中国工业合作运动("工合")。不久,他被派到陕西凤县双石铺工业试验所,任工业分析组技士,从事对陕西、甘肃等省的煤、水、铁、铅等多种矿石、水质的分析。后来,他又被聘去"工合"兰州事务所,主持皮革生产合作社的技术和业务。

1943年,燕京大学在成都复校,曹天钦在工作中深感自己专门知识不足,决心继续读完大学全部课程。于是,他来到在成都华西坝复校的燕京大学,继续他未完的学业。其间,他认识了青年朋友黄兴宗。黄兴宗与曹天钦,一南一北的两个青年人,是在"工合"皮革社那条件简陋的化学实验室认识的。他们当时不过20来岁,性情相投。

业余时间，他俩经常在一起欣赏唱片里的德国古典音乐，特别是一些声乐小品。曹天钦学他的福建话，而黄兴宗则学他的北京方言，他们经常因彼此发音不准而开怀大笑。

黄兴宗较早就到重庆李约瑟博士处工作。1944年，由于黄兴宗要到英国留学，他考虑到李约瑟处的人选接替，于是介绍好友曹天钦到那里工作。李约瑟是英国皇家学会会员、剑桥大学著名生物学家、研究中国科学史的专家，是中国人民的好朋友。1943年，正当抗日战争进入最艰苦的时期，李约瑟来到中国，在重庆建立中英科学合作馆。他走遍我国的东南、西北和西南，访问了许多疏散在内地的大学和研究所。李约瑟通过中英科学合作馆和英国文化委员会，向这些处在艰难困苦中的学术和科研机构赠送书籍、资料、教学仪器以及药品。因此，他和当时许多中国学者、科学家结下深厚的友谊。

1944年，曹天钦来到李约瑟工作的中英科学合作馆任职。李约瑟对别人介绍曹天钦说，"这是我的同事"。他们乘坐陈旧的吉普车在崎岖的山路上旅行，而且出过两次翻车事故，但李约瑟并不害怕困难，坚决支援中国人民抗战。一个外国人能够作出如此奉献，很是值得敬仰，自然也更加激起曹天钦的爱国之情。在曹天钦到李约瑟处工作之前，黄兴宗曾陪同李约瑟考察长汀时期的厦门大学，李博士在报告中赞扬厦门大学办得出色。可惜这次访问早了一年半，否则曹天钦就可能作为陪同人员能够在厦门大学见到心爱的谢希德了。

千里姻缘一线牵，时空的距离和战斗的残酷阻止不了真心相爱的人，他们相见的机会终于来了。1946年春，曹天钦获得英国文化委员会的奖金去英国留学，由重庆到上海，候机去英国。由于当时无定期航班，水路交通也不正常，他决定乘候机之便，到长汀探望希德。这件事谢希德父母知道后，他们认为天钦这一走，可能要分别数年，最好先订婚。那时，从上海到长汀是先坐船后坐车，而从长汀到上海基本是坐车，加上路途颠簸，十分艰苦。途中曾连续发生翻车事故，曹天钦幸好没有受伤，这些都牵挂着谢希德的心。因此，谢希德匆忙决定在曹天钦到长汀的短暂停留中，在家里邀请一些要好的同学和父亲的同事，宣布订婚。那时祖母的双目由于患有青光眼，视力较弱，虽然看不清曹天钦,但很喜欢他,拉着他的手问长问短。他俩的订婚仪式在热闹、和谐的气氛中顺利举行,一段战火纷飞、风雨飘摇中的爱情完成了历史的见证。几天之后,曹天钦返回上海候机,并于同年10月飞往英国。

"两情若是久长时,又岂在朝朝暮暮",谢希德仍然留在长汀继续她的学业。长汀地处闽西根据地,而且离赣南老区很近。当时她只知道国民党比较活跃,有党支部,还有三青团组织;但她并不知道在长汀有一些她所熟悉的同学,当时已是共产党的地下工作者,由此可见政治革命斗争还是很激烈的。1945年,两颗原子弹先后在日本广岛和长崎爆炸,许多无辜的日本平民死于原子弹的直接杀伤和辐射。不久,日本帝国主义投降了,抗日战争从此结束了。此后,厦门大学新招收的一年级学生将在厦门岛上课,而二、三、四年级学生,像谢希德他们仍留在长汀继续学习。

抗战胜利对谢希德这些大学生来说,本应该是非常高兴的事情,但当时国共分裂的可能性很大,和谈成功的希望又很小,这些都给他们的心中笼罩上一层阴影。事实上抗战虽然胜利,但没有给祖国大地带来和平,不久解放战争就爆发了。谢希德这一代人,从幼年到青年,总是在战火中度过。面对满目疮痍的神州大地,他们也一直在思考——祖国的出路在哪里,自己的前途在哪里……

曹天钦与谢希德合影
(1946年)

第二章

负笈异乡求学忙

1947年,我只身漂洋过海赴美深造,在美国著名的史密斯学院,师从研究生院院长安斯罗教授攻读硕士课程。到1949年以《关于碳氢化合物吸收光谱中氢键信息的分析》论文通过答辩并获得硕士学位。之后,我又到著名的麻省理工学院继续攻读博士学位,跟随莫尔斯和阿里斯两位教授进行高压态氢的阻光性理论分析,并在1951年以该项研究成果获得博士学位。毕业之后,我参加了美国固体物理学家斯莱特主持的原子、分子及固体理论组的研究工作——从事微波共振腔中半导体性质的理论研究,这段科研经历为我回国之后从事半导体物理研究打下了深厚的基础。

——谢希德

10. 艰难出国苦筹谋

1945年8月15日,日本天皇向全国广播接受波茨坦公告、实行无条件投降的诏书。9月2日,日本新任外相重光葵代表日本天皇和政府,陆军参谋长梅津美治郎代表帝国大本营,在停泊于东京湾的美国战列舰"密苏里号"举行的签降仪式上,向同盟国签下了历史的一笔。9月9日,侵华日军总司令冈村宁次也向中国陆军总司令何应钦递交了投降书。经过14年艰苦卓绝的浴血奋战,在付出巨大的民族牺牲以后，中国人民终于迎来抗日战争的最后胜利。

然而，国民党统治集团企图剥夺人民取得的胜利果实，使抗日战争胜利后的中国，再次回到战前半殖民地、半封建社会状态。蒋介石一方面诡计频出，密令军队"积极推进，勿稍松懈"，准备发动内战；另一方面又惺惺作态，向延安连续发出三次电报，邀请毛泽东去重庆"共同商讨"国家和平要事。当毛泽东偕同周恩来、王若飞等人，以共产党绝对的诚意，赴重庆与国民党当局进行谈判时，蒋介石却利用和谈这段时间加紧部署全面内战。尽管在多方的努力下，各党派共同召开了政治协商会议，并签订了"双十协定"，然而很明显，和谈只是一种烟幕，一旦完成战争准备，国民党就立刻撕毁停战协议和政治协议，悍然向解放区发动全面进攻。与此同时，国民党官僚资本极度膨胀，疯狂掠夺中国人民的财富。民族工商业大批倒闭，农业经济凋敝落后，国民党统治区通货膨胀，物价飞涨，陷入了严重的经济危机之中，广大人民挣扎在饥饿和死亡线上。

在这样的情况下，谢希德大学毕业了，即将开始人生新的征程。当时，面临着国内政治风云变幻、战争一触即发的局势，抗战胜利的喜悦早已为内战的乌云所代替，她也在何去何从之间艰难抉择。"国家兴亡，匹夫有责"，是留在国内救国民于水火，还是暂时出国成就个人事业以待将来更好地报效祖国？在先国家后个人，还是先个人后国家之间，她权衡再三选择了后者，选择了去美国留学。

然而，由于国内的局势和家庭的经济等条件限制，谢希德也知道自己的前途不会一马平川。1946年夏，她稍作准备，经江西南昌、九江等地，来到南京参加出国留学考试。那时，曹天钦由于候机去英国，正巧也来到南京，暂时在英国文化委员会工作。这样，一对相爱多年、感情弥坚的恋人，终于在古城南京又重逢了。不过，一个是前途未知，一个是行期未定，他俩的心情也都夹杂着焦急、忧虑的情绪，又感叹着当时祖国风雨飘摇的命运，再也没有心思去古城旅游观光了。

在旧中国，"毕业即失业"的威胁很大，幸亏那时谢玉铭也由长汀到上海。靠父亲在物理学界的一些朋友关系，经过多方联系，谢希德终于觅得上海沪江大学数理系助教的职位。这年秋天，她离开南京，到沪江大学数理系任助教，跟随讲师许瑾工作。当时，她的生活非常紧张，既要批改大学一年级微积分课程作业，还要带本系及外系的学生进行普通物理实验，其中有物理系二年级的电学实验、三年级的光学实验等，几乎没有什么空闲。不过，她对忙碌的生活并不害怕，对新的教学任务带来的挑战也感到兴奋不已，毕竟开始了真正属于自己的人生，但是国家的命运却令她忧心忡忡。事实上，当时国共和

1947年春节，谢希德于上海沪江大学留影

谈已经破裂，内战的炮火即将燃烧，经受多年抗战之苦的老百姓将再次面临枪林弹雨、颠沛流离。

由于国内局势的现状，加之通货膨胀日剧，谢希德的家庭经济情况已经比较拮据。当时，在厦门大学的收入难以维持全家的生活，她的父亲谢玉铭便决定应友人之约，只身到菲律宾谋职。原打算安顿好之后，他便回来接一家人同往，但事情并非想象的那么简单，结果难以如愿。谢玉铭也许没有想到这一别，全家人从此天涯相隔，再也未能团聚。

谢希德的母亲则携带祖母和三个弟弟，随着厦门大学搬迁队伍，从长汀山区历尽坎坷迁回厦门，并在鼓浪屿找到住处。从长汀到鼓浪屿，交通十分不便，因而搬迁遇到难以想象的困难。在厦大教工们的尽力帮助下，一家子经过千辛万苦，总算在这个海岛上顺利安下了家。鼓浪屿是厦门岛边上的一个小岛，风景秀丽，气候宜人，当年郑成功收复台湾曾在那里留下许多佳话，因此是非常著名的旅游胜地。

1947年夏天,谢希德在上海与母亲张舜英、大弟希文、二弟希仁相聚。那时,大弟已在厦门大学航空工程系深造,而二弟也将就读清华大学电机系。

离开家庭独立工作后,谢希德在沪江大学与几位新来的教工,一起共事了一年左右。那时大家都是年轻人,刚毕业不久,工作认真,上进心和求知欲都很强。她们同住在女生宿舍楼里,白天执教,晚上同乐,朝夕相处,彼此间建立起深厚的友谊并持续终身。但面对通货膨胀势头迅猛、物价飞涨的时局,拿工资度日的她们都不约而同地产生了出国深造的想法,并且各自开始寻找不同的出国途径。凑巧,父亲谢玉铭的学生张文裕和王承书夫妇当时正在美国,谢希德便写信请求他们协助,争取赴美攻读研究生的奖学金。在张文裕夫妇的积极努力下,美国七所著名的女子学院之一——史密斯学院接受了她,并应允给予免收学费和担任助教的待遇。

消息传来,谢希德在兴奋之余不失冷静,对美国国内的状况作了进一步的理性分析。1947年是第二次世界大战结束的第三年,美国政府决定给予退伍军人以优先获得奖学金到各大学求学的机会。她考虑到女退役军人毕竟为数较少,进史密斯学院深造可以减少与男退伍

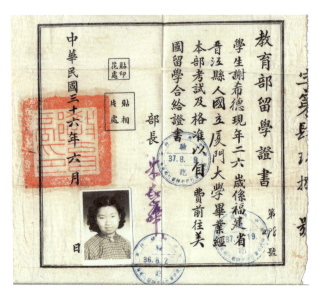

谢希德的自费留学证书
(1947年)

军人的竞争，这对自己获得奖学金资助比较有利，便决定选择史密斯学院。

如此一来，史密斯学院既可免交学费，又能提供助教职位维持生活，赴美国以后的基本问题都解决了。同时，由于她一年前在南京的考试中，已争取到自费出国学习的资格，因此可以以官价而非黑市价买外汇，实际上只用很少的家庭资助便得以成行。不过，赴美的路费和到达后一段时间内的生活费，也是一笔不小的款项，当时仍然无法落实。所谓"万事俱备，只欠东风"，于是谢希德只得向远在马尼拉工作的父亲求助。山重水复、峰回路转，谢玉铭在国外收入比国内优越，表示愿意尽快寄出这笔费用，于是她也终于得偿所愿。

"人生风雨多历练，沧海横流渡若飞。"面对为自己设计的人生蓝图，谢希德憧憬着即将到来的异国生活，因为对岸的学术王国孕育着她一生的梦想。如今，终于即将成行，她兴奋地盼望着这一天的早日到来。

11. 重洋远涉烦双鬓

1947年8月10日，谢希德远渡重洋的日子终于来到了，大弟、二弟特地赶来送行。她和许多怀着不同心情的男女青年，踏上美国一艘由战时运送军队的船只改装的客轮——"梅格斯（Meigs）将军号"。乘客除中国学生外，客轮上还有第二次世界大战时由欧洲到上海避难的犹太人，他们将前往北美或经北美转至其他地方。"同是天涯沦落人"，看着他们一家家扶老携幼，在迷茫中探索未知的前景，再联想到祖国和自己的命运，她心里有一种格外说不出的滋味。

漂洋过海赴异乡，谢希德在"梅格斯将军号"船上，与这些犹太人相处达半个月之久。通过交往，她了解到在希特勒法西斯猖狂的年代，中国是世界上少数肯接纳犹太人的国家之一。他们"二战"中来到上海后，比较集中住在霞飞路（现今的淮海中路）附近；珍珠港事

1947年,谢希德赴美前与母亲及弟弟希文、希仁在上海合影

件后他们又被赶到虹口区;战争结束后他们"认祖归宗",再度漂泊到北美、南美、澳大利亚,去过他们早已习惯的生活。面对备受政治迫害和战争苦难的犹太人,谢希德感同身受。20世纪80年代后期,他们中的不少子女后代,怀着对当时祖辈避难中国的深切感激之情怀,重回上海寻找生活的见证和历史的记忆。也许,岁月纵然沧海桑田,人事纵然变迁更替,也磨不灭人们过去美好的记忆,追寻往昔中总充满着依依眷恋之情。

　　船开航没多久,即到了日本最大海港,也是日本第三大城市的横滨。第一次这么近距离地接近日本,大家一想起日本人侵略中国,带来了难以估计的灾难和损失,胸中怒火油然而生。不过,由于那时日本仍在美军的军管之下,并不许旅客上岸,谢希德及同行者只好在船上遥望这座大都市。战后的日本满目疮痍，一片凄凉，大家在极度仇恨之中似乎又怀有一点点怜悯，罪恶的始作俑者终究得到了应有的惩罚。

船在茫茫大海中航行，每天看着太阳从东方升起，又从西边落下，谢希德想象着到美国后可能发生的一切，茫然之感油然而生，正如大海漂行一样，是那么的无助。不知不觉之中，在一阵阵颠簸中抵达夏威夷火奴鲁鲁，又名檀香山，当时夏威夷还不是美国的一个州。由于火奴鲁鲁是一个很美丽的城市，同行的朋友又有熟人在那儿，因此她得以上岸游览一番。那里是太平洋的交通要冲，以旅游和疗养著称，主要出产甘蔗、菠萝、稻米、咖啡和香蕉。海岛气候宜人，每天几乎都降小雨，但瞬时即雨过天晴，真有"东边日出西边雨"的诗情画意。不过，历史永远不容抹杀，大家一想起"珍珠港事件"，心中不免几分惆怅，默默而去。

后来，谢希德曾于1988年、1989年、1990年和1998年，四次再访夏威夷檀香山，景象已与1947年大不相同了。如今的檀香山已成为夏威夷州的首府和港口，经济发达、热闹非凡。时过境迁，当年"二战"的罪人，曾经在这片土地上犯下滔天罪行的日本人，如今却成了这里的"主人"。著名的瓦基基海滨前，有许多旅馆属于日本人；沿着海滨的马路上，也多是日本游客。事实上，美国人在檀香山是"少数民族"，这也是美国国土上唯一的例外。

"万里风波恶，飞临始觉轻"，经过了16天的海上漂泊，谢希德终于来到了梦寐以求的美国史密斯学院，开始了她异乡求学的艰难之路。

12. 独在异乡勤攻读

史密斯学院位于麻省的一座在当时已有近百年历史的小城市北安普顿（Northampton），该院以培养本科生为主，部分系科兼收少量研究生。1947年至1949年，谢希德就是在这个宁静的学院里度过的。

1948年春,在史密斯学院伊宁喷泉(Ianning Fountain)前留影

史密斯学院经过多年的发展,校园占地125英亩,是美国最优美的校园之一。校内拥有105幢建筑,包括著名的克拉克科学中心、有莱曼温室的植物园、艺术博物馆、表演艺术中心和图书馆。克拉克科学中心是一组多功能建筑群,包括教室、研究实验室、现代科技馆和一座天文馆;植物园建于1875年,培育有来自世界各地的数千种植物,还有60 000件标本,集教学、观赏、研究于一身;艺术博物馆珍藏有24 000件从古至今各时代的艺术品,为全美文学院之最;表演艺术中心也是一组包括两座剧院在内的多功能建筑群;图书馆藏书130万册。当时,学院已有在校生2 500人,265位教授,96%教师拥有博士学位,供学生选择的课程逾千种,遍布50个领域。每班平均15人,但一些高级课程及实验室每班只有5人。在《美国新闻与世界报道》的美国高校排行中,该学院始终名列文学院的前茅。在过去的十年内,学院获得了众多荣誉,其中包括20项富布赖特奖、13项国家科学基金奖、4项杜鲁门奖、2项梅隆奖等。

"求学当思才满腹，怀乡时恐月当头。"两年间，谢希德除了担任普通物理实验的教学外，埋头攻读研究生课程，为撰写论文做实验，每天"三点一线"——宿舍、物理楼、食堂——成了她固定的生活状态。然而，在和家人的联系中，从国内寄到美国的信函，所贴的邮票面值越来越大。到了用金圆券的时候，一封信的邮资额就高得吓人了。原来，当她在异国刻苦钻研、遨游于学术海洋的时候，祖国大地内战正酣，离开上海前已经开始的通货膨胀也急剧恶化。

在交往中，美国人经常问谢希德这样一个问题："你对蒋介石怎么看？"他们都知道，自己的政府在支持蒋介石，但也了解到这个政权贪污腐败，于中国前途无望。于是报纸上关于中国人民解放军在东北、华北等地节节胜利的消息，不得不使他们更加关切地注视着从沉睡中即将苏醒的中国所发生的变化。最使谢希德记忆犹新的是，解放军进入北平后，严格遵守"三大纪律、八项注意""不拿群众一针一线"的事迹报道非常感人，她看到了中国新的希望。当时孙中山先生的孙女，在史密斯学院看到报道后，也激动地对她说，"这个军队纪律严明是没有什么可说的"。

美国学校的宿舍，在假期一般要关门。由于大部分本国学生都回家了，工作人员也要休息，这就给外国留学生带来许多不便，甚至无"家"可归。不过幸运的是，谢希德和更早一年去的一些中国研究生，找到一户美国人家。主妇很欢迎她们去同住，且不收住宿费，唯一的要求是让中国学生为她做些杂事。后来了解到，这位主妇是美国南方人，嫁到北方后早年丧夫，唯一的爱女也自杀身亡，除了爱人的遗产外，平时以教附近儿童钢琴维持生活。住进之后，通过和美国家庭近距离接触，谢希德说英文的机会大增。这样一来，在短暂的居住期间，她不但提高了自己的英语水平，而且更加深入地了解了学校之外的美国社会。

谢希德在史密斯学院的导师安斯罗教授，是一位未婚的女物理学家，兼任研究生院院长。当时的美国，女子就业远不如现在普遍，经济往往不能独立，多要依附丈夫生活。就此言之，谋求经济独立而耗费大量时间，无暇也不急于谈婚论嫁的女性教授多为未婚者，自然可

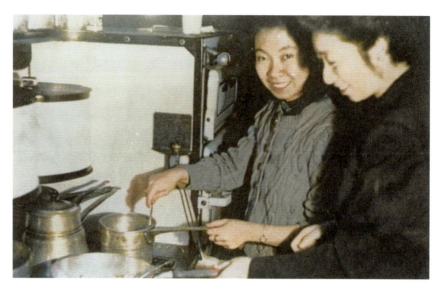

就读史密斯学院时，谢希德（左一）在朋友家中烧饭（1948年）

以理解。安斯罗教授的父亲是从英国到美国的移民，她是第二代，因而还保留不少英国人所特有的性格，如比较拘谨、不像一般美国人那么感情外露。安斯罗教授和张文裕先生相识，谢希德能够到史密斯学院留学，就是这样促成的。

两年间，谢希德和导师及房东太太，都建立起深厚的友谊。即使后来到了麻省理工学院读书，每逢圣诞节她回到北安普顿，总要找她们热闹一番。房东太太和中国留学生建立了相当深的感情，她的家也成了好几批中国学生的"家"。1978年，她逝世前留下遗嘱，把房子送给留居美国又经常去照顾她的一对华裔夫妇。谢希德和这对华裔夫妇，后来也一直保持联系，沧海桑田、风雨冰霜依然改变不了他们之间最真挚纯洁的感情。

在史密斯学院留学两年期间，由于学习非常刻苦，又有导师的精心指导，谢希德的进步很快。1949年夏，论文《关于碳氢化合物吸收光谱中氢键信息的分析》通过专家答辩，她终于获得了硕士学位，给自己的留学生涯作了一个暂时的总结，多年的心愿也得到阶段性的实现。

在史密斯学院获得硕士学位（1949 年）

13. "今后去向"问题

由于史密斯学院的物理系不培养博士生,谢希德从1948年秋开始不得不考虑"今后去向"的问题——获得硕士学位之后将去何处?导师安斯罗教授毕业于耶鲁大学并获得博士学位,谢希德在她的影响下自然愿意申请去耶鲁大学,而且那样的话,通过导师的努力要获得奖学金并不难。

不过,谢希德内心更向往到麻省理工学院,即马萨诸塞理工学院。该学院由马萨诸塞州学会创建于1861年,是一所享有世界盛誉的大学,位于美国马萨诸塞州查尔斯河流域的剑桥市,与该州首府、美国东部名城波士顿隔河相望,校园延伸达一英里。

麻省理工学院的前身,是从工科起家的一所理工科大学。20世纪30年代后,该校校长康普敦意识到,数、理、化等基础科学在工科院校中,若仅处于从属工科课程的地位,培养出来的人才就只能是一般的技师和艺匠。这些人不可能适应科学技术的飞速发展和急剧变化,也不能在新兴的技术领域内有所突破和建树,因此他主张理科应提高到与工科并重的地位。从1930年起,学院开始加强理科建设,注重理工结合。康普敦首先把物理系从只为工科学生教授基础课改变成培养研究生及在科学研究上具有重要地位的系科,使之更好地体现理论和实践的关系。因此,他聘请专家建立了独立的理学院,加强理科本身的科研工作,并把"通过实验进行学习"作为学校的教育信条。并且规定,不会做科研的人不能在麻省理工学院做教授,从而大大提高了麻省理工学院的水平。

此后,麻省理工学院又开始重视人文、社会科学的研究,主张理工人才必须了解人文和社会科学,才能有所贡献。因此,学院又建立与理工科同等地位的人文科学和社会科学学院,加强了学科之间的有机配合,使学院成为一所理、工、文相结合的综合性大学。如今,经过100多年的发展,虽然麻省理工学院已经建立了许多学院,并被世界公认为与牛津、剑桥、哈佛等老牌大学齐名的世界一流大学,但并没有改变校名，而是保持原来的名称。谢希德后来所具有的理工并重、协力合作、迎接挑战、富有创造以及人文社会能力的教育思想，都与在麻省理工学院接受的教育不无关系。

事实上，麻省理工学院素以对学生严格要求著称，但同时也是一个令人向往的学术天堂。自由的学术气氛和严谨的科学态度，使学院培养出威廉姆·肖克莱、保罗·萨缪尔森、罗伯特·肖洛等众多的诺贝尔奖得主，也使学院拥有了最好的管理分院和能源实验室、林肯实验室等优秀的科研机构。学生之所以报考，是因为它除了拥有最好的自然科学分院、工程分院和管理分院外，还拥有一流的建筑与规划分院、人文科学和社会科学分院；是因为它拥有学生所需要的学位计划和课程；是因为学生甚至新生都可以聆听到诺贝尔奖得主的教诲；是因为学院会给学生无数的良机，让学生与世界著名的科学家共同研究。学生可以同与他们相识的人——无论是科研与教学方面的佼佼者，还是杰出的音乐家、运动员、企业家和团体领导者——共同生活和学习。因此，学生和教授间的关系很亲密融洽，他们之间培养有一种良好的合作精神。

但是，麻省理工学院并不是一所"只要用功的学生就能轻松入学深造的学校"，它有高度的科学倾向和严格的必修科目。所有学生要在一年之内修完微积分和物理，一个学期之内修完生物和化学；二年级时，学生要求在各自不同的学科领域修完三种课程，同时要取得实验方面的成绩；为保证学生能获得真正有意义的自由科学教育，学院规定每个学生要花八个学期的时间学习人文和社会学科。在学院的办学理念中，它很注重通过自然、社会、经济和审美领域的基本知识服务于国家和世界；通过与其他人协力合作迎接世界的巨大挑战；通过为有很高天赋和多样化的学生群体提供很好的教育，以让他们深刻地理解科学和工程学，并发展他们的能力、塑造他们的价值观、激发他们的情感观，使他们明智而有创造性地把所学知识应用到人类的进步中去。

理想是人类腾飞的翅膀，而为之执着的向往和追求总能激发潜在的前进动力，谢希德在了解了麻省理工学院以后准备知难而进。然而过去的一个错误印象——麻省理工学院不收女生，或多或少对她有所影响。不过，后来她又了解到，该学院从一创办就是男女兼收，只是初创时为理工科大学，女生比例较少而已。情况弄清楚后，她终于提出到麻省理工学院深造的申请。

幸运的是麻省理工学院不但接受了谢希德的请求，而且免去她的全部学费，但其他方面的资助就难以办到了。不过，她也早预料到这一点，在申请到麻省理工学院攻读博士学位的同时，又申请到了史密斯学院为校友提供的奖学金。"天道酬勤"，这不能不令人欢呼雀跃，多年的努力再次换来丰厚的回报，她即将登上一个新的台阶。

最终，谢希德放弃了去耶鲁大学的机会，做好到麻省理工学院接受新挑战的准备。"莫道君行早，更有早行人"，她凭借着自己聪慧的天资、勤奋的精神，在科学的道路上越走越快、越走越远……

14. 在麻省理工学院

1949年秋，谢希德到麻省理工学院，先住在女生宿舍中。那是一座小楼，能容纳20余名学生，但并不是所有的女生都住在那里，有的在外面自己租房子住。由于1949年中国已经解放，中美外交关系中断，没有新的来自大陆的中国留学生，原来去的研究生也陆续离去，因此中国学生在该校学生中的比例大为减少。谢希德这位瘦小文静、机灵好学的中国姑娘，夹在一大堆皮肤、眼睛、头发颜色不同的学生中，开始为取得博士学位而继续遨游于学术海洋。

美国不同的大学，对攻读博士研究生的要求多不相同。麻省理工学院没有什么资格考试，只要求通过基础考试，再选择两个物理分支内容的口试，最后加上论文答辩。不过麻省理工学院对课程的要求是严格的，对物理学的研究，除去要修满物理学的学分外，还要修非物理学课程的一定学分。谢希德选择了数学，并有幸读上林家翘教授的偏微分方程和斯特罗伊克教授的微分几何。这样一来，课外作业很多，生活显得特别紧凑，她经常到深夜才能入眠。为了维持生活，第一学期通过了基础课的考试后，她开始为气体放电实验室做一些理论

1952年春,在麻省理工学院住处招待朋友(右一为谢希德)

计算工作,以求得到一些经济收入。

麻省理工学院强调利用实验室、工厂和计算机资源进行教学,让本科生从事研究活动,是第一所制定"大学生研究计划"的大学。发明偏振片照相机的兰德认为,学生不应被看作不成熟的孩子,应被教授当作年轻的同事,并应及时给他们以从事独立的、有激励性的科研机会。在学院读书时,谢希德师从莫尔斯和阿里斯教授做理论工作,同时又为气体放电实验室做理论计算。她的书桌安放在实验室,与室主任布朗教授和他的秘书在同一个房间。

气体放电实验室所在的第20号楼,在第二次世界大战期间为辐射实验室。美国参战初期,那里集中了许多著名的科学家从事微波与雷达的研究。研究原子弹的曼哈顿项目开始后,不少科学家纷纷离开这个实验室去芝加哥。战争结束后,这座战时的临时房屋,成了麻省理工学院的一些新兴学科实验室,每个房间都塞满了设备,非常拥挤。但就在这个狭小的空间里,培养了许多出色的科学家,产生了许多卓绝的研究成果。1979年、1981年,谢希德两次重访该校时发现,实验室已被改为办公室。由于它在第二次世界大战时的特殊贡献,房子一直被保留下来，只是内部都装新了。到了20世纪90年代后期，据说该房子已被炸掉，在一片废墟之上建起新的建筑，一段重要的历史见证从此只能归于记忆之中。

在麻省理工学院，谢希德度过了不到三年的时间。当时课内外学术活动相当丰富，又能在莫尔斯和阿里斯两位教授的指导下进行研究，使她感到十分庆幸。莫尔斯教授是当代著名的物理学家之一、运筹学领域的开拓者，在基础理论方面也很有修养。他著述丰富，与费士巴哈合写的上下两卷本《数学物理方法》巨著，至今还被认为是该领域最权威的著作。其间，谢希德集中精力从事高压状态氢的阻光性的理论研究，于1951年秋拿到美国麻省理工学院的博士学位证书。

谢希德的博士论文《高度压缩下氢原子的波函数》（ *Wave Functions of Electron in a Highly Compressed Gas* ），于1951年提交麻省理工学院申报理学博士学位；1953年9月左右麻省理工学院予以发表。该论文的一部分《高压缩氢气的阻光性》计算了高压缩氢气的阻光性，既考虑了电子自由-自由态的跃迁，又考虑了束缚-自由态的跃迁。论文中，假定电子是在球对称的平均势场中运动，那么在非常浓密的情况下，所有氢原子由于压力而电离失去它们的电子，这个问题用浸在高简并的费米-狄拉克电子气中的离子组成的媒质来求解；波函数由简单的自洽场计算来确定，在密度达到只存在一个束缚能级的情况，采用固

谢希德的麻省理工学院博士证书（1951年）

体理论中所用的方法求得由于近邻原子存在该能级的展宽，再由自洽场计算求出波函数，最后用它来确定阻光性。

谢希德在博士论文最后特地写了这样一段话："感谢莫尔斯教授和阿里斯教授建议研究这个课题以及可贵的指导和鼓励。还应感谢麻省理工学院的物理系和气体电子学研究组，使我有可能进行这项工作。"她的研究成果，主要是为了探索恒星物质的光谱，在20世纪90年代关于阻光性的分析仍然是高压凝聚态物质判别相变的手段。

在求学攻博的同时，异国他乡的风土人情和多姿多彩的兴趣爱好，像一根根美丽的丝线把谢希德在麻省理工学院的课余时间编织成一幅丰富多彩的图画。波士顿是一座文化名城，每年都有几场著名的交响乐团重要的演出。出于对音乐的喜爱，她几乎每场必到。不过由于经济原因，买不起好位子的音乐票，她每年都订购优待学生的廉价票。此外，举世闻名的美国纽约大都会歌剧院上演的有些歌剧，每年演出后便到美国各地巡回演出，波士顿是必经之地。通过买优待学生的廉价票，谢希德有幸观看到世界著名的歌剧《卡门》和《阿义达》，还有英国著名芭蕾舞团演出的《睡美人》等。

美国的棒球比赛历史悠久、精彩纷呈，不少城市有自己的职业棒球队。波士顿一个著名的棒球队叫"红短袜队"，对棒球有兴趣的居民每逢比赛无不为该球队现场加油助威。受同学的影响，谢希德在麻省理工学院求学期间，空闲时间也很喜欢观看棒球赛，用以调剂生活和学习的节奏，久而久之她还成了"红短袜队"的球迷。可惜这个队总是辜负广大球迷的厚望，多年来一直与冠军无缘，但意想不到的是这倒成为谢希德日后筹建复旦大学美国研究中心的一个机缘。

毕业后，谢希德参加了美国固体物理学家斯莱特主持的原子、分子和固体理论研究组工作，从事微波谐振腔中半导体性质的理论研究。这段科研经历为她回国之后从事半导体物理研究奠定了坚实的基础。1991年3月，她和曾在这个研究组工作过的同学，为庆贺这个组成立40年，为缅怀斯莱特的功绩，在美国辛辛那提市相聚。

正是谢希德的刻苦钻研，回国后事业才得以不断发展，成绩显著。她的代表作之一，与研究生陈孝琛合写的《空间群不可约表示对称幂及反对称幂的简约》一文，1965年发表在《物理学报》。该文将对空间群不可约表示直接乘积的简约所发展的方法，推广到空间群不可约表示对称幂及反对称幂的简约，列出对六角密积与纤维锌矿结构对称化平方的计算结果，并利用这些结果对组态不稳定性作了初步讨论。

"长风破浪会有时，直挂云帆济沧海"，五年的美国负笈求学终于顺利结束了，谢希德也圆满地完成了自己的学习科研任务，获得了博士学位，并开始在国际物理学界崭露头角。而此时，新中国的发展、社会主义的建设正需要大量的科学人才，她为了祖国的召唤而蓄势以待……

第三章

风波浪里忆萍踪

　　回国初期，国内的科技事业正在起步阶段，科研领域中块块空白亟待填补。这时，当务之急是培育一批科学新人，于是我积极投入到教学工作之中。看到当时师资力量不足、开课困难的实际情况，我总是尽量发挥自己的能力。根据实际需要努力开课，我常常是当一门新课教材编就、基础打好就把它让给其他年轻教师，自己又转而去开辟新的课程。在短短的三四年间，我讲授了普通物理的力学与光学部分、理论力学、量子力学和固体物理等课程。这一段教学经历深化了自己的学术根基，拓展了知识范围，使我有可能不断开拓新的领域。

　　作为一位正直的知识分子、共产党员，我没有向邪恶低头。我始终相信"文化大革命"所发生的一切，不会是党的方针，被颠倒了的一切终将扭转，历史也终将会恢复本来的面目。无论多么困难，我都要顽强地活下去，因为祖国和人民需要我……

——谢希德

15."不能再等了"

　　1949年10月1日，伟大领袖毛泽东主席在天安门城楼庄严宣告，中华人民共和国成立了。"虎踞龙盘今胜昔，天翻地覆慨而慷"，神州万里从此五星红旗迎风飘扬，人民开始当家做主，多灾多难的中华民族百年屈辱史终于结束了，历史翻开了新的篇章。

此时，在美国攻读博士学位的谢希德，从母亲和弟弟们的来信中得知，国内的情况跟新中国成立前相比已经有了很大变化。国家政府官员公正廉洁，积极为人民服务；人民解放军严格执行"三大纪律、八项注意"，不欺压老百姓；整个国民经济已经开始恢复，物价也比较稳定。1949年以后回国的一些留学生，已经开始在社会主义建设中发挥很大的作用。家人希望谢希德和曹天钦早日归来参加祖国建设，为社会主义添砖增瓦，二弟谢希仁也以清华大学如何欢迎钱三强回国的盛况动员姐姐回国。

谢希德很清楚，新中国刚刚成立，论教学科研和物质生活条件，肯定不如国外优越。她还考虑到自己对马列主义不甚明了，对共产党了解也不多，回国后可能会发生难以预料的情况……她的这些担心不无道理，然而摆脱了奴役和屈辱，昂首屹立在世界东方的祖国母亲，却像磁石般吸引着这位远在异国他乡的赤子。她想，国内条件差，总比解放以前物价一日三涨、货币不断贬值好多了；更主要的是人民当家做主的新社会，与国民党反动派统治的旧中国相比，是不能同日而语的。当此百废待兴之际，自己应为祖国母亲尽心竭力……

心存疑惑的谢希德，此时此刻比以前任何时候都更希望收到国内的来信，从而更清楚地了解祖国的情况。每逢来信后，谢希德和朋友们经常将最新消息相互转告，心也随之或喜或忧。虽然她并没有目睹开国大典的空前盛况，但新中国成立的消息仍令她内心那种民族自豪之情油然而生。在这段时间里，她的心情很矛盾，思想斗争也更加激烈。一方面她希望赶快回国；另一方面也听到一些令人担心的消息，诸如国内"三反""五反"思想改造运动搞得很猛，要人人过关；又听说某某人在运动中跳楼自杀了云云。其中有部分是真的，但更多的是谣言，然而这不免引起了她内心复杂而尖锐的思想斗争——是等一等、看一看再说呢，还是马上作好回国准备？

此时，谢玉铭得知女儿有回国的想法，特地从菲律宾来信："接来信，得悉你欲回中国，我感到很不安，我不想让你回到贫穷而落后的中国去……"谢希德读着父亲的来信，陷入了深思。在美国或者英国，丰厚的待遇、理想的工作，还有那美好的前程，种种生活、科研条件十分诱人。父亲在外多年，他当然首先在这些方面作对比，并从个人的发展优先考虑。她很尊重父亲，再次写信想说服他，但没有得到父亲的回音。可那时，心里已经装着一个全新世界的谢希德，遥望着祖国东方摩拳擦掌，开始设计着自己的未来……

"征程碌碌稻粮谋，人世匆匆三十秋"，谢希德回想起自己的人生历程，一种想法最终占据了她的大脑，"在迎接祖国新生的岁月里，自己出国求学，没有做什么工作。现在祖国建设急需大批人才，我却留在国外，还是没有作什么贡献，这怎么说得过去？回国参加新中国的建设，这应该是自己义不容辞的责任，不能再等了"。于是，谢希德下定决心在学习告一段落后，立即返回祖国参加建设，将自己毕生所学奉献给最需要自己的祖国，她很快便将这个决定告诉自己的家人。

然而，没有想到这样一个决定，从此成为横亘在他们父女之间一辈子也无法跨越的鸿沟。其实，谢希德正是在父亲的资助下才得以于1947年赴美国留学，其间常有书信联系，然而回国后父女俩就此断了联系，她多次给父亲寄信和照片，父亲因为生气从没回过一次信。曾经父女情深的他们，又都从事物理学研究并有相当成就，竟然整整40年不通音信，没有任何讨论学术的机会，这简直是难以想象的，也是非常遗憾的。

后来，谢希德和杨振宁谈起了自己这件人生最大的遗憾事——

"父亲一定很伤心，其实我也很伤心，因为我知道他一直特别喜欢我。""你是不是觉得忠孝不能两全，就像精忠报国的岳飞一样？""这是没办法的事，当时他知道我们是一定要回大陆，就写信说，'嫁鸡随鸡、嫁狗随狗'……他去世后有人把他的遗物带回大陆，发现所有我给他的信和照片都在，他一直保存着。"

她曾去台湾看了父亲最后几年生活的地方，别人告诉她父亲常常对人说起她和在北京航空航天大学做教授的大弟弟，只是她却从未在父亲生前听到过。也许，这就是两代人的性格、思想悲剧，做父亲的有他固执的一面，而做女儿的却视祖国的荣誉和利益高于一切。

新中国的成立，深深吸引了谢希德积极回国参加工作，对曹天钦也是一种极大的鼓舞。本来，曹天钦已准备赴美国哈佛大学，到著名

获美国麻省理工学院理学博士学位时的毕业照（1951年）

的蛋白质物理化学专家多蒂的实验室工作。当时，多蒂是这一领域的权威，更何况未婚妻谢希德正在麻省理工学院，无论从事业或是从家庭考虑，这不能不说是一种最好的选择。

一天下午，曹天钦在剑桥大学的同学邹承鲁来看望他，他们谈起了我国现代生物化学研究的积极倡导者和奠基人之一、中国科学院上海生理生化研究所副所长王应睐先生。叙谈片刻后，话题很快转到回国参加新中国的建设上来，也激发起他们热爱祖国的一腔热情。后来，经王应睐与邹承鲁几次书信往来，事情很快决定下来。不久，一封热情的邀请信便送达曹天钦手中，也正是这封漂洋而来的邀请信促使他最终下决心马上回国报效祖国。

1951年春天，曹天钦在多年从事科研的基础上，发表了《肌肉纤维蛋白质的物理化学的研究》的科学论文，获得博士学位。同年秋天，30岁的谢希德以《高度压缩下氢原子的波函数》顺利通过论文答辩，也获得理学博士学位。

16. 南辕北辙

按照事先的约定，曹天钦先到美国与谢希德结婚，然后夫妻一起回国。可是计划没有时局变化快，就在他们准备回国的过程中，意外发生了。

1950年，朝鲜战争悍然爆发，我国志愿军战士跨过鸭绿江，抗美援朝的声势越来越大，这激怒了美国政府。1951年下半年，也许为了防止军事科学技术泄密，杜鲁门政府突然宣布一项规定，凡在美国攻读理工科的中国留学生,一律不许返回中国大陆。一时之间,议论纷纷、传说四起。有些申请回国的中国留学生被扣押起来,有些在回国途中经过夏威夷时被遣返美国……回国的路途突然乌云密布。同时,这个规定一下子也把曹天钦去美国的计划打乱了,不过他们很快就冷静下来,积极寻找别的法子。

经过一番跨越大西洋的商讨,两人最后决定,先由谢希德申请去英国,然后取道一起回国。一天清晨,谢希德来到英国驻波士顿领事馆,填写一份申请去英国的登记表。她耐着性子整整等了一个月,可再次来到英国领事馆时,一位工作人员委婉地说,由于战后面临的经济困难,就业问题十分严重,英国政府严格控制外国人入境,在当前的情况下,不能发给她去英国的签证。

这个消息如晴天霹雳,一下子将谢希德惊呆了,他们回国的门似乎已经关闭了,该怎么办?不过,稍作镇定的她急忙解释道,"我并不是到贵国去就业,只是准备从贵国借道回我的祖国,英国剑桥仅仅是其中的一个过路驿站……"

那位英国官员见谢希德态度诚恳,在沉吟半晌后终于退了一步:"请你交出一份证明,确实说明三个月之内离开英国到香港,或到别的什么地方,那时我再给您签证……"

"风雨人生路,拳拳报国心",谢希德恨不得马上生出一双翅膀,飞向祖国的怀抱。如果仅仅是眷恋外国,如果仅仅是为了申请去英国,她又何必多此一举,离开美国?不过,谁能给她三个月之内离开英国作出保证?正在他们犹豫不决、举手无措之时,曹天钦想起了老朋友李约瑟博士,希望他给予帮助。李博士了解到他们的现状和困难后,立即热情地伸出了援助之手。他亲自驱车到英国内政部,以他们夫妇名誉担保谢希德三个月内一定离开英国。如此一来,英国有关部门很快为谢希德签署了一张特殊的"旅行证",她凭此证件即可进入英国。

好事多磨、一波三折。有了英国的入境证明,美国若不开具出境证明,谢希德还是无法成行。在对中国留学生严加控制的紧张局势下,她能够找到一个什么样的堂而皇之的理由离开美国?也许,以他们早先定好要结婚作为借口,是唯一冠冕堂皇但确实行之有效的办法。

一天下午,谢希德来到移民局,凭借赴英国结婚的理由,办妥了出境证明。可笑的是,当时办事员还蒙在鼓里,十分殷勤地给她出主意,结了婚赶快回来。一切似乎在计划和掌控之中,可她高兴地接过证明一看,才发现证明并不是正式的,真正的证明要等到船上才能拿到。此事一说,曹天钦显得很不放心,生怕半途又有变化。他关照谢希德一定要等上了船,拿到真正的证明,而且待船驶离纽约哈德逊港后,再给他发接客电报。因为从美国开往英国的轮船都是英国的,上了该船就等于到了英国国土。

一日三秋,在待航去英国的那段时间里,谢希德感到日子比以往任何时候都要过得慢,毕竟一切还存在变数,那种感觉比以前生病卧床还难过。终于熬到了出发的那天,英国最大的邮船"伊丽莎白王后号",静静地停靠在纽约哈德逊港。当谢希德提着简单的行李登船不久,美国移民局即有人登船,来人照例问了她一番为什么要去英国,她镇定自若地一一作了回答,通过了移民局的审查,最终拿到官员递交的正式出境证明。几个月的努力尘埃落定,她也终于松了口气,开始憧憬着与爱人曹天钦在英国的相会。轮船起锚了,当航船看不见码头时,谢希德提着的心才逐渐放下来,积蓄了多时的忧郁情绪终于一散而空。她立刻给期待中的曹天钦发出电报,请他准时到南安普顿城(Southampton)接她。

到了英国,一切都很顺利。他们稍作休整,便忙于举行婚礼。由于在国外,婚礼仪式很简单,只请了曹天钦的几位朋友光临。随后,他们把喜讯告诉父亲、母亲和弟弟们。可父亲并不支持他们回国,而希望女儿留在美国或英国工作,但他们夫妇回国支援社会主义建设的决定是早就商定的,相隔万里之遥的父亲即使反对也只能是徒劳了。

谢希德和曹天钦结婚后,立即到英国西南的威尔士(Wales)去度蜜月。他们还到了大西洋岸的 Lands End,这个地名是"大地的尽头"之意。"海衔山接连天碧,望断天涯不见家",当他们站在岸边的大石头上,面对着一望无际的大海时,还真有一种到了天涯海角的感觉,可一想到马上就要回到自己可爱的祖国,他们相视而拥,露出了幸福的笑容。

1952年5月17日，曹天钦、谢希德在英国结婚

当时，很多人都问曹天钦夫妇为什么不去欧洲大陆旅行？的确，他们心中何尝不想去？不过，谢希德从美国到英国的旅途和结婚费用以及回国的旅费，几乎用尽了他们俩在外短期工作加起来的全部积蓄，他们实在没有财力再去欧洲旅游。再说，回国以后他们还要建立自己的小家庭，一切还"百废待兴"，需要用钱的地方实在太多。

正当曹天钦夫妇在英国度蜜月的日子里，李约瑟却面临着一个挑战，中国政府邀请他调查美军在朝鲜战争中是否使用了细菌武器。可是，当时英国有不少思想保守的人，他们并不同情新中国，也反对李约瑟去中国。如果李约瑟来中国参与调查细菌战，他可能失去在剑桥的副教授职位，不过他还是毅然决定参加，这一点让曹天钦夫妇特别钦佩。在出席他们婚礼后不久，李约瑟一个人飞往中国。他的正义感和对中国人民的深情厚谊,受到周恩来总理的高度评价。后来,李约瑟倾其毕生心血撰著的《中国科学技术史》是我国第一部科学技术史,对我国科学技术历史的考察和发展的促进具有极其重大而深远的意义。李约瑟博士1995年逝世后,谢希德曾撰文深切悼念他。

度完蜜月回到剑桥后,曹天钦夫妇的生活既忙碌又丰富。由于有了自己的家,他们便在家中做起中国菜,招待一些英国朋友。战后的英国,副食品供应还是比较紧张的,要做出好的菜肴很不容易,但他们乐此不疲。同时,由于不知何时才能再访英国,他们利用周末到伦敦观看芭蕾舞或歌剧,欣赏异域文化风情。7月间,他们去了威尔士的一个城市,参加在那里举行的民族舞蹈节,观看到各民族穿着各种色彩鲜艳的服装载歌载舞,尽情享受在国外的最后时光。

谢希德还利用在剑桥的短暂机会,参观访问了一些大学和实验室,结识了一些著名物理学家。在剑桥的三一学院(Trinity College),她注意到许多著名的物理学家,诸如牛顿、法拉第、麦克斯韦以及卢瑟福都在那里待过,还有卡文迪许实验室,不由得肃然起敬。访问牛津大学时,她虽然没有时间参观实验室,却遇到了在麻省理工学院就认识的气

谢希德、曹天钦夫妇在英国剑桥(1952年)

体放电专家冯·恩格尔博士。后来冯·恩格尔博士在 1979 年接收了复旦大学电光源实验室派去的第一位访问学者,非常负责地关心他的学习和成长。

这样,谢希德忙着作好回国的最后准备,无论是物质上还是学术上的,曹天钦则忙于结束未了的实验工作,他们计划在 8 月下旬一起启程回国。

17. 万里征程辗转归

1952 年 8 月底,曹天钦夫妇经过一段时间的准备后,返回祖国的各项工作均已就绪。在老朋友的送行下,他们毅然告别剑桥,然后在南安普顿登上"广东号"客轮离开了英国。这次回国将取道最热的苏伊士运河,再经印度、新加坡、吉隆坡、香港到深圳,大约需要一个月时间。

五年的海外生活即将结束,谢希德望着汪洋大海,内心如波涛般起伏不平。1947 年 8 月漂洋(太平洋)过海离开祖国,现在又在大西

谢希德和曹天钦乘坐"广东号"客轮回国(1952 年)

洋和印度洋的海面上颠簸，绕了地球一圈最终又回到原点。不过，他们已经不再是当年怀着迷惘、忧郁心情出国求学的青年，如今的他们不但学富五车，而且目标坚定。一个月的海上旅行显得十分漫长，但回归故土的心情却是那么急切，当然急切中也夹杂着些忐忑不安。在船上，谢希德要么拿出毛线，为新婚的爱人曹天钦织毛衣，要么整理在麻省理工学院撰写的学术论文；曹天钦则抓紧时间在船上撰写文章。通过这样的方式，他们缓解了过于紧张的神经，向着祖国一步步地靠近。

经过一个月的海上漂泊，轮船在香港靠岸，即将踏上祖国的土地，曹天钦夫妇的心情越发不能平静，因为以后面对的一切都将是陌生的。在香港，他们拜访了谢希德母亲的一位老朋友，新中国成立后谢希德与家中的通信，都是通过这位香港朋友转寄的。随后，他们又去看望她在麻省理工学院结交的好友父母，并希望从这些人口中得到一些新中国的消息。不过，他们终究失望了，因为所有遇见的人对新中国都不甚了解。

在香港办完一些手续后，曹天钦夫妇没有久留，马上由中国旅行社安排到广州的旅程。路虽不长，当时却是很麻烦的，先从九龙乘火车到罗湖，走过一座桥便到了深圳。这一桥之隔，却分明是两个世界，他们似乎一脚就从资本主义世界踏进另一个社会。边防军看见他们这一对没有穿人民装的过境"游客"，带着可疑的目光盘问了一番，最终才放行。刚回国就遭遇了这样的待遇，他们心中的确有点说不出的

1952年9月，谢希德在归国的"广东号"客轮上

难过，但是听到岸上嘹亮的歌声，心情一下子好起来了，"五星红旗迎风飘扬，胜利歌声多么嘹亮，歌唱我们亲爱的祖国，从今走向繁荣富强……"那时的深圳还是一个荒凉的小镇，他们做梦也没有想到20世纪80年代的深圳在改革开放中发生翻天覆地的变化——在20年间一座现代化的大都市诞生，这真是世界上的奇迹。后来，谢希德旧地重游时，已找不到昔日归国的痕迹了。

曹天钦夫妇来到广州后，事情也不是一帆风顺的。当时回来的留学生不多，归国留学生接待处已撤销，没有专人接待他们。况且，那时大多数人在忙于"思想改造"运动，更无暇顾及他们。于是，他们要办的事到处碰壁，回国的热情和冲动被临头泼上一盆冷水。后来，他们偶然遇到一些在中山大学执教的原厦门大学老同学，以及南下的北京大学教授、曹天钦中学时代的老师侯仁之。所谓"他乡遇故知，叹息肠内热"，熟人见面分外热情，他们秉烛夜谈、畅叙离别之情。侯教授和老同学给他们详细介绍了国内的一些情况，才让他们的心渐渐安定、温暖了起来。

在广州，经过多方努力，曹天钦夫妇终于踏上了前往上海的列车。面对列车窗外一闪而过的风景，谢希德抑制不住内心的兴奋，往事如电影般浮现在眼前：童年时走在北平的大街上，看到市场和商店里满是外国货；读中学时打开地图，眼前又出现了帝国主义在中国的"国中国"——租界……祖国为什么如此贫穷，任人宰割？中华民族何时才能振兴，屹立于世界民族之林？如今的祖国，正如这风驰电掣的列车，又像一条刚刚睡醒、准备腾空而起的巨龙，急需前进的动力和新鲜的血液。经过劫难的土地还伤痕累累，需要无数双勤劳、灵巧的手去治愈它、开拓它。听着隆隆的列车声，他们终于在祖国最需要自己的时候回来了，谢希德默默地想着，微微地笑着。

列车抵达上海火车站，正是1952年10月1日，新中国的第四个国庆节日。上海生理生化研究所的同志们，已在站台上迎候。出站后，谢希德走上大街，看到成千上万庆祝国庆的游行市民，正兴高采烈地散去。那时，他们忘却了两天两夜不眠的旅途疲惫，怀着兴奋激动的心情，开始了在祖国的新生活，一起迎接充满希望的明天。

1952年10月，谢希德、曹天钦与谢希德母亲张舜英（中）、大弟谢希文（左二）、三弟谢希哲（左一）在北京合影

在上海，曹天钦夫妇只作短暂的逗留，便又风尘仆仆地踏上北去的列车，探望久别的亲人。谢希德的母亲、弟弟们以及曹天钦的父母在首都翘首以待，而他们的心也早已飞往北京，漂泊在外的游子终于回到了母亲的怀抱。

18. 教坛初播芬芳

从海外归来后，谢希德徜徉在首都的街头，漫步在祖国的怀抱，身临其境、耳闻目睹之间感受着新旧中国的不同。尤其在北京探亲访友、交谈游览之后，各类报刊的阅读，也使她分明感受到祖国的巨大变化，开始对自己的回国前景胸有成竹。

当时，抗美援朝战局开始稳定，和谈在主要问题上已经达成协议，新中国被迫进行的这场战争不久可望结束；民主革命遗留下来的任务，大规模的土地改革已经在全国范围内基本完成；至于国民经济工作，原来设想"三年五年恢复"，现在三年就提前实现了。党中央及时决定,从1953年开始实行发展国民经济第一个五年计划。

面对着当时新中国建设热火朝天、生机勃勃的大气候,谢希德的心热乎乎的,鼓足干劲想投入到这项伟大的事业中去。更使她激动的是,国家急需大批专业技术人才,一些建设紧缺的理工科学生不得不提前一年分配,她觉得自己应该马上投入到培养人才的教学工作中去。在此期间,国家又提出高等院校院系调整,确定以培养工业建设人才和师资为重点,发展专门学院和专科学校,整顿和加强综合性大学,形成高等工科学校专业比较齐全的体系,调整后的高校将大幅度扩大招生。谢希德回想起,当年出国留学就是为了学成归来报效祖国,如今她的愿望终于要实现了,自己等待的不就是这一刻?

从北京回到上海以后,曹天钦夫妇很快就落实了工作单位。曹天钦在中国科学院生理生化所(现今的上海生物化学研究所)工作,被聘为副研究员,参加筹建实验室并展开对肌肉蛋白质、胶原蛋白质、神经系统蛋白质等项目的研究工作。谢希德原被聘到上海交通大学物理系执教,后来全国高等院校院系调整,就随同一批教授一起调整到复旦大学执教。1952年11月上旬,她去北京探望久别的亲人后,便开始了漫长的教学生涯。

新中国成立之初,百废待兴。复旦大学面临师资缺乏、课程难以安排等诸多困难,尤其是基础课的教学,一般人不大愿意承担。在这个时候,谢希德欣然挑起了基础课教学的重担。同时,作为麻省理工学院毕业的归国博士,在当时的复旦大学却只被聘为讲师,她并没有半句怨言,不计个人名利,一心埋头于她所热爱的新中国科教事业中,其高风亮节实在令人赞叹不已。

第一天走上新中国的大学讲台,当50多名青春焕发的学生,整齐地起立向老师致敬的时候,谢希德的心在颤动。曾记得,在厦门大学读书时,数理系一个年级只有6人念高年级的物理课,而今的学生是以前的近十倍。她也改换了角色,从当年孜孜求学的青年变成了光荣的人民教师,从事着太阳下最光辉的事业。时过境迁,不变的依然是她那颗为祖国、为科学、为教育的心。她从讲台下青年们生机勃勃的脸上,从那渴求知识的目光中,看到了新中国科学事业的光明未来。她的思想因此更加明确，个人的科研固然重要，但祖国的科学事业之振兴靠几个人不行，要有一支千军万马的后备队伍，她决定要为这支队伍的培养付出自己毕生的心血和汗水。

在复旦大学短短的几年中，谢希德先后开设了普通物理的光学和力学、理论力学、量子力学、固体物理等七八门课程。她在教学中不满足于一般的教材，而是亲自编写讲义，不断补充现代物理学的最新成就，使学生在初学阶段就眼界开阔，逐步熟悉物理学的国际动向。她善于组织课程内容，切合学生实际保证课程的最大信息量，由浅入深，条理清晰，语言流畅，学生深得教益。现在许多中年科技界骨干，包括1991年底成为中国科学院院士的方守贤、丁大钊、王启明和1999年当选为院士的王迅等，都是谢希德当年的得意门生。

谢希德讲课与别的老师的不同之处，在于上课之前就把讲义发给学生，使他们不至于在课堂上忙于记笔记，而忽略了听讲的最关键地方。她要求自己讲课也不看讲义，而是在备课中就把内容都记下来，这样可以更聚精会神地讲授，同时观察学生的反应。这种教学方法，她是从当年厦门大学的数学老师方德植教授那里学来的，同时还受到麻省理工学院斯莱特教授的影响。方教授是著名数学家苏步青教授的得意门生，在数学研究方面硕果累累，而且培养出像著名数学家陈景润等一批优秀人才。此外，课堂教学并不是件容易的事，她虽然努力备课，但学生不一定都满意，她经常谦虚征求大家的意见，于实践中不断精益求精、不断改进教学。

"才高为师，身正为范"，谢希德在教学过程中，还发扬高尚风范。她经常刚开始上一门新课，编好教材，打好基础，又根据教学的需要把这门课让给其他年轻的教师去上，自己又开辟新的领域。这样，在几年之内，她开设了多门课程。她严肃认真的教学态度、谦逊好学的道德品格、诲人不倦的教育理念、深厚广博的专业知识、助人为乐的精神风貌……使许多学生及同行如沐春风——当年受益匪浅，至今难以忘怀。

同时，谢希德努力使教学与科研相结合，在国内积极开展科学研究，取得了长足的进步。几年中，她利用在美国从事半导体研究的基础,全力以赴向这一新兴科研领域进军。1954年,她与方俊鑫等同志负责筹建了固体物理教研室,成为我国固体物理研究的拓荒者之一。

一个人只有自觉地将自己的发展与祖国的命运、社会的进步融为一体,个人的能力才能如鱼得水、发挥得更加淋漓尽致,也将更加赢得党和人民的珍重。在1956年5月中旬,一个天爽气清、百花盛开的日子,谢希德心绪激动地沿着宽敞笔直的大街,朝着自己的宿舍楼走去。她抬头望了望那熟悉的窗户,窗口迸射出耀眼的灯光,心想天钦一定像往常一样正在灯光下工作吧!她不由自主地加快了脚步,要把自己心中的喜悦头一个告诉他,一起分享自己生命中的最大欢乐和幸福。

殊不知此时此刻,曹天钦同样沉浸在无比兴奋和激动之中。他多少回走到楼梯口翘首眺望,在美丽的夜色中寻找熟悉的身影,期待着妻子的归来。他也设想着,在希德刚入家门时,自己如何把那令人高兴的消息告诉她。于是,当谢希德推门而入时,彼此都迫不及待地用激动心弦的声音向对方倾诉:"我今天加入了中国共产党!"

多么凑巧的一天,谢希德经阮刚、岳德铨介绍加入了中国共产党,而曹天钦也在同一天入党!他们在各自的工作岗位上,不约而同地加入了中国无产阶级先锋队组织,从此成为更加亲密的战友。那天,住在二楼的李四光先生的女儿、金属物理学家李林,分子生物学家邹承鲁,还有几位平时要好的朋友都闻讯赶来,带来了真诚美好的祝福!李林更是热情洋溢地在她的小客厅里,即兴为他们举行了一个小小的庆祝会,庆祝他们同时找到了组织,更加尽心尽责为人民服务,为祖国奉献。

19. 北大燕园的灯光

一提及五校联合半导体专门化,黄昆教授是一位关键人物。他是我国半导体物理学科教育的开创者之一,1951年从英国利物浦大学回到解放不久的北京,执教于北京大学,1954年担任北大物理系固体教研室主任。后来教育部根据他的建议,将固体物理列为物理专业的一门基础课。1955年,他在我国大学首次开设了半导体物理课程,与王守武、洪朝生、汤定元共同主讲。

1956年3月,我国开始制定12年科学技术发展规划。为了加快开拓无线电电子学、自动化、半导体和计算机等四个现代科学技术发展中具有关键作用的新学科领域,使其在短期内改变现状,接近国际水平,国家科学规划委员会提出《发展计算技术、半导体技术、无线电电子学、自动学和远距离操纵技术的紧急措施方案》(后来简称为"四大紧急措施")。该方案呈到国务院后,周恩来总理亲自过问审议,并立即批准。在这个过程中,黄昆参与制定了具体方案,并和其他专家一起建议要尽快培养半导体专门人才,以适应迅速发展的半导体科学技术事业的需要。

不久,教育部决定将北京大学、复旦大学、吉林大学、南京大学和厦门大学五校的有关教师近30人,四年级本科生和研究生近300人(包括南开大学及清华大学本科生和旁听生20人),从1956年暑假起集中到北京大学,开办我国第一个半导体专门化培训班,由黄昆担任主任,谢希德担任副主任。

当时,谢希德的儿子曹惟正刚刚诞生不久,对赴京组织培训班工作能否担此重任,大家都为她捏一把汗。有不少人为她出生才五个月的孩子担心,怕她舍不得孩子,届时将孩子带到北京则分身乏术,将孩子留在上海则心忧两地,大家都在期盼着她的决定。谢希德又何尝不心疼自己的亲骨肉?何尝不懂得襁褓中的婴儿更需要母亲的照料?然而,她听到祖国的召唤,更懂得祖国的事业高于个人的一切。她相信爱人曹天钦在她赴北京之后,一定会承担起孩子爸爸和妈妈的双重职责。此后的两年内,曹天钦也毅然肩负起两副重担,使妻子能够在北京大学安心工作。1956年8月下旬的一天下

1956年8月,谢希德即将离别幼儿赴北京大学创办半导体专业

午，谢希德把一切安排妥帖，抱起活泼可爱的小惟正，在那红扑扑的脸蛋上留下深深的一吻，便踏上了北上的新征途。

到了北京，谢希德在北京大学开始了紧张繁忙的工作。她全身心地投入到看文献、写讲稿、钻研国外资料之中。当时，半导体物理学是半导体科学与技术的学科基础，但由于这是一门新兴学科，到了20世纪50年代初国际上还没有专门的教科书。因而，在半导体培训班上，他们的讲课主要凭过去的研究经验以及教学积累，主要的参考材料则是国际物理期刊上的论文，因而在当时编写一本科学而系统的教材势在必行。

黄昆和谢希德显然都意识到这一点，半导体科学技术要在我国早日生根开花离不开科学理论的培养和教材的建设，他们一起筹划合编《半导体物理》一书。在北京大学的这段时间，除了教学任务，她把主要精力都投入到该书的写作中。白天，她为培训班的学生上课，还要查找写书的有关资料；夜晚则静心撰稿、编写教材，一直熬到深夜。每当夜阑人静，燕园的灯光一盏盏地相继熄灭了，她所在住处的窗里依然透出亮光，映照着她那瘦削的身影。

那时，谢希德指导的两名研究生，也应召来到北大专门组。他们多想继续自己的学业，可是看到老师呕心沥血、夜以继日，于是请求指导的话语到了嘴边又咽了下去。后来，谢希德在与研究生的接触中，了解到他们想学习的心事，便决定安排每周二下午作为师生教学讨论的时间。此后两年间，除假期外，在约定时间内，两名学生自动来到她的住处，与她一起讨论问题。她那认真严格的态度，与在复旦大学时

谢希德在北京大学留影

黄昆、谢希德编著的《半导体物理学》

没有两样,丝毫没有受到繁忙紧张工作的影响。

苦心人,天不负。秋去春来,两个寒暑,黄昆与谢希德合编的《半导体物理》于1958年秋天问世了。这部书以"讲解透彻、精辟"而著称,从理论上系统地阐述了正在迅速发展的半导体物理学科的基本物理现象和理论,是我国半导体领域最早的一部专门著作,当年在国际上都堪称一部学术水平很高的学术著作。在很长一段时期内,这部著作成为我国半导体物理专业学生和研究人员必读的标准教材和基本参考书。我国20世纪50年代后期培养出来的一批批半导体专业人才,他们都熟读过这本书。需要指出的是,该书刚出版时引起苏联学术界的密切注意,在世界科学界受到一定的重视。

就在这样一穷二白的基础上,从1956年暑假到1958年,五所大学的教师通力合作,没有经过任何筹备阶段,按时开设了一系列从理论到实验的课程,如固体物理、半导体物理、半导体实验、半导体材料学、半导体器件、晶体管电路等。除教学外,师生还分别在半导体物理、半导体理论、半导体器件物理和工艺等方面开展研究工作,做毕业论文。黄昆和谢希德一起,主讲半导体物理学,并指导学生半导体物理研究。

经过大家的努力,五校联合半导体专门化教学比较系统地培养出我国第一批半导体专业共200多名毕业生,为我国半导体事业发展奠定了坚实的基础。其中,北京大学为五年制,学生分别于1958年和1959年毕业;其他学校为四年制,学生分别于1957年和1958年毕业,部分学习优秀的学生则转入北京大学,延长到五年毕业。此后全国许多高校纷纷成立了半导体专业,还建立了研究所和生产半导体材料和器件的车间。1960年,在中国科学院应用物理所半导体研究室的基础上,中国科学院半导体研究所成立。我国半导体学科和半导体技术很快独立自主地发展起来,五校联合半导体专门化教学培养的这批人才应该厥功至伟。他们相继成为我国半导体事业的骨干力量,对于推动教学与科研以及我国半导体产业的发展,起了重大的作用。

当年这个班的学生、北京大学教授王阳元回忆道:"我真正认识谢先生是在讲堂上。她当年刚从美国归来,充满着活力和朝气,当时与黄昆先生合作讲半导体物理。我从大学一年级开始就听黄先生讲课,黄先生清晰的物理概念和严密的逻辑推理深深地影响着我们这一代人的成长。谢先生讲课则另有一种特色,娓娓道来,如一股山溪清泉,透彻明亮。她首先讲半导体中载流子的输运理论,对我们学子又亲切又热情。在课间休息时,不管我们有什么提问,她都一一耐心作答,还不时启发我们去思考和提出问题。后来黄先生和谢先生的讲稿整理后,出版发行为《半导体物理》一书,是我国半导体学科的奠基之作,影响了几代学生的成长。谢先生在北大期间住在美丽的未名湖畔的体斋,课余时间我在未名湖畔多次与谢先生谈做人、做学问。她的启迪使我心胸、视野渐渐开阔,对我一生的事业追求都有重要影响。"

后来谢希德返回上海工作,但师生仍不断联系。她常常在百忙之中审阅学生的成果和论著,对他们取得的每一点进步都予以关注和鼓励。例如,她对学生在20世纪70年代末、80年代初就开始进行SOI/CMOS的研究工作表示赞赏,称他们是这个领域的"Pioneers"(先驱)。也正是由于她的提议,"多晶硅薄膜在集成电路中虽然应用已很广泛,但对它的原理却有很多人不了解,要把它的物理机理讲讲清楚",王阳元动手写了《多晶硅薄膜及其在集成电路中的应用》一书,这本书后来在同行中,特别是年轻的学者中起了一定的作用。

当然,谢希德与王阳元师生之间的接触、合作机会,更多的是在有关举办国际会议方面。为了促进国际合作与学术交流,王阳元曾经先后倡议并争取把集成电路领域三个系列的国际会议到中国举办，包括 ASIC 设计（ASICON）、固态器件与集成电路技术（ICSICT）以及材料与器件的微分析会议。第三个会议由复旦大学宗祥福教授主办，而前两个会议谢希德和王阳元一直都在参与。她多次任大会主席，并多次应邀在大会上作特邀报告。特别是 1989 年那一届 ICSICT，由于 1989 年"六四"风波的影响，会议遇到了一些困难，她毅然在大会作"Keynote Address"（基调演说）报告，使大会得以顺利进行。如今，这些会议已召开了多届，相信随着我国微电子产业和科学技术的日益崛起，这些会议无论是规模还是影响都会越开越大。

曾任上海市电子学会副理事长、兼任德国开姆尼兹技术大学顾问教授和德国弗朗霍夫微集成研究所高级顾问的复旦大学教授阮刚亦是谢希德早期的学生，1955 年 7 月毕业于复旦大学物理系，在谢希德身边工作多年，得到她的悉心培养和教育，在自己的专业方面取得丰硕的成果，卓有建树。1956 年 8 月至 1958 年 10 月，他随同谢希德赴北京大学物理系，参加为创办我国第一个半导体专业、培养我国第一批

1985 年 5 月，复旦大学 80 周年校庆时的合影（中为谢希德，右为阮刚）

半导体专业人才的五校联合半导体专门化工作,其间耳濡目染,受益良多。1959年至1960年两年之间,他在复旦大学因领导一个科研组试制成功我国第一批锗固体电路(即锗集成电路),于1960年初受到罗荣桓、聂荣臻两位元帅的单独接见和表彰。

当时,阮刚领导的科研组利用合金扩散法做出了多谐振荡器、锯齿波发生器等多种锗集成电路,时年24岁。"弹指挥间百载过,建功立业趁年华",他所领导的科研组全是比他年轻的青年人,这说明我国青年人对世界科技的发展趋势是敏感的,也有能力为世界尖端科技的发展作出贡献。此后40多年,阮刚单独或合作发表论文170多篇、综述评论性文章30余篇,出版译著5部。2001年5月31日,阮刚应邀参加由校长王生洪主持的欢迎集成电路发明人、2000年诺贝尔物理学奖得主、美国的基尔比博士访问复旦大学见面会。会上,王生洪校长介绍说,"我校阮刚教授领导的一个科研组在1959年末研制成功了中国第一批锗集成电路,比您的发明仅落后了一年"。对于他们的成就,1987年日本《日经电子学》总编西村吉雄曾撰文称之为中国早期集成电路的卓越成就。可谈及这些,阮刚总是很真诚地提到并感谢谢先生在半导体专业方面的启蒙教育和栽培之功,而这也正说明了谢希德多年的园丁工作花繁果实、影响深远。

1985年晋升为复旦大学教授、同年晋升为半导体物理与半导体器件物理专业博士生导师的唐璞山回忆说:"我是刚大学毕业的青年教师,当年随谢先生去北京大学参加五校联合半导体专门化的筹建工作。当时我对半导体的基本知识几乎等于零,因此除了参加半导体实验和晶体管原理教学的准备之外,我主要是去听黄昆和谢先生讲授的半导体物理和固体物理,他俩确实是我有生以来碰到的最好的老师。谢先生不仅讲课思路清晰、条理分明,而且对国际上该领域的发展非常熟悉,能及时将最新的学术信息传递给学生。那时我内心里有一个非常确定而特殊的感觉,跟这些前辈学习,不仅能学到具体的知识,更加能学到运用更高、更基本的观点去分析问题和处理问题,这对我后来的研究和教学帮助极大,终身受益。"

1980年，接待美国科学院院士、加州大学伯克利分校佩德森教授（右起分别为唐璞山、谢希德、佩德森教授）

事实上，虽然谢希德研究的方向和唐璞山不一致，但她仍然关心指导他的研究。当时，五校联合半导体专门化聘请一位苏联专家指导唐璞山的研究工作，可因为该专家主要从事实验工作，理论方面还远不如谢希德。这样一来，唐璞山在科研教学过程中遇到一些问题，就只能去请教谢希德，无疑之间给她增添了不少额外的负担，但是谢希德总是面带微笑，给予热情的回答和无私的帮助。如今，多少年过去了，谢希德也早已离开人世，每当回忆起这段往事，唐璞山总是流露出深深的感激之情，而这种发自真心的感激和他所取得的成就应该是对谢希德的最好回报和慰藉。从1982年开始，唐璞山主持复旦大学计算机辅助设计（CAD）和验证系统的研究，获国家教委科技进步奖二等奖。1984年作为负责人之一参加全国二级CAD系统的研究，获得国家教委科技进步奖一等奖及国家科技进步奖二等奖。

在1956年至1958年随谢希德先生参加五校半导体专门化的，还有钱佑华教授。他原为浙江大学物理系学生，1952年院系调整时进入复旦大学物理系继续学业。1956年毕业于固体物理专业后留校任教，1991年晋升为教授，1982年至1988年期间担任半导体物理教研室主任。钱佑华教授先后发表论文30余篇，教研室承担的"硅中杂质与缺陷"项目，曾获1987年国家教委科技进步奖二等奖。与徐至中教授合著的教材《半导体物理》于1999年由高等教育出版社出版。

在常见的对谢希德关于把握科研时机的评述中，人们说得最多的是她筹建半导体物理学和建立表面物理实验室两件事，面对介于这两者之间的一件影响深远的事情，却讲得不多。

1960年暑假前夕，国内"大跃进"科研的一些做法开始被人们所认识，大家开始意识到应该尊重科研工作的客观规律，理智冷静地对待科研中的问题。

钱佑华教授回忆道：正是在这样的气氛背景下，谢先生及时提出了对于真正的"固体物理"科学研究来说，十分重要的一个研究方向——极端条件下固体性质的研究，并发动年轻教师和高年级学生进行调研和讨论。通过对国外研究动态的了解，师生们认识到，常规条件下的固体物理性质的科研已逐步走向成熟，应赶紧开展极限物理条件下固体特性的研究。于是，在她和方俊鑫先生的指导下，复旦大学物理系开始筹划低温、强磁场、流体静压力等关键实验设备的建立，理论方面也立即开始配合科研方向上的这一重大转变，整个教研室呈现出正确的基础研究的氛围。

这一举措，对复旦大学物理系凝聚态物理学科的发展产生了深刻的、长远的影响，说它起到"拨乱反正"的作用也不为过。在当时的形势下，国内能适时把握如此关键的科研大方向转换的科学家，实属凤毛麟角，其产生的直接效果之一，便是复旦大学物理系的凝聚态物理与黄昆先生领导的北大物理系半导体物理一起，被列为1962年"国家科技十年发展规划"中"固体能谱"重点项目的主持单位。这个重大项目就是人们后来所熟悉的"国重26号"。由于科研方向转变适时，复旦大学物理系在实验条件方面已早早地领先国内一步，在理论工作方面的成果也早已为同行所认可，搭上国家科技重点发展规划这一"快速列车"，便成了理所当然的事了。

1986年10月，我国半导体专业创办30周年纪念大会部分代表合影（前排左一为阮刚、左二为吴增烈、左三为黄昆、左四为谢希德，后排左一为陆栋）

1986年10月，为了纪念我国半导体专业创办30周年，当年五校的师生重聚北京大学举办学术报告会，谢希德作了题为《半导体物理新进展》的学术报告。该会议检阅了我国半导体专业人才队伍的成长，回顾了30年来我国在半导体物理、半导体微电子学和光电子学方面取得的成绩以及与国外的差距；同时高度评价了当年五校师生创业时有理想、有决心以及团体艰苦奋斗、团结协作的精神，也高度赞扬了谢希德的贡献。

因此，在北京主持半导体专门化培训班这段颇有纪念意义的岁月，在谢希德的记忆长河里应该是一段紧张、欢快的经历，她既体会到事业的艰苦，也享受到成功的喜悦。不过她从没忘记，是爱人曹天钦的全力支持才使她度过这不寻常的两年。

20. 一段往事成追忆

20世纪50年代，我国各种政治运动不断，对从海外留学归来的谢希德来说，她感到比较的不自然、不适应，甚至有点不理解。不过就在这种环境下，她依然保持学者的纯洁本色，满心为祖国培育人才而不遗余力，奉献自己最大的能量。当年的学生鲍敏杭以亲身经历，为读者介绍了这个时期谢希德的一些生活和工作情况，这应该是她精神世界的最好注解。

鲍敏杭，1961年毕业于复旦大学物理系并留校任教，1987年晋升为教授。1979年作为访问学者，赴美国恺斯西储大学进修两年，从事半导体集成传感器的研究。他的研究成果"集成压阻式压力传感器"获得电子部电子科技进步奖二等奖，他领导的课题组研究成果"LSTTL"电路工艺技术获得国家教委科技进步奖二等奖。

1958年，当时三年级学生鲍敏杭参加复旦大学物理研究所理论组之后，除了继续做半导体材料的测量工作之外，还开始参加谢希德组织的理论组学习活动，同组学生中还有三年级的王文沧、四年级的蒋平和李名复等。当时，谢希德除了任固体物理研究室主任之外，还正在协助中国科学院筹建上海技术物理研究所并兼任副所长，加上运动不断，所以时间十分紧张。尽管如此，师生还是不时地有一些学习活动。鲍敏杭上二年级时，全国开始"反右"，接下来是"大跃进"，因此实际上他只学了一些基础课，加上在科研中自学的一些半导体的基础知识，要学习半导体理论是非常困难的。有什么不懂的地方，谢

1988年，接待厦门大学校友葛文勋教授和鲍敏杭夫妇（右一为葛文勋，左一和左二为鲍敏杭夫妇）

希德就不断地提供补充材料供他们学习。这就是鲍敏杭第一次接触谢希德，也是他第一次接触科研工作。

其实，在当时的复旦大学，教师只是负责教学，有时写些教材讲义，基本上不从事科学研究，发表学术论文的人则更少。正是谢希德这样的归国学者，以她在国外接受的教育，为复旦大学带来了做研究工作的理念、方法和学风，建立了有研究工作的教研室，开始提高学校的学术研究水平。由于早期就得到谢希德的指导，鲍敏杭学生时期就在科研上与年级高一些的同学，甚至是当时的许多青年教师站在相近的起跑线上。

在 20 世纪 50 年代末，黄昆和谢希德等回国的科学家，为我国带来的是西方最新的科学理念。在固体物理领域，他们采用各种先进的科学仪器和量子理论来研究固体在高压、低温、强场下的电学、热学和光学等物性。作为当时研究的大热点半导体领域，用能带理论研究半导体的电子能谱和电学特性并用以指导晶体管等器件的研制。无论在半导体教研组的建设中，还是在上海技术物理研究所的筹建中，谢希德都不遗余力地贯彻这些先进的科研理念。此前在 50 年代初，苏联物理学家约飞院士的学术思想在我国占有主要的影响，他比较排斥能带理论，在器件研究上只重视对温差发电器件的研究，这两种科学研究路线的差异是十分明显的。从 20 世纪 50 年代至今，70 多年来半导体晶体管器件和集成电路持续高速发展的事实证明，前者无疑是正确的方向。

从 1958 年到 1960 年，变化实在很多。1961 年毕业时，学生还经历了成立预备教师班、三年困难时期的调整以及补课等变化。谢希德领导的理论组活动也时断时续，成员也有一些变化，但是蒋平和鲍敏杭两个人一直都在她直接领导的理论组中活动。蒋平 1960 年毕业后，经学校分配成为谢希德的研究生，继续跟着她深造。鲍敏杭 1961 年毕业后留校当助教，研究方向还是固体理论，1962 年也考取了她的在职研究生，继续跟导师学习、从事科学研究工作。从 1961 年复旦大学半导体教研组搬进新建的物理楼以后，谢希德和陆栋两位老师，加上蒋平和鲍敏杭两名研究生，一直在一间 20 平方米的办公室里学

1960年6月，参加中国友好代表团访问苏联列宁格勒时留影

习工作，直到1966年"文化大革命"开始后的几个月。

蒋平，1960年毕业于复旦大学物理系，1993年晋升为教授。1985年夏至1988年初赴美国纽约州立大学石溪分校材料科学工程系研修，对金属的表面结构提出处理多层弛豫的修正的点离子模型（国际同行称为JJM模型），解决了长期使人困惑的水平弛豫问题。他在国内外重要学术刊物和权威性学术会议上，包括《美国物理评论》《表面科学》等杂志和美国物理学会三月凝聚态年会、国际半导体物理会议、全国表面物理会议等，共发表论文80余篇。

相对来说，从搬进物理楼一直到"文化大革命"开始的一段时期，是研究组学习和研究比较正常的时期。作为教研组组长并兼任上海技术物理研究所副所长，谢希德除身负教研组建设和上海技术物理研究所建设两项重担之外，还承担了大学生的固体物理等课程的教学和研究生的半导体理论和群论等课程的教学，而且她上的课往往都是新课。同时，为了教材建设，她每一节课都要发下大量的讲义，许多讲义内容反映了当时科学的最新发展。那几年，谢希德写的讲义有《固体物理》《群论》《半导体理论》等，上课以后她总是设法及时把讲义整理并出版成书。其中与方俊鑫合著的《固体物理学》最先在"文化大革命"前几年就出版了，共有上下两册，当时陆栋和其他研究生也参加了一些编写工作。

陆栋最初就读于浙江大学物理系，全国院系调整时转入复旦，是谢希德的早期学生，1955年毕业留校工作，1988年晋升为教授。他长期从事大学本科固体物理学教学，受谢希德委托，曾与方俊鑫教授共同主编新版《固体物理学》上下册。他还从事本科和研究生课程教学，曾多次为国内科研单位、高等院校的科研人员和青年教师主办研讨会，主讲固体物理领域中的一些专题。他在科研上主要从事半导体物理特性和电子结构的理论研究，先后发表论文20多篇。与此同时，他还协助谢希德在上海主办一些学术活动，如固体物理研讨会、表面物理研讨会、中瑞材料科学研讨会、全国表面物理学术会议等，以及教育部高校长期物理科学规划、教育部物理科学基金评审、教育部物理学研究生工作和专业课程设置等工作。在担任半导体物理教研组副

1962年10月，谢希德、方俊鑫编写的《固体物理学》（上册）出版，下册于1963年10月出版

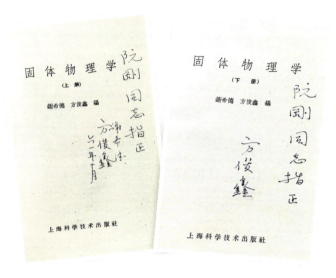

谢希德、方俊鑫的签名赠书

主任、表面物理研究室副主任期间，协助谢希德管理教学工作。1983年起任现代物理研究所副所长，积极组织谢希德倡导的定期物理学术报告。1980年至1990年任国家教委理科教材编委会固体物理学组成员兼秘书，协助组长谢希德制定固体物理学科教材建设规划和落实。退休后在谢先生指导下，与徐至中、叶令、车静光和资剑合作编著了《固体能带理论》，在电子密度泛函理论的基础上系统阐述固体体内及表面的电子态能谱以及有关新成就。

  谢希德的《群论》在"文化大革命"后，由她与蒋平、陆奋合作扩充内容、增添应用，以《群论及其在物理学中的应用》的书名出版，成为一本优秀的研究生教材。《半导体理论》讲义的内容也非常丰富，反映了"文化大革命"之前半导体物理学科的全面发展。那本刻蜡纸油印的《半导体理论》讲义，鲍敏杭一直保存至今。20世纪80年代初，他从事固态传感器的研究，还多次查阅这本讲义。国内从事硅压阻传感器的许多同行也说，他们在60年代中曾经多次向谢希德登门求教，学习关于硅压阻特性的理论知识。学术薪火相传，能够聊以告慰谢先生的是在她传授知识的基础上，鲍敏杭在2000年决定由爱思唯尔（Elsevier）出版的 *Micro Mechanical Transducers* 专著

1981年固体物理教材指导组会议在复旦大学召开（前排左四为方俊鑫，左五为谢希德，左六为苟清泉）

中，对硅压阻的宏观理论作出迄今最全面的阐述和总结。在该书的前言中，作者向国际学术界表达他对导师谢希德的崇敬和感激之情。

在鲍敏杭留校工作一年后，学校从工作两年以上的青年教师中组织招收一批学制为四年的在职研究生。由组织上指定人员报名，再通过考试录取。根据导师人选，一般一个系只有一到两名，有的系一个都没有。当时，谢希德通知鲍敏杭报名，他感到很意外，因为那时他并没有达到工作满两年的条件，但是谢希德说已经通过领导批准同意。这样，鲍敏杭考取了谢希德的研究生。当时这批在职研究生，外语、哲学等公共课由全校统一组织上课，记得一起上课的有十来人，物理系除鲍敏杭之外还有孙鑫，数学系有李大潜，等等。在职研究生规定是不脱产的，读研究生的前后教学工作量基本没有变化，加上谢希德布置的学习和研究任务一直非常重，所以那几年鲍敏杭非常非常忙。不过，回顾起来，他觉得正是导师的严格训练，培养了他独立承担研究工作的能力。

研究生阶段，鲍敏杭的研究方向是半导体能带计算，具体的课题是 Ⅱ-Ⅵ 族半导体硒化锌的能带计算。到1966年上半年，他已经得到一些结果。记得在1966年7月，正当"文化大革命"风声鹤唳、几乎无法工作之时，谢希德还在北京召开的亚非科学讨论会上报告了有关硒化锌能带的计算结果。但接下来的时间，大家都只能在"文化大革命"的大潮中沉浮挣扎，也许随时失去自由和生命，再也无暇顾及论文或毕业了。

鲍敏杭回忆说，在20世纪60年代初的五六年中，谢希德为教研组的教学建设、科研建设和人才培养花费了大量的心血。当时教研室已有了完善的教学计划和系统的教材，建立了固体能谱的研究方向和设备相当完善的实验室，她所花的精力是难以想象的。她的身体一直不是很好，经常感冒。记得那时她经常是早上先到医务室看病拿药，然后再到办公室上班。她还常跟大家介绍说维生素C治感冒很好，是化学家鲍林推荐的。

由于各种极端思潮的影响，20世纪60年代初的几年中，谢希德在工作上也有过许多困难和挫折。1964年到1965年间，可能是受到"小四清"运动思想的影响，教研组内有人强烈否定当时的教研组工作，否定理论研究的意义，甚至发展到人事关系的紧张，给她的工作制造了很大的困难和障碍。但是，谢希德始终是以德待人，不计个人得失，始终在自己的岗位上努力工作，百折不挠，坚持把教研组的工作做好。

21. 人到中年几沉浮

如果把人生轨迹比作一条抛物线，那么中年正处在这条线的顶峰。步入中年，正是一个人精力旺盛、思想稳定、知识成熟的时期，是人生中最能发挥作用的阶段。谢希德奋力向科学进军之时，她的爱人曹天钦也在事业上蒸蒸日上，不断取得新的成就。

回国后，曹天钦立即参加中国科学院上海生理生化研究所的工作。

在这段时间内,他负责筹备实验室,并开展肌肉蛋白质、胶原蛋白质、神经蛋白质等研究。1958年,他晋升为研究员,继续担任研究组组长。他支持一位青年科技人员关于开展人工合成牛胰岛素研究的建议,并在其后的三年研究中,成为这个项目的领导人之一。1960年,他被任命为中国科学院上海生物化学研究所副所长。1966年,在第二次评审人工合成牛胰岛素的会议上,他又建议开展胰岛素X光晶体衍射的研究。

与此同时,曹天钦发表了一系列论文,其中最主要的贡献是20世纪60年代初和同事们一起,利用我国刚进口的第一台高分辨率电子显微镜,对原肌球蛋白和副肌球蛋白分子、纤维和类晶体,进行大量的电镜观察,受到了国际同行的重视。正如国际著名生化学家、肌球蛋白发现者、日本东京大学名誉教授、日本国立生理学研究所所长江桥节郎教授所指出的,"曹天钦和同事们在1963年所完成的有关原肌球蛋白质类晶体的开创性的电子显微镜研究比国外有些同类研究工作要早好多年。如果考虑当时在中国困难的科学研究条件,我们应当给予更高的评价"。

爱子即将上学时一家人在上海的合影(1963年)

从20世纪60年代初开始,考虑到如何使自己的科学研究能和祖国的社会主义建设密切联系起来,曹天钦带领他的一些学生和同事,开始了植物病毒的研究,参加了60年代由华东科委组织的华东地区水稻病毒研究工作。他多次实地赴农村考察,去桑园劳动,密切联系农业实际,开创了我国对植物病毒的生化和分子生物学研究的新领域。

曹天钦为了减轻谢希德的工作负担，他还挤出时间承担抚育儿子的工作。每每吃过晚饭，在儿子惟正洗澡睡觉之前，父子俩同坐在沙发上，儿子聚精会神地听爸爸讲故事。甚至有相当长的一段时期，惟正以为只有爸爸会讲故事，而妈妈不会讲。有一次谢希德给他讲故事，当讲到《木偶奇遇记》中父亲被鳄鱼吞食了的时候，惟正竟伤心地哭了起来，由此可见儿子对曹天钦的依恋，以及谢希德因为工作而对儿子的疏忽。除了讲故事，曹天钦周末还带着儿子到西郊公园（现今上海动物园）游览，天鹅湖、狮虎山、猴馆等都留下了他们的足迹，长颈鹿、斑马、大象给儿子留下了深刻的印象。而谢希德由于工作一直十分忙碌，连上海动物园也没有去过，这样的一家子可以说不多见！

人到中年，由于生活和事业的担子都很重，往往感到特别劳累辛苦。1960年的一天上午，正在为学生们上"半导体理论"课时，谢希德忽然感到心跳加快，四肢乏力，课难以再讲授下去。学生看到这种情景，急忙将她送到学校医务室，而后立即转送中山医院。可是到了急诊室，医生却说没事了。同事们很不放心，劝她继续就诊，经过多次检查，终于确诊为植物神经性早搏。她把诊断书往书包内一塞，好像没发生什么事似的，又继续投入到紧张的工作之中。"牛吃进去的是草，挤出来的是奶"，为了党的教育事业，谢希德如老黄牛一样辛苦耕耘，把一切病痛和私利置之脑后。1962年，谢希德在教学科研中又取得新的成绩，晋升为教授。

到了20世纪60年代初，谢希德所在的固体物理教研室改名为半导体教研室，她继续主持教学科研工作。与此同时，党和国家的政策也在不断地调整纠正。1961年7月，由中央政治局讨论批准，发布试行《关于自然科学研究机构当前工作的十四条意见（草案）》（简称"科学十四条"），这是国家科委党组和中国科学院党组经过反复调查研究和广泛听取科学界意见后提出的。聂荣臻还就其中若干重大政策问题向中央专门写了请示，党的"左"倾科学政策暂时得到调整。随后，1962年3月在广州召开的科技工作会议上，陈毅宣布给广大知识分子"脱帽"（脱"资产阶级知识分子"之帽）和"加冕"（加"劳动人民知识分子"之冕），端正了知识分子工作的方向，党和知识分子的关系得到改善，可惜这种改善并未能维持多久。

科学技术发展日新月异，研究必须同步前进，祖国才能在科技竞争中立足不败之地。这一时期，谢希德敏锐地注视着学科的每一项进展。随着对硅平面工艺的突破，国外科技界半导体研究已从锗转向对硅的各种性能的深入探索。这一动向，引起她的高度重视，并开始着手分析和研究。1962年，在广州举行的国家科学研究规划会议上，黄昆与谢希德联名建议在我国开展固体能谱的研究，旨在进一步探索固体内部一些电子运动的规律，对发展新材料、新器件具有指导意义。他们的建议经审核，很快被正式列入国家重点科研项目之中。后由政府拨款，先后在北京大学、复旦大学、南京大学筹建实验室，添置必要的设备，为开展深入研究提供了有利条件。

固体能谱研究虽然是基础理论研究，但又与应用密切相关，可以说是重要的应用基础研究。1963年至1965年，在数学系计算数学组的密切配合下，谢希德和助手们积极开展固体能谱的研究，先后对硒化锌、锑化铟等进行能带研究，获得了初步成果，并在复旦大学建立了顺磁共振等当时比较先进的技术实验室。她招收研究生，并开设了"半导体理论"和"群论"课，指导研究生从事关于空间群矩阵元选择定则以及有关半导体能带计算等项工作。他们先后在《物理学报》上发表了一系列关于群论在固体物理研究中的应用的科学论文。其中《空间群矩阵元的选择定则》论文发表后，引起了专家们的兴趣和重视，一些外国学者曾来函索取这篇论文复本。1966年，在北京召开的有33个国家参加的亚非科学讨论会上，谢希德提交了《半导体能带计算》的论文，向国外学者汇报了用我国自己制造的电子计算机计算半导体能带的初步成果。

"红花还需绿叶扶"，这些成绩的取得还需要其他人的密切配合，其实在谢希德身边还有一位擅长半导体实验的高手，就是她学生王迅的爱人孙恒慧。1953年毕业于复旦大学物理系的孙恒慧，从1955年开始从事半导体物理的研究工作，1989年以后同时开展半导体超晶格、量子阱物理的研究工作，1989年3月晋升为教授。

1960年，孙恒慧在国内第一个系统地研究和完成了半导体材料锗的少数载流子寿命的测量工作，1965年参加国家科委的重点项目"固体能谱"的研究工作，1980年建立了半导体深能级杂质缺陷的研究实验室，1991年开始建立起超晶格、量子阱物理性质研究实验室。她长期负责半导体物理实验室的教学工作，负责建立教学实验室，其中部分是为复旦大学接待外宾参观的常备实验室，并获得国内外专家的一致好评。她负责编写的教材《半导体物理实验》于1986年出版，此后多次再版，还参加了编写《固体物理实验方法》（1990年版）中有关半导体物理测量的部分。

王迅作为谢希德的第一个研究生，1985年晋升为教授，同年被批准为凝聚态物理学科博士生导师，1999年当选为中国科学院院士。他在谢希德的领导下，成立了复旦大学表面物理实验室，后任该国家重点实验室主任，曾获得国家教委科技进步奖二等奖及其他多项奖。王迅、孙恒慧夫妇为复旦大学物理系和我国半导体物理、凝聚态物理的发展作出了显著的贡献。

1982年，与美国表面物理专家哈格斯特伦合影（前排左起分别为谢希德、哈格斯特伦、华中一，二排左起分别为张开明、孙恒慧、王迅、林荣富、董树忠，三排左起分别为诸葛健、陆栋、戴道宣、潘星龙）

后来，谢希德在谈及这一时期的工作时说："我虽然取得了一些成绩，但觉得还没有最大限度地发挥自己的才能。在'文化大革命'前，虽然没有直接受到冲击，但工作不可避免地受到'左'的干扰。自己从1956年开始招收研究生，但成效十分有限，有的学生在'大跃进'中改任助教，有的学生未学完专业，就参加'四清'……作为从海外归来的知识分子，我本人也不可避免地受到一个又一个政治运动的冲击，一方面受到教育，另一方面心情也是复杂和紧张的。"

1965年夏，谢希德应厦门大学副校长蔡启瑞之邀，回到母校讲学，为暑期举办的催化训练班作固体物理的报告。同年的最后一天，谢希德作为中国固体物理代表团团长，途经莫斯科，于当天晚上到达英国伦敦的国际机场，出席在曼彻斯特召开的英国物理学会固体物理学术会议。后来她回忆道："当我走出机舱，重踏上那片似曾相识的土地时，眼睛一下子湿润了。13年前，我仅仅要求在这儿转程归国，却被视为不受欢迎的人，而必须限期离境。然而今天，我作为新中国一个科学代表团的团长，在这儿受到尊重和欢迎。祖国的神圣意识和个人的爱国意识，又一次猛烈地撞击着我的心灵。"

在此后将近一个月的参观中，他们在牛津、剑桥两所大学都受到谢希德、曹天钦老朋友的热情接待。回国后，谢希德继续筹建现代化实验装置，开展固体能谱的研究。不过好景不长，史无前例的"文化大革命"开始了，谢希德精心准备的计划都成了泡影。

22. 在当"牛"的岁月中

1966年，正当我国胜利完成经济调整的任务，克服了国民经济发展中的种种严重困难，开始执行第三个五年计划的时候，"文化大革命"发生了。从此，一切都变得混沌颠倒起来，作为知识分子尤其是海外归来的学者首当其冲。

从1966年的8月18日到11月26日，毛泽东在北京天安门先后八次接见红卫兵和大中学校师生，总共1 100多万人次。各地大中学校学生或学生代表、教职工代表免费到北京，参观"文化大革命"，至此红卫兵和学校师生大串联走向高潮。各地大批红卫兵冲击党政和文教机关,许多科学家、教育家和有贡献的老干部被当成"黑帮分子""反动学术权威""反革命修正主义分子",遭批斗抄家,受到不人道的侮辱、殴打和迫害。

这场所谓的"文化大革命",给林彪、江青这些野心家篡党夺权提供了机会,使党和国家的正常工作、社会的正常秩序受到巨大的破坏,我国的社会主义事业遭到新中国成立以来最严重的挫折和损失。"文化大革命"一开始,林彪、"四人帮"等一伙就煽动"怀疑一切""打倒一切",复旦大学的许多老教师受到残酷迫害。接着,他们又打着"清理阶级队伍"的旗号,进行更大规模的批斗。谢希德因为在海外留学、工作过一段时间,便被无辜地诬为有"美国特务""英国特务"以及"中统特务"的嫌疑,遭到迫害。在这期间,曹天钦也受到不公正的待遇,身体健康惨遭摧残,以至于留下颈椎病引发全身瘫痪的病根,最后不幸早逝。

本想趁风霜尚未染白双鬓、以更多精力开展对固体能谱研究,不料风云突变,谢希德不但被拉出攀登科学高峰之列,而且还被抛入茫茫深谷,精神肉体备受折磨。9月2日10时许,谢希德和鲍敏杭坐在自己的办公桌旁上班,突然红卫兵闯了进来,指名要他们到物理楼前面集中。到了之后只见黑压压的一大片人,除了被叫来集中的一些教职工之外,还有一批属保守派的"大队部"红卫兵。人到齐后,一个红卫兵头头把他俩叫作"牛鬼蛇神",并对着这一批总共有五六十个所谓的"牛鬼蛇神"狠狠地训斥一阵。随后,他拿出一面写着"牛鬼蛇神劳改队"几个大字的横幅,叫出两个"牛鬼蛇神"举着横幅在前面带路,后面跟着长长的"牛鬼蛇神劳改队"队伍,浩浩荡荡到物理楼后面的荒草地上拔草。那天太阳很猛,天气特别热。拔草时有红卫兵监督,只许蹲着低头拔草,不许停下来也不许抬头。谢希德的腿不好,蹲不下来,蹲一天常常熬得非常难受。除了为老师感到冤枉不平以外,鲍敏杭也没有想到,作为一个在职研究生也会受到学术权威那样的待遇;而且让他感到难以理解的是,红卫兵都是一些学生,与教研组的教师基本上没有接触,他们是怎么圈定反动名单的?

也许是为了证明在谁更"革命"的比赛中占先,"大队部"红卫兵抢先组织了对学术权威的斗争,并成立了"牛鬼蛇神劳改队"。后来,不知道是因为"大队部"红卫兵的做法受到群众的反对,还是造反派红卫兵和"大队部"红卫兵相互斗争的结果,复旦大学"牛鬼蛇神劳改队"进行了改组,被分成"室外劳动队"和"室内劳动队"两个队,当然"室外劳动队"被认为罪行更重。谢希德和鲍敏杭都分在"室内劳动队"劳动,主要是在物理楼打扫走廊和厕所。这项工作的劳动量并不大,半天就能做完,空下来还是回到原来的办公室政治学习。随着时间推移,"大队部"红卫兵在斗争中落败,对他们的监督也更松。到了10月份,"大队部"红卫兵基本垮台,"劳改队"也就自动解散了。

可是,造反派对谢希德的迫害并没有随之减弱,反而变本加厉,更加残酷。10月的一天,在一片"造反"声中,大字报铺天盖地向她扑来。他们罗列了十几条莫须有的"罪行",硬按到她头上。而就在这时候,她被诊断患有乳腺癌,只好住进医院动手术。外面的世界动荡不安,在医院里还要受刀针之苦,精神和肉体上的双重折磨向她压了过来。术后仅休息两个月,她每天又被迫挤公共汽车,到学校参加"运动"。

1968年"清队"开始,谣言诬陷、恶意中伤竟然奏效,谢希德首当其冲,被隔离到女生宿舍9号楼不许回家,每天行动受到监视。没多久,家中保姆庆娥也因受牵连而自杀,家庭的第一个"成员"永远离开了她。保姆自杀后,谢希德被怀疑借刀杀人,以求灭口。1969年1月,造反派宣布对谢希德正式隔离审查,将她关进了"牛棚"。此前,曹天钦早就遭到"隔离审查",家中只剩下12岁的儿子曹惟正,要他完全独立生活困难重重,实在难以想象。幸亏当时的科学院宿舍中还有许多孩子,也有相类似的经历和命运,他们相互照顾、亲如手足,和自己的父母一起度过这艰难的岁月,虽然幼小的他们在意识中对这个世界发生的一切似懂非懂。

有一回,造反派让惟正向妈妈做"思想工作",谢希德对儿子说,"要相信群众,要相信党,爸爸妈妈没有做对不起国家和人民的事,问题总会搞清楚的"。她问了儿子学习和家中的情况,叮嘱他要好好学习,听阿姨的话。谢希德一点也不知道,当时年仅38岁的庆娥,在造反派的迫害下已经离开了人世，永远离开了她。

在那个人妖不分、是非颠倒的年代，谢希德一家遭受了极大的痛苦，但这不仅是她一个家庭的不幸。更痛心的是，她踏进那暗无天日的"牢房"，恰恰是自己多年来盼望建造，但还来不及使用的低温实验室，现在竟成为关押和迫害科学家的"牛棚"。眼看着低温实验室面目全非，成为造反派制造罪恶、倒行逆施的场地，液氦设备则被当作没用的东西送给工厂，她却无能为力。面对国家的科学事业遭到无可挽回的破坏和损失，数载心血付诸东流，作为一位为它付出辛勤劳动并寄予殷切希望的科学工作者，她伤心悲痛的程度不亚于后来确诊癌症的宣判……

显然，"文化大革命"的发动已经远远背离它的初衷，成千上万的知识分子、科学工作者遭到迫害，谢希德便是其中之一。由于像她这样的高级知识分子都被打倒了，国家的科学宫殿当然就失去了顶梁柱；由于像她这样的辛勤园丁被罢除了，科技教育园地也就荒芜了，学生失去了引路人和指导者。现在想起来，这场"运动"岂止是"谢希德们"无端受害，同时它也使一代无辜的青年人卷入了政治斗争漩涡，在人生的黄金时代浪费了学习的大好时光。其实，那时造反最凶的几个人，他们对谢希德并不了解，而是被某些人挑动起来的一股极"左"情绪所左右，驱使他们胡作非为，真正受害的是整个国家和全体人民。

1969年春节，天阴沉沉的，寒气逼人。在中国的传统节日中，春节是归家团圆的节，可"牛棚"中的谢希德想着一家人各在东西而无法团聚，心中感到阵阵的酸楚。当初，为了祖国的科学事业，她心甘情愿抛下婴儿奔赴北京。如今，孩子就在身边，可春节连见一见自己亲骨肉的权利也被剥夺了，这是一个怎样的世界？夫离子散，三口之家被厄运逼得支离破碎，她实在悲愤交加！

在命运面前，谢希德并没有被击倒，她坚信党和人民最终将战胜邪恶，她坚信历史终归要还它本来面目。她想起1958年周总理视察北京大学半导体工厂时，曾经说过，"不重视基础科学的理论研究，我们就要吃大亏，犯大错误"。还有不久以前的北京科学讨论会上，毛主席和周总理接见各国科学家的难忘情景，一次又一次地浮现在谢希德的眼前……

一想到这些，谢希德不顾一切地挣扎着，心头翻腾着万般思绪，并逐渐坚定勇敢地面对一切责难、继续抗争下去。她暗地里问自己，这些未完成的科研项目都是聂荣臻副总理亲自批准的重大课题，现在队伍拆散了，仪器破坏了，资料散失了，几年之后如何向副总理和国家科委汇报？说自己一事无成还是搪塞而过？她又想，自己已经患了致命的癌症，时间已是屈指可数，生命中还有什么可怕的苦难不能承受？死并不可怕，不过在入党的时候，要"为共产主义奋斗终身"的誓言还没有实现，自己还不能死。只要自己的心脏还在跳动，就要战斗，就要为党的科学事业奋斗不息……于是，一股强烈的责任感自心底升腾，谢希德默默地对自己说，"一定要活下去，争取多活几年"。

每时每刻都在企盼这段荒唐的岁月和这些莫须有的责难早些结束，每时每刻都在企盼能早日回到正常的生活轨道上来，就是这样一种信念在支持着谢希德战胜一个又一个困难。1969年底，她戴着"帽子"可以回家了，后来又被送到农村劳动，1970年才回到学校。1972年，曹天钦也戴着许多顶"帽子"回家了。不过，自由是极其有限的。"四人帮"的党羽发出了一系列苛刻的禁令：不准她接触半导体科学研究，不准她出席外单位邀请参加的学术会议，甚至连国内发行的科技刊物，也剥夺了她订阅的权利。

在审查期间，谢希德受到种种威胁、恐吓和折磨。即使被放出"牛棚"后，她每天还得提着拖把，汗流浃背地打扫楼道和厕所。望着她那瘦弱的身躯，多少同志含着泪水，想拿过她手中的拖把，代她当"牛"受罚！然而，这显然是不可能的。不过，作为一位正直的知识分子、襟怀坦白的共产党员，谢希德没有向邪恶低头。她坚信当时所发生的一切不会是党和国家的方针，她坚信被颠倒的一切终究会恢复本来的面目。

从农村回来不久，谢希德被安排到校办工厂磨硅片，但她并没有灰心失望。科学家的用武之地是很广阔的，在简单却辛苦的劳作中，在简陋而有限的条件下，她的心仍想着祖国的科学事业。她带领着同志们见缝插针，为了改进磨片和抛光两道工序，抱病查阅文献资料，改革落后工艺。她热心传授从书本上看到的半导体抛光知识和技能，以提高工人同志的科技水平，提高半导体元件的质量。也许单从学术价值考虑，这并不值得一提，但就其精神而言却多么难能可贵，这将是她留给后人的最好财富！

23. 与死亡擦肩而过

众所周知，谢希德长期与癌症作斗争，多次发作，最后不治身亡，而这最终夺走她生命的癌症，就出现在这一段突然降临的"文化大革命"困难时期。

谢希德最初被确诊患了乳腺癌，正是1966年风云变幻的年代。10月的一天，她发现乳房上有一个小块。随后，她向当时的教研组领导请了假，到第二军医大学附属长海医院看病，当时医生诊断是良性的肿块，并建议她安排时间开刀拿掉。谢希德很快就去开了刀，由于是小手术，她出院后很快就上班了。

然而，过了大约一个星期医院又来通知，说经化验她患的是癌症，需要再开刀治疗，在此之前每天都要打针以防止癌的扩散。这一消息对于当时在政治隔离审查、遭到迫害的谢希德来讲无疑是雪上加霜，她真感觉秋风秋雨严相逼，实在难以支持了。当时她非常沮丧："我从小长期患病，身体一直不好，现在居然生了癌症，而且已经反复了。"要知道，在那病房紧张的时代，"反动学术权威"要请假住院开刀并非易事。不过，当时教研组主持日常工作的屈逢源、庄承群等对她还是非常关心，多方联系为她安排住院开刀，他们的努力帮助对她战胜癌症起了很大的作用。

作为一位有成就的物理学家，她受到医院大夫的关注。手术那天，医生切下她的左侧乳腺，而且清除了所有的腋下淋巴结，经化验并未发现癌细胞。当时医生认为，谢希德的肿瘤根基已被铲除，她也终于松了口气。这样经过几个月的医治，谢希德身体"痊愈"，又回到当时的"四一"工厂车间里，从事体力劳动。可惜的是，那两位好人在十年后都死于癌症，并没有看到拨乱反正以后祖国的巨大变化，也没有享受过一点改革开放带来的好处。

也许开初,谢希德没想到自己会得这种病,但是医生确诊的消息传来之后,她内心还是显得平静安详。到了第二次住院,她已经没有了悲伤,却更有一种强烈的责任感涌上心头,她决心要利用剩下的时间赶快为党多做些工作,多作些贡献。然而,面临不断升温的"文化大革命",她又陷入身不由己的两难之中。最后,病魔已除,她却被剥夺了为党工作的权利。当然唯一庆幸的是,那次手术的成功毕竟使她顺利度过了"牛棚"岁月,坚强地活了下来。

可是没想到,生命不能承受之重,癌症却第二次悄悄地向谢希德袭来。1970年,林彪的反动"第一号通令"下达,她被逼从"牛棚"疏散到农村劳动数月。艰难与折磨虽然挺过来,但从农村回来后不久,她再次住进了医院。

1972年,在时隔六年之后,谢希德的"审查"以"事出有因,查无实据"而被"挂起来"。此时,她总算被允许给"工农兵学员"上课了。次年,她的党组织生活得到恢复,也可以从事适当的科研工作。当时,许多人对半导体物理和器件的发展动态缺乏了解,她马上以极大的热情收集、研究有关资料,争取尽快提供这一方面的第一手成果以弥补国内空白。

十年浩劫,光阴不再。为了追回失去的时间,谢希德拖着虚弱的身体,到处收集新资料、买新书。当时很少人问津的上海外文书店,几乎每个周末都可以看到他们夫妇的身影,他们不是去购买最新的专业杂志和参考书,就是去订阅即将出版的新书和新杂志。后来越买越多,儿子曹惟正就成了他们的采购员。三番四次熟悉了以后,只要惟正一进书店的门,

曹天钦与谢希德夫妇(1972年)

1971年8月7日,曹天钦被解除三年的隔离审查,全家在上海人民照相馆拍照留念

营业员会主动地告诉他,你爸爸妈妈订的新书来了。谢希德在上海家中几个书橱里的专业书,有相当大一部分都是在那时购买的。掌握了充分的资料以后,她将新书中有关国外半导体物理和集成电路方面的资料,精选出来编成新的讲义。有时,为了给年轻教师上英语专业课,她亲自在家里用打字机一页一页地打讲义。懂事的惟正看母亲又要准备讲义又要打字,时间来不及,就帮着打一些文章。

在阅读并综合信息之后,谢希德了解到20世纪70年代半导体研究,已从硅大规模集成电路的发展,走向原子级加工新工艺,而基础理论领域则转向对半导体表面的研究。于是她开始编写新的半导体讲义,又结合教学编写了几本《半导体集成电路的物理基础》,介绍国际半导体研究的最新发展动态,为研究生补上相关的基础课。1979年,谢希德组织半导体教研组同事将这本讲义改编为半导体物理学讲义,在复旦大学试用18年之后,由钱佑华和徐至中两位教授修订补充成《半导体物理》一书,于1999年由高等教育出版社出版,其中第一章保留她在1979年所写稿子的原样。谢希德根据国际上的发展趋势,选择半导体表面钝化和半导体电荷耦合器件为科研课题,积极调查研究。北京、上海等地有关单位在她的倡议下,研制的电荷耦合器件取得了良好的成像效果。

"十年苦复病,风雨暂相忘",刚从"文化大革命"中走出来的谢希德,正准备在教学科研中阔步前进,癌细胞又再次"光顾"了。正当她准备带领研究生到四川永川县某单位研制电荷耦合器件时，医生在她右侧胸部又发现了疑点。那时正是1976年夏天，与癌症的斗争可以说已是第三回合了。为了慎重起见，根据医生的建议，谢希德的永川之行只好取消，她再次与癌症生死相对……

24. 身在病中心忧国

经过医生治疗，身患癌症的谢希德，虽然病情稳定下来了，但药物却从不曾间断。她似乎忘掉药物和治疗带来的痛苦，仍然置身于科学的海洋，以她那股韧劲、那种拼命精神，向着科学的彼岸奋力游去，就好像前面有永远开辟不尽的宝藏在等待着她的拓荒。这就是谢希德，一个共产党员身处逆境，却有着不断开拓进取的可敬精神。

1966年，谢希德得知自己的病情后，一方面常常鼓励自己，要以一个彻底的唯物主义者的态度，要以对待科学的态度来对待疾病的侵袭；另一方面又不把疾病当作包袱，在大部分时间里忘记自己是病人，一心扑在事业上。她有时也看一些大众医学类的书，有时越看心中越怕，认为每种病都与自己对得上号或沾得上边，她当然也清楚地意识到害怕并不能解决任何问题。在认识了一些疾病的常识和规律后，她反而减少了不少烦恼，增强了心理免疫力，更加有了战胜疾病的勇气和信心，更加从容地对待生命和科教事业了。

"文化大革命"中，谢希德的爱人曹天钦虽然遭受许多折磨，但对党、对祖国的信心却从未丧失。他被撤销隔离后，还继续受到不公正待遇，需要承担繁重的体力活，如敲煤砖等。1972年的一天，他参加接待外宾李约瑟夫妇，送走外宾，他又得回去敲煤砖和打扫实验室。1973年，曹天钦恢复了党组织生活，后来得以参加马王堆古尸研究。他以极大的热情投入该项工作，即使个人身处逆境，仍以渊博的知识和坚实的生物化学专业基础，实际领导和推动了被周恩来总理高度重视的马王堆古尸研究项目。正是曹天钦这种面对逆境所表现出的胸怀和意志力，也给了谢希德战胜病魔无穷的精神力量，他们在人生困难中相互扶持，一路走来。

在与疾病的生死搏斗中，谢希德从不退缩，表现得十分顽强。每次治疗都引起反应性呕吐，白细胞大量减少，身体出现浮肿。深度的X射线照射，再加上大剂量的化疗，带来强烈的生理反应，医生嘱咐她要卧床静休。不过病魔愈是折磨她，她的意志愈是锤炼得坚强。她夜以继日地阅读文献资料，把重要内容摘录下来，记在卡片上；循循善诱地指导研究生进行学术研究和论文写作；一丝不苟地校核教师的译稿，解答他们的疑难。

即使是在养病时，谢希德也没有打破已经养成的开夜车习惯，总要伏案工作至深夜。对她影响最大的是社会上找上门的人太多了。这些人中，有大学教师、研究所科技人员、出版社的编辑，还有青年学生，他们带着各自的工作或问题，有求于她。一个身患重病的学者，每天埋在书堆里已经够累的了，而接待来访者更加重了她的负担。但是，心胸开阔、乐于助人的谢希德不知疲倦，反而把和来访者的愉快交谈当作一种精神调节剂。

有病人的家，一般说来总是笼罩着忧伤、寂静和不安的气氛，但谢希德的家却十分热闹。一次，出版社一位编辑敲开谢希德的门约稿，可看到她面色苍白、精力不足地坐在沙发上，顿觉歉意，心想不该再给她增加负担。不过，谢希德看到编辑给她带来的几本较新的关于表面科学的书籍，顿时喜出望外，精神也抖擞起来了。她马上打开书翻了一遍，口里连连说："好书，好书，对我们工作很有帮助。你看，借给我几天？"

编辑看到她身体那么虚弱："看你的情况吧，身体要紧。"

"那么过四天准时还你。"谢希德认真估计了一下需要的时间，很肯定地对编辑说。后来，她果然在四天之后，准时托人把书还给这位编辑。为了科学事业，她完全把病痛置之度外，忘我地工作。尤其是在动乱的那几个年头，对科学研究和科学事业尚且如此专注，她的确为国人树立了光辉的榜样！

许多过去一起共事的同志和学生来看望她，还有很多人带着关于半导体科学理论的疑难问题，前来向她请教，和她一起探讨。对此，她总是耐心地向他们讲授该怎么做，要注意什么问题……这个时候，轮到曹天钦和儿子惟正为她担心了,她是多么需要绝对安静地休息!有一次,谢希德面无血色,疼得轻轻地发出呻吟,曹天钦准备婉言谢绝来找谢希德的客人。可谢希德从传来的窃窃私语声中发现了秘密,责怪他为什么把同志们拒之门外,并向远道而来的人表示歉意。左右为难的曹天钦知道妻子的个性和脾气,如果尊重她的选择,可能加重她的病情,但如果不尊重她的选择,同样可能增加她的痛苦。夫妻俩常处在这种矛盾之中,但矛盾的涟漪顷刻间在感情的大海中迅速缓解,因为他们都能理解对方的心意。

惟正回忆道:"妈妈以顽强的毅力克服第三次癌症化疗副作用的影响,将全部的身心投入到重建中国科学教育事业中去。妈妈的工作担子越来越重,来家中找她的人也越来越多。为了让妈妈好好休息,我和爸爸常常在门外为她挡驾,她知道后很不高兴地对我们说:'你们不能赶走我的客人。'那时妈妈每天坐公交车上下班,到家很晚,有时客人来时她还没到家。记得在妈妈第三次化疗的后期,每次从肿瘤医院打针回来,药物的副作用使她恶心呕吐,人虚弱得只能卧床休息。在这样的情况下,她还坚持见客;有几次趁妈妈蒙眬入睡时,我和爸爸还是将客人挡驾了。校领导知道有许多人来家中找妈妈后,出了一个通告,要妈妈贴在家门外,请大家不要来家中打扰。妈妈将通告拿回家后就放在一边,并叮嘱我和爸爸:'这张通告无论如何也不要贴在门上,只要是找我的就让他们进来。'"

曾在物理系执教的陈仁溪谈起谢希德感慨良多。那还是 20 世纪 60 年代末,谢希德饱受病痛折磨。有一天陈仁溪所在的无线电专业接到一个军工科研任务——研制一个军用雷达。他和几位教师负责研制雷达的高频部分,需要用到一个半导体器件 PIN 管,有关它的性能,外国文献已有较详细的介绍,可是从英语水平和专业知识上讲,要看懂这些资料十分费劲。在百般无奈之下,陈仁溪抱着一线希望求教于谢希德,以忐忑不安的心情,希望她能把其中的几篇论文翻译出来。

没想到,谢希德听后二话没说就答应下来,并说几天后便可完成。几天后,谢希德果然把翻译稿和外文合订本原件一并交给陈仁溪,并将文献中一些关键的词汇作了解释。正是这些及时的、准确的资料，使他们的科研任务得以顺利完成。"真没想到，那么一位驰名中外的大学者，居然没有一点架子。目送着她那微驼的背影，我的心灵受到很大的震撼！因为她的平易近人，更因为她的人格魅力"，陈仁溪如是说。

"与病斗，其乐无穷"，谢希德心中想着国家，想着他人，想着科研教学，唯独没有想过自己，唯独没有把自己当病人。虽然癌症给她带来了巨大的痛苦，却使她的性格得以磨炼，学会了如何以坚强的意志，去战胜疾病和痛苦。每每在濒于失望的情况下，她总是保持平静开朗的心境，学会了在黑暗中摸索光明，在失望中寻找希望，不惮于寂寞而负重前行。十年来，钢铁般的意志，坚定不移的信念，支持着谢希德和可怕的癌症顽强斗争了三个回合，最后她奇迹般地、坚强地活了下来。

后来，1998年七八月间，谢希德第四次发现右乳房有些异样，主动到医院检查。医生确诊以后，告诉她右乳房可能又有恶性肿瘤，必须开刀。癌症注定和她一生如影随形，这对77岁高龄的她来说，无疑又是一个十分沉重的打击、一个十分艰难的挑战。从30多年前发现和确诊癌症开始，她就以坚韧不拔的精神，与之顽强地搏斗，先后战胜了癌症的三次反复，不断抓紧时间为国家科学事业和人才培养建立新功。到生命的最后几年，她依然要面对癌症的考验，从容地接受医生的治疗。

很快，谢希德进入华东医院的手术室，医生以精湛的医术给她进行了癌细胞根治手术。术后半个多月的一天，王增藩来到病房探望，她只是平淡地对他说，手术后还需做六个疗程的化疗和一个疗程的放疗。而对于今后，她却充满信心，还希望利用余下的宝贵时间继续工作。面对着这样一位坚强的战士、辛苦的耕耘者，王增藩又一次受到强烈的感染和震撼——和谢希德相比，健康的人更应该珍惜可贵的每一时刻，为祖国的繁荣和昌盛作出更多的贡献。

"梅花欢喜漫天雪，瘦影皓魂独飘香"，谢希德是一位意志非常坚强的女性，政治上无休止的迫害，以及四次复发的癌症，随时都有生命危险，但是她凭着对党和国家的坚定信念，对教学和科研事业的无限热爱,勇敢地闯过来了。如果说她与林彪、"四人帮"反革命集团的斗争,是出于一个共产党员的党性,关心党的前途和命运,那么与随时可能致命的癌症作斗争,则不仅仅是为了延续生命,更重要的是争取宝贵的时光,最大可能地报效多灾多难的祖国,使之早日繁荣昌盛。

在与病魔搏斗的日子里,谢希德总能得到众多同事的爱护与帮助,王威琪院士就是这样一位热心人。因工作关系,他与许多大医院的领导、医生都有密切的来往,谢希德每次癌症复发,王院士总会及时前往了解病情,向名医咨询请教,为她提供有关医学知识,从心理上给予慰藉。去医院看望的同事、朋友、学生,常常出现排队等候的情况。这一切,都是对谢希德顽强与疾病作斗争的最好鼓励。

也许,谢希德无法预测更多的明天,她却总是全力去支配今天。正是如此,她总是一边正视现实,顽强地生活着,一边储藏力量,盼望可以放手拼搏、施展才华的那天早日到来。

第四章

筚路蓝缕沐春风

粉碎"四人帮"以后,复旦大学又开始了新的征程,特别是党的十一届三中全会以来,在正确的政治路线和实事求是的思想路线指引下,我们加快了建设和改革的步伐,落实党的知识分子政策、提高教学质量和科学研究水平,为复旦的腾飞创造了条件。

"文化大革命"后,通过查阅分析大量专业文献和尽可能搜集到的最新资料,我和许多物理学家一起察觉到,十几年来清洁半导体和金属表面及界面问题的发展已涉及多门学科,一门介于表面物理、表面化学和材料科学之间的边缘学科——表面科学已在形成之中。在固体物理学领域,我和同事们发现了表面物理这片有待开发的原始森林,它将可能对钢材的耐腐蚀、新能源的开发、新材料工业、半导体器件工艺的改造和催化等方面的发展产生举足轻重的影响。

在1977年11月的全国自然科学规划会议上,我代表许多人的意见,以令人信服的材料,提出了填补我国表面科学空白、及时发展表面科学的合理建议。后来美国物理学家沃尔特·科恩教授对此作了肯定,"谢希德教授做了明智的选择,在复旦大学开展表面物理的研究,并在短时间内达到世界水平"。

——谢希德

25. 一流实验室的由来

北京半导体专门化培训班初战告捷，对一心专注于祖国科教事业的谢希德来说，无疑是一个巨大的精神鼓舞。不过，由于肾结石要动手术，她不得不于 1958 年 5 月提前回上海。不久，她担任复旦大学物理系固体物理教研室主任，着手组建以半导体为主的固体物理专门组。

1957 年 11 月，在莫斯科举行的各国共产党和工人党代表会议期间，由于中国共产党在国际共产主义运动中赢得了崇高的声誉，毛泽东主席率领中国代表团参加了会议。当时，人类第一颗人造地球卫星由苏联发射升空，给全世界社会主义国家以巨大鼓舞，毛泽东主席在会上提出中国 15 年钢产量赶上或超过英国的"远大目标"。随后在 12 月召开的中国共产党第八次全国代表大会上，刘少奇代表党中央致辞，向全国人民公开宣布重工业产品赶超英国的口号。各省、自治区、直辖市纷纷一哄而起，大干快上，一方面解放思想，破除了"中国人不如洋人"的迷信，一方面也揭开了一场头脑发热，不实事求是，但急于求成的"大跃进"序幕。

1958 年 5 月，党的"八大"二次会议在北京召开，通过了"鼓足干劲，力争上游，多快好省地建设社会主义"的总路线。建设社会主义本来无可争议，然而忽视客观的发展规律，结果在全国范围内各行各业错误地掀起了"大跃进"的浪潮。继大炼钢铁之后，"全民大办"也波及了工农业和科学研究，其表现之一就是大办研究所，让半导体在全国"遍地开花"的口号响彻云霄。

1958 年夏秋之交，在国际上半导体研究开始繁荣、半导体产业发展刚刚起步之际，国家决定由中国科学院和复旦大学联合创建上海技术物理研究所。经复旦大学党委研究决定，派谢希德、阮刚等曾参与五校联合半导体专门化回复旦工作的青年教师参加筹建上海技术物理研究所，培养我国固体物理专门人才。谢希德担任该所副所长一直到 1966 年，阮刚任筹建期间第一任党支部书记，所长是由中国科学院上海分院委派的苏平同志。

建所之初，在党组织和同志们的帮助下，谢希德全力以赴，白手起家。她带领 20 多名物理系三年级、四年级的学生和几名大学刚毕业的学生，还有青年教师，开始了半导体材料、器件、包括低温和高压下的半导体物理，以及固体物理其他相关学科和应用的课题研究。当时，这些年轻人背着旅行包，口袋里装着几百元现金，上南京路或北京路购买电子元件、五金工具和一些小型机械装置；或者去附属工厂，和工人师傅一起画图纸、加工部件。这样，空空如也的"实验室"就慢慢地填入了稳压电源、振荡器、真空系统、单晶炉、热处理炉……1959 年，谢希德、阮刚等又领导创办了上海技术物理学校，吸收上海同济中学两个班级的毕业班学生入学培训，学习半导体科学技术的基本知识，毕业后分配到所里参加实验室工作。经过一段时间的努力，上海技术物理研究所很快就初见雏形。

万事开头难，成似容易却艰辛。创建研究所的工作千头万绪，但除了研究课题设置要面向国家科学技术发展需要，要紧跟国际科学发展脉搏之外，谢希德始终抓住人才培养这一核心环节。在那个年代里，要做到这一点是很不容易的。对提前毕业参加研究工作的大学三、四年级学生和技术物理学校的优秀毕业生，谢希德安排他们修完大学本科课程；对其中少数人，她就像培养在职研究生那样，安排他们修完由她主讲的研究生课程，并具体指导其研究工作。于是，研究生的论文，她要亲自审定和修改；青年教师翻译的外国文献，她要帮助校阅；还有兄弟科研单位等着她去作学术报告，讲稿有待准备……要静下心来从事科学研究就只能靠开夜车了。谢希德咬咬牙，坚持着闯过来。

有一件事令许多人感动不已，并且至今铭记在心。当时有七八位原来从事电子学课题研究的青年研究人员，在前两年繁忙的工作中忽略了补修基础课程。1960 年末至 1961 年初的寒冬季节里，利用学校放寒假的机会，谢希德采用集中强化的方法，亲自为他们补修大学四、五年级的核心课程。其中半导体物理，她口若悬河地接连讲了六个上午，每次讲三个半到四个小时，在一周内为他们速成讲完，完善了他们的知识结构。要知道，那时正值国家经济困难时期，人人面有菜色，浮肿颇为普遍，谢希德也不例外。但她不顾辛苦劳累，拖着那瘦小的身躯，精神饱满地给年轻的研究人员补充科学的营养，及时提高了他们的学术研究水平。

除了补课和指导研究工作外，谢希德还多方寻找渠道，选送青年人赴京，到当时研究水平已比较高的中国科学院物理所、电子所等"老所"进修。她对赴京进修的青年科技人员关怀备至，甚至过问他们的旅途交通细节，严师慈母一肩担。当时赴京火车除少数从上海发车直达北京的外，多数需在南京下车摆渡到浦口转车，并在天津再次转车才能到达北京。当得知有几位进修人员采取后一种交通安排乘车赴京时，她几次埋怨具体主管人员未作好安排，并自我检讨没有仔细过问此事。此外，她还利用自己的影响请、聘国内知名科学家，定期来研究所讲学和指导工作，对口指导一些优秀青年科技人员。

当然，从研究所初创起，谢希德十分注意研究所的学风建设和青年研究人员的思想品德修养，在身体力行中潜移默化地影响着后学。不论是在分析讨论研究计划时，还是在审阅修改论文时，她都体现出严谨求实的科学作风。她对实验结果，严格要求多次重复和找出规律几乎达到苛刻的程度；对科技论文，逐字逐句斟酌修改，甚至作者姓名的英文翻译也仔细考究。有了不同意见和矛盾，她要求大家从国家和集体利益出发求同存异，及时讨论处理；而有了名誉和利益时，她劝导课题组长要先人后己，正确对待。

众所周知，在1958年"大跃进"浪潮中，全国许多省市都成立了中国科学院的分院，并建立了一批研究所。但在1960年至1962年国民经济困难时期进行的科研机构调整中，它们中的绝大多数被调整和撤销了。上海技术物理研究所得以保留，并发展成今天在国家高新技术发展和科学实验方面有重要影响的研究机构之一，显然和谢希德办所过程中始终抓住人才培养这一核心环节密切相关，才使该所不至于成为有名无实的空壳。这一举措，初步培养和形成了一支比较年轻有为、具有较高素质的科研队伍，为上海技术物理研究所的可持续发展奠定了坚实的基础。事实上，早在20世纪60年代初期，该所已经

与上海技术物理研究所的青年科学工作者在一起（1996年）

开始承担国家重点研究项目，包括基础研究项目的固体能谱课题和应用研究项目的红外遥测装置，并在1963年中国物理学会大会上报告研究结果，在国内研究机构中崭露头角。真所谓"万丈高楼平地起"，在创建上海技术物理研究所的过程中，谢希德呕心沥血、功不可没。

"文化大革命"结束后，1977年，谢希德来不及舒缓因政治迫害造成的心理创伤，没时间顾及因癌细胞长期侵蚀所造成的身体伤害，她在复旦大学发展表面物理研究的同时，还常到上海技术物理研究所介绍相关科学技术的最新发展情况，以指导当时可能开展的学术领域的研究。当谢希德在该所的共青楼大教室作学术报告时，近200个座位的大教室座无虚席，四个位置的长椅多数挤坐了五六个人。在那个年代，图书馆里许多外文科技杂志都已停订多年，听了谢希德的精彩报告，许多人才豁然开朗，方才意识到在"文攻武斗"的十年里，国际科学技术已发展到大家望尘莫及的地步。而谢希德却没有荒废于时日、落后于科学，始终在关注物理界的最新动向。她的报告不仅指导上海技术物理研究所正确选择研究领域和课题，而且无声地激起大家

作新技术革命学术报告
(1983年)

急起直追的雄心和迎难而上的精神,所有的人都向她投来无比敬佩的眼光。

自1967年起,谢希德就已经不再兼任上海技术物理研究所的领导职务,但她仍无微不至地关怀着研究所中青年学者的成长。"文化大革命"后,她不仅亲自为许多人出国留学、访问、进修写推荐信,而且亲自为一些中青年研究人员出国选定和联系国外大学或研究机构。当时,许多人是经由她直接联系,才找到满意的海外留学进修单位的。看到她拖着疲惫的身体,用老式手动英文打字机为年轻人起草打印推荐信时,很多人都感动得热泪盈眶。

1985年8月,上海技术物理研究所物理研究室组建为中国科学院红外物理开放实验室,并于1989年成为国家重点实验室。自1985年红外物理实验室成立以来，谢希德一直担任实验室学术委员会委员。任职期间，她坚持参加每一届每一次学术委员会会议，从不因自己工作繁忙、年老体弱或者位尊权重而缺席，并始终以普通委员的身份与其他科学家一起，商讨实验室的工作成绩、存在问题和改进途径。关于实验室学术方向、人才培养、基础研究与应用研究相结合、理论研究和实验研究相结合等方面，她提出许多真知灼见，常常令实验室领导人和相关研究人员拍案叫绝、钦佩之至。在红外物理国家重点实验室建立以后的15年中，不论在学术委员会开会期间，还是在寻常时刻，她始终如一地关注、支持和帮助红外物理国家重点实验室的工作和事业的发展。她经常参加和主持该室成果的评议，总是以一贯的严谨科学态度，实事求是地评价研究成果；她参加和主持该室博士研究生的论文答辩时，既为年轻博士的卓越观点叫好，但也决不放过哪怕只是文献引用的错漏与英文字母的疏忽。

1990年，参加红外物理国家重点实验室学术会议（前排右二为章综、右三为汤定元、右四为王大珩、右五为谢希德，二排左三为匡定波、左五为张鸿、左六为褚君浩，三排左四为严义埙、左五为陆栋，四排左一为沈学础）

中国科学院上海技术物理研究所的同志是这样评价谢希德的，"她言传身教，给人启迪和鼓励，让人口服心服，也让人咋舌，不敢丝毫懈怠。她对红外物理实验室有深厚的感情，始终与实验室同呼吸，为它的成果欢愉，为破格重用杰出青年人才而奔走呼号，并为他们中一些人的流失而叹息"。谢希德是良师益友，对于实验室人才成长的关心更是有口皆碑，许多科研人员得到过她的指导和帮助。她的学生、中国科学院院士沈学础就是在她的长期指导和精心培育下成长起来的实验室优秀学术带头人。红外物理国家重点实验室自成立以来，已连续三次被国家计委、国家科委和国家自然科学基金委员会评为"先进集体""优秀实验室"，1995 年被美国《科学》杂志列为中国的 11 个一流实验室之一。

"前人栽树，后人乘凉"，所有的这些都浸润着谢希德对上海技术物理研究所工作的关怀和指导。可以说，她为研究所的成立，为实验室的发展，为人才的培养……无不以她那娇小的身体为之铺平了道路，倾尽了她所能付出的心血而无怨无悔。

26. 远见卓识拓新知

"文化大革命"中，谢希德非但没有躺下，反而以更为坚强、更充满活力的姿态，期待着祖国科学春天的到来。1976 年 10 月，粉碎"四人帮"的喜讯再次焕发了她的青春——黑夜终于过去，大显身手的时候来临了！

1977 年 8 月，分管科学教育的邓小平，在中央召开的科学教育工作座谈会上指出，新中国成立以后 17 年，教育科研战线的主导方面是红线，我国知识分子绝大多数是自觉地为社会主义服务的。他推翻了"教育黑线专政论"，号召尊重脑力劳动、尊重人才。1978 年 3 月，全国科学大会在北京举行，邓小平在会上强调"科学技术是生产力"这一马克思主义的观点，并且指出为社会主义服务的脑力劳动者是劳动人民中的一部分。从此，科学、教育领域出现了崭新的面貌，知识分子感到格外鼓舞。

1978年12月召开的党的十一届三中全会，是新中国成立以来党的历史上具有深远意义的伟大转折。全会提出了重视科学、教育和对外开放的方针，强调要在自力更生的基础上，积极发展同世界各国平等互利的经济合作，努力采用世界先进技术设备，并大力加强为实现现代化所必需的科学和教育工作。党中央的号召，如阳光照亮了科学研究的道路，如雨露滋润了谢希德久旱的心田。"烈士暮年，壮心不已"，她抑制不住内心的喜悦，全身心投入到工作中去，力图夺回"文化大革命"中损失的时光，进一步加快科学研究的进程。

早在1977年，谢希德就认真查阅了大量国外专业文献，发现研究半导体和金属表面与界面问题已有很大进展，涉及许多学科，已经形成介于表面物理、表面化学和材料科学之间的边缘学科。正如国内一位物理学家所说："我们沉睡了十年，在苏醒之后，面前出现了一片大好森林，这就是表面物理。"谢希德密切注视着查到的大量新资料，思索着奥妙而又实际的问题——为什么不锈钢不会生锈？是什么起了抗腐蚀的保护层作用？苏美两个大国每年因腐蚀而报废的钢材达4 000万吨，怎样才能使我国有限的钢材发挥更大的作用？

此时，专长于半导体和固体物理研究的谢希德，如果继续从事她的研究，可以说既省力，又稳妥，还可以快出成果；如果另辟蹊径从事表面物理研究，即使付出艰辛的劳动，五年十载能否取得显著成绩仍是个问题。然而，她不是守业的人，表面科学亟待人们去研究，去揭开那神秘的面纱，表面物理的研究可以更好地为祖国的建设服务。哪怕付出一二十倍的努力，她也要勇闯难关，有所创造。更重要的是，作为学界的老前辈，可以借此鼓励年轻的同事去开拓这个有前途的新领域。

经过深入细致的调查，谢希德基本摸清了表面物理所包括的三个部分的基本内容：一是表面的原子成分，二是表面原子结构和成键性质，三是表面的电子态和各种特具的物理性质。她也弄清了表面物理同国民经济和科学发展之间有着重要的关系，例如如何寻找有效的抗腐蚀保护层以减少钢材的损失。而且，表面物理和量子化学结合，将为催化科学理论的建立拓宽道路，而有效的能源又依赖于催化科学的发展，因此这更加彰显表面物理的重要性。此外，半导体集成电路规模越做越大，要进入原子级的加工，就需要在原子线度的范围内认识表面的各种物理性质，以便于提高集成电路的稳定性和可靠性，也为探索新器件、新材料奠定必要的理论基础。目前表面科学又有了许多新进展，当时的一些认识还是基本正确的。

此外，当半导体集成电路从半导体物理分离出去的时候，谢希德虽然从事的是半导体表面的研究，但依然关心半导体集成电路的发展。那时，国内其他城市和上海集成电路工业界的主要产品是双极型集成电路，但她已经预见到未来半导体集成电路发展的方向是金属氧化物半导体（MOS）集成电路。因此，她对从事这方面研究的专家唐璞山说："半导体集成电路教研室的主要研究方向应该从双极转向MOS。"在她的建议下，唐璞山等学者及时调整了研究方向，"后来的发展完全印证了谢先生的卓越预见，我们迅速收集相关信息和资料，并在研究中加以实施，使复旦大学在半导体集成电路的研究水平始终走在全国的前列"。

"滴水穿石，非一日之功"，正是谢希德的有心和远见卓识，对新开拓研究领域的认识在一点一滴地聚集，逐步系统化、科学化和理论化。1977年11月，她应邀出席全国自然科学规划会。会上，她以令人信服的材料，大胆地提出填补我国表面科学空白、发展表面科学的建议，得到了与会科学家的赞赏，以及国家科委和教育部的支持。返校后，乘规划会的东风，谢希德满怀信心地着手筹建以表面物理为研究重点的现代物理所。"人生争盛况，科研趁余年"，她的操劳和奔波换来了丰硕的收获。在短短的时间内，复旦大学在原有物理系和物理二系的基础上，建立了八个研究室。一个个实验室的建立，都像一颗颗璀璨的明珠嵌缀在复旦校园里。这些闪烁着科学之光的"明珠"在草坪间，在校舍里，甚至在某个不起眼的角落里，发着光和热，点缀着复旦大学这座科学"不夜城"，而这背后却蕴含着她多少的心血和汗水。

1982年，美国著名物理学家、1998年诺贝尔化学奖获得者科恩教授来华讲学，回国后评论说，"谢希德教授做了明智的选择，在复

在复旦大学物理楼的办公室工作（1981年）

1982年，与美国诺贝尔化学奖获得者科恩教授合影（左起分别为倪光炯、钱国新、杨福家、孙鑫、科恩、陆栋、谢希德、科恩夫人、周世勋、华宏鸣）

旦大学开展表面物理研究,并在短时间内达到世界水平"。表面物理实验室在"六五"期间,得到国家科委的支持,"七五"期间又被国家自然科学基金会列为重点科研支持项目。1990年,国家计委组织专家评审,并确定该实验室为国家应用表面物理开放实验室,继续给予大力支持。同年初,国际表面物理权威斯班塞参观时认为,"它是中国凝聚态物理方面的杰出中心,而且有潜力发展成国际上的杰出中心"。

1986年10月,在纪念我国半导体专业创办30周年的学术报告会上,众多与会者提出北京争取举办1992年第21届国际半导体物理会议,并把它写进会议纪要。会议责成黄昆和谢希德组织一个精干的调研和筹备班子提出方案,提交给1988年在波兰召开的国际纯粹物理和应用物理协会(IUFAP)半导体委员会。国际半导体物理会议是两年一次的系列会议,被国际上公认为代表半导体物理领域最具权威性

1986年10月,我国半导体专业创办30周年学术报告会代表合影留念(前排左六起分别为汤定元、黄昆、陆平、周培源、彭珮云、谢希德、王守武、高鼎三、黄敞、李志坚,二排左三为郑有炓、左六为莫党、左七为甘子钊、左八为阮刚、左十三为钱佑华、左十五为秦国刚,三排左三为陆栋、左四为郑广垣)

的高水准国际会议。由于以半导体为先导的信息科学具有重要的、战略上的应用背景，发达国家都十分重视，投入了大量的人力和物力从事半导体物理研究。半导体物理实验本身又往往需要高新技术设备，欧美国家具有明显优势。历来，国际半导体物理会议由欧美国家唱主角，发展中国家几乎没有什么发言权，在亚洲也只在日本举办过。

按照惯例，申请主办国际半导体物理会议的国家，在会议召开四年以前就需获得 IUPAP 半导体委员会的初步批准，并在两年以前得到最后确认。1988 年，谢希德接替黄昆担任了 IUPAP 半导体委员会委员。在华沙举办的第 19 届国际半导体物理会议期间，她成功地使北京成为第 21 届国际半导体物理会议第一候选城市。然而，1989 年"六四"风波以后，国外一些半导体物理科学家要求改变第 21 届国际半导体物理会议的举办地点。在谢希德和其他一些同志的不懈努力下，1990 年在希腊，IUPAP 半导体委员会正式决定第 21 届国际半导体物理会议在北京举办。即使在这种情况下，国外还有人发起签名运动，号召抵制在北京召开的国际半导体物理会议。在谢希德推动下，也在大家齐心协力下，中国终于克服重重障碍，说服那些签名抵制的科学家出席，使会议得以成功举办，让中国的科学在开放中走向世界。

"独木不成林，孤芳怎是春"，谢希德等一批老物理学家，在创建复旦大学应用表面物理国家重点实验室时，就决定从建立"青年队"入手，培养一批出色的青年科技人才，以期将来成为"国家队"的主力。为实现这一目标，实验室规定每位教授必须独立从事一个专业方向的研究，自己选择研究领域，搭建研究摊子，筹措科研经费，招收研究生。那些不能"独立"开展研究的教授，在实验室是无立足之地的。

独立设"摊"，实行一个教授一个研究方向，既避免了研究方向的重叠，可以做到"东方不亮西方亮"，而且可以在不同领域同时出一批人才，将一批青年人真正推到科研前沿。到了 1999 年，应用表面物理国家重点实验室 45 岁以下的青年学者占 60%，其中有 12 位博士，包括五位教授和五位副教授，实验室的正副主任都还未到不惑之年。以侯晓远、金晓峰、黄大鸣、资剑等为代表的青年群体，在国际、国内发表论文700多篇，其中关于Ⅲ-Ⅴ族半导体的论文，被国外引用不下80次；在对多孔硅的光学特性的研究中，他们在国际权威的物理刊物《物理评论通讯》上发表的系列论文，更被国际文献多次引用，被列入当年国际多孔硅研究的六大进展。值得一提的是，实验室已有四人获国家杰出青年科学基金奖。

现任实验室主任的侯晓远是"文化大革命"以后恢复高考的第一届（77级）复旦物理系的本科生。他在入学的第一年有幸第一次接触到谢希德。当时他与谢希德的儿子曹惟正是同班同学，同住一个寝室而且是上下铺。几个同学非常想看他们生平第一次接触到的世界杯足球赛，1978年6月26日晚，他们与曹惟正一起乘公共汽车来到谢希德的家，在这个略显拥挤的家里，他们几个学生受到谢先生一家人的热情款待，当他们看完世界杯阿根廷与荷兰决赛的直播后，在回学校的路上，几个学生脑海却不断浮现谢先生一家人的音容笑貌。至今侯晓远教授回忆起当时的情形，仍如几十年前一样历历在目。

侯晓远博士论文答辩后合影［从左至右分别为杨威生（后）、刘古（前）、王迅（后）、侯晓远、许瑧嘉（后）、谢希德、张志明（后）、华中一（后）、张开明］

1982年，谢希德来到即将毕业的77级半导体（微电子）班与学生进行座谈，她的一些观点给学生留下了极为深刻的印象。她谈到大家经常会犯一种错误，"就是一种倾向掩盖另一种倾向，从一个极端走向另一个极端"，这句话一直伴随着侯晓远的成长，至今他在很多场合还经常提及谢先生的教诲。侯晓远于1982年考入复旦物理系攻读研究生，师从王迅教授和谢希德教授。在研究生就读期间，他从他们身上学到许多优良的个人品质和严谨的工作态度。例如，侯晓远在1987年撰写博士论文期间，将已经修改过几遍的上百页的论文请谢先生审阅，等他拿到修改意见时发现谢先生一字一句全篇审读论文，论文中任何一点细小笔误都没有逃过她的眼睛。由于当时计算机条件很差，论文的每一次修改实际上需要人工再抄写一遍，当谢先生再一次审阅修改好的论文后，他惊奇地发现谢先生又认真地全篇审阅了论文。谢先生给论文的总体评价意见是"越抄越错"，她把重新抄写论文所产生的一些笔误（如引文中人名的大小写）全部标出，这种认真严谨的工作作风对侯晓远后来指导研究生产生重要的影响。

　　与此同时，谢希德把过去写下的《群论及其在固体中的应用》讲义，请两位同事协助整理成书，于1986年由科学出版社出版。此外，她还编写了《表面物理》有关讲义。到1992年上半年为止，她和同事一起，已写出40多篇学术论文，大部分都已发表。

27. 科教春天趁东风

　　20世纪40年代末期，现代科学技术不只是在个别的科学理论、个别的生产技术上获得了发展，也不只是仅有一般意义上的进步和改革，而是几乎在科学技术领域发生了深刻的变化，出现了新的飞跃。可是我国的"文化大革命"，不仅使高等教育事业遭受极为严重的破坏，科学研究工作也几乎陷入瘫痪，我国原来与世界先进水平已经开始缩小的差距，又重新拉开且渐行渐远。

　　"四个现代化"的关键，是科学技术的现代化，而科技现代化的基础在于教育。高等学校特别是重点大学，面临着繁重而光荣的任务，一方面要为实现"四个现代化"培养造就大批高质量人才，另一方面又担负着发展和提高国家科学水平的任务。这就是"四个现代化"建设的客观要求，也是我国高等教育现代化的努力方向。

1977年全国科学大会后，重点大学特别是多科性的重点大学，在开展科学研究方面，更具有队伍和学术交流优势。1978年1月，一个综合性物理学研究机构——复旦大学现代物理研究所，由教育部批准成立。该所设表面物理、真空物理、低能核物理、半导体物理、激光物理、理论物理六个研究室。同年10月，又增设了低温超导、固体光学两个研究室和大规模集成电路中试基地。谢希德任所长，华中一、杨福家、倪光炯任副所长。在所长和副所长的领导以及众多教师的努力下，现代物理研究所的离子束分析（质子感生X射线和离子束背散射）、超高真空出现电势谱（APS）、硅的表面吸附和点缺陷吸除、相干反斯托克斯拉曼光谱（CARS）、氮分子激光器、6 000线微点管、量子统计理论等方面有些成果是国内最高水平，在国际上也属先进水平。新型完整静电四极场就是我国首次获得中、美、日三国发明专利的成果。

在复旦大学现代物理研究所成立之初，谢希德主要负责建立表面物理研究室。一些原来在半导体教研组时的同事，面临着严峻的选择。谢希德希望有更多的人尽可能来到表面物理研究室工作，但她也深知这种事不能靠行政命令，而要靠大家自觉自愿。她设想建立一个兼有不同学科人员组成的集体；也希望能通过几年的努力，可以建立一个老、中、青成员三结合的集体；这个研究室既有实验队伍，又有理论队伍；既要在国内边干边学，又要尽量创造条件，让成员有机会到国外参观、访问、进修，出席国际学术会议，参加国际学术交流；青年人可在国内或到国外攻读学位，加强学术修养和科研能力。

通过谢希德的辛勤工作和努力争取，实验组有了以王迅为首的骨干力量，还有原来就在半导体教研组的一些20世纪60年代初期毕业的同事，更欣慰的是还有来自光学教研组和化学系的有多年教学科研经验的教师，再加上一些69届和70届的毕业生，形成了一个比较合理的人才梯队。

1979年,与王迅访问美国Perkin-Elmer公司时同该公司首脑合影(右一为王迅)

"众人拾柴火焰高",三位副所长华中一、杨福家、倪光炯,给予她这个所长工作上莫大的支持。现代物理研究所副所长华中一,1980年晋升为教授,次年被批准为真空物理专业博士生导师,是我国真空技术的开拓者,曾任复旦大学物理系系主任,复旦大学技术科学院院长,复旦大学副校长、校长,上海市科学技术协会副主席等职。他的科研成果,曾获国家教委科学技术进步奖二等奖等多项奖,2001年被中国科学技术协会授予"全国优秀科技工作者"荣誉称号。杨福家作为我国知名的物理学家,1958年毕业于复旦大学物理系,1963年至1965年以访问学者的身份赴丹麦玻尔研究所工作,1980年晋升为教授,后于1981年任美国纽约州立大学石溪分校访问教授。他在原子核反应能谱学方面,在实验上发现一些新的核能级,为国际同行所采纳。1984年获国家级"有突出贡献的中青年专家"称号;1993年当选为中国科学院院士,领导、组织并建成了"基于加速器的原子、原子核物理实验室",完成了一批国际上重视的研究成果;撰有《原子物理学》《应用核物理》等专著,历任复旦大学原子核科学系系主任,现代物理研究所副所长、所长,研究生院院长,副校长、校长等职。倪光炯，1955年毕业于复旦大学物理系，留校在理论物理教研组工作，同年参加筹建物理二系（即原子能系）。1980年晋升为教授，1985年晋升为理论物理博士生导师。他在理论物理领域研究面很广，包括量子力学、原子物理、规范场、群论等，与合作者的成果曾获得国家科技进步奖二等奖。

实验组走上了正轨，理论组的建立也刻不容缓。在"文化大革命"期间，大多数理论工作者被视为脱离实际的"牛鬼蛇神"而被迫停止工作。现在所面临的任务是既要温旧，又要追赶先进，必须努力补课把流失的时间夺回来。这里虽有多年的老同事，但还需要补充新鲜血液。谢希德想起了她所培养的两名研究生，分别分配到安徽和上海的工厂中工作。后来在相关领导的支持下，这两名毕业生很快调回复旦大学，成为她的得力助手。此外，由于进行表面电子态的研究，经常要用电子计算机进行大量计算，原有成员对这方面工作都很不熟悉。于是曾到苏联学习过的张开明从数学系转到这个组，成为理论组的骨干。

谢希德与张开明（右）、叶令（左）在办公室中

当时，大家都面临着紧张的学习任务，一方面要学习研究表面电子态、界面态的方法，另一方面还要掌握如何使用计算机，每个人都根据自己的不同情况，在国内边干边学，也抓住一切可以利用的机会到国外学习。理论组的同事，都去过位于意大利地里亚斯特（Trieste, Italy）的第三世界理论物理中心，进行过短期的访问；有的同志到国外进行过两年以上的研究工作，回校后他们在教学和科研中都发挥了重要作用；这个组还和美国西北大学弗里曼教授所领导的固体理论组建立了密切的合作关系。谢希德希望组内的同事，都有机会到国外开会、进修以吸取新的营养，但她也深切地希望他们以国内为基地，在复旦生根开花，培养更多的年轻人为祖国出力。

当时，根据国家科学发展重点规划要求，为适应组织和培养科研队伍的需要，各种学术讨论活动在复旦大学蓬勃展开。谢希德投入紧张而繁忙的组织工作和学术探讨。中国科学院、国家教委委托复旦大学物理系和现代物理研究所举办固体理论讨论班，1979年3月25日起在复旦大学举行，为期一个月，来自全国20多个省、自治区、直辖市84所高校、科研单位的170多位代表参加了这次讨论班的学习，谢希德带病亲自组织了数次报告。

这次固体理论讨论班，是继在此之前举行的高等量子力学讨论班、量子统计讨论班、格林函数讨论班之后的第四次基础理论讨论活动，它的目的是适应全国高等学校和部分科研单位的教育科研人员提高水平的需要，加强理论物理的研究工作，促进学术交流。讨论班举办期间，代表们通过《群论》《固体能带理论》两个系列讲座进行了广泛的学术探讨。谢希德和王迅作了《美国的表面物理研究》的报告，卢鹤绂教授作了《爱因斯坦及其学术研究》的报告，方俊鑫教授作了《固体的元激发》和《固体波导光学》的报告，周世勋教授作了《电子气的理论发展》的报告。此外还邀请了国外的多位教授作专题报告。

当时复旦大学的校长苏步青到会讲话，"这么多的专家风尘仆仆来到我们学校，是复旦大学的光荣"。他欢迎专家代表们把知识拿到讨论班上来讨论，使讨论班呈现一派百家争鸣、万紫千红的生动局面。苏步青校长热情洋溢地说，我们伟大的中华人民共和国，出现个把爱因斯坦、个把诺贝尔奖奖金的获得者，不但是必要的，而且是可能的，大家都要努力。

讨论班持续时间长达一个月之久，给来自各地的与会者留下深刻的印象。大家清楚，谢希德患过重病，又承担十分繁重的行政工作，可是对讨论班的工作却做得那么专注和认真。人们曾多次劝她少担点工作，多注意休息，可是她总说，"一个人要多为国家作贡献，少考虑个人得失名利"。多么质朴的语言，这是她本人从自己走过的坎坷道路上得出的信条，并一直依此去生活和工作。

谢希德不但亲自担任教学科研工作，而且专门指导研究生，特别乐意帮助提携后辈。有一回，一位外地来参加讨论班的同志问她问题，可是当时周围人多，她又有别的事正忙着，没能给予回答。待回到家里，备课、写作到了深夜，躺到床上准备休息时，谢希德才想起白天发生的这件事。她内心感觉欠债似的，努力要自己记在心上，想出补救的办法。第二天，她又到讨论班去，特地找来那位外地同志，说明情况，并详细回答了他提出的问题。本来那位同志看她太忙了，不忍心再增添麻烦。而谢希德还记住这件事，并为此专程而来，这怎不使他激动不已呢？其实本校的青年教师，也在讨论班得益匪浅。那时有几位外国专家作演讲，一般情况总要教授为之翻译，可谢希德总是鼓励青年教师上台翻译，她和其他老教授在台下指导，通过各种方式认真培养年轻人。

28. 润物细无声

美国斯坦福大学教授沈志勋、孙赞红回忆道，"对于我们这些在20世纪70年代末80年代初就学于复旦大学物理系的学生来说，谢希德教授对我们的影响是多方面而又极为深远的"。

刚入校时，沈志勋、孙赞红他们同谢希德直接接触的机会不多，对她的了解是从学生圈子中流传的故事和"道听途说"开始的。记得当时有一种说法是谢希德竟用在"文化大革命"坐牛棚的时间，把整本英文字典背了下来。这些传说里的她，是一个在逆境中意志坚强的真正学者，他们对她的敬意油然而生。以后几年里，随年级的升高，他们开始参加一些为高班同学主办的、多由当时难得的国外来访学者主讲的学术讲座，同谢希德的接触机会也就慢慢增多了。

当时的安排，往往带有专职翻译服务，在翻译有难处的时候，往往是坐在前排的谢希德出来解释。有一次是惠勒教授的讲座，翻译遇到了诸多的困难，结果是她出来频频解难，做了一场业余翻译。还有一次杨振宁用中文讲课，但有几个词汇的中文译法杨教授不知道，又是谢希德解围。这些事情虽小，但她的真才实学却让学生钦佩不已，留下深刻印象。如今40多年已经过去，学生对当时的情形依旧历历在目。

对沈志勋、孙赞红赴美留学的事情，谢希德更是给予无私的关怀，积极给他们写推荐信，联系学校。当时她是复旦大学校长，工作十分繁忙，但对写推荐信的事总是认真对待，为此经常花费好多宝贵的时间和精力而毫无怨言。对她直接课题组之外的学生，为了增加了解，为了对学生的前途更加负责，她还专门安排时间与学生面谈，然后依据每个人的具体情况，为他们出国留学铺平道路。这种办事认真负责的严谨态度，至今对复旦大学的莘莘学子仍是一种激励。

到斯坦福大学就学后，沈志勋、孙赞红同谢希德渐渐地有了一些直接接触的机会。谢希德同他们在斯坦福大学的导师是朋友又是专家同行，之间也就多了一层关系，对他们的学习工作始终非常关心。每年全美物理春季年会是凝聚态物理学界的论坛，谢希德几乎每年都参加，于是每次师生也就都有机会见面，交谈中她总会关心地询问他们的工作情况。沈志勋、孙赞红还听说谢校长在复旦大学曾经介绍过他们在美国的工作情况和取得的成绩，这些更是对他们很好的鼓励和无声的鞭策。在美国，他们开始了解各国学者对谢希德为人治学发自内心的真诚尊敬，亲耳听到很多国家的科学家对她同声赞誉，这是不多见的。作为复旦的学生，作为谢希德的学生，他们感到很自豪。

教学促进科研，科研又带动了教学。谢希德对研究生要求十分严格，除必须具备扎实的专业知识、两门外国语外，更注重培养他们独立工作的能力。谢希德对当今世界本学科的动态非常注意，知识面宽，才思敏捷。同时她对每一个学生的特点及培养方向也很明确，并作出具体的安排，可谓"因材施教"。在前面提过的举办全国性固体理论讨论班期间，她让自己的研究生承担一定的教学任务，从而在教学和科研方面都得到实践机会。从研究生答辩论文来看，她的学生研究的大都是当时国际前沿的课题或争论较大的问题，他们结合自己的研究，提出有创造性的看法。和"文化大革命"前培养的研究生相比，质量有较大的提高，而且都已在教学和科研中做出可喜的成绩。

在这前后十多年间，谢希德先后为国家培养了十余名博士，有的专长于理论物理的研究，有的注重于实验物理的研究。她培养出来的博士，还深受国外专家学者的好评，许多应邀出国从事博士后工作，而留下来继续从事研究工作的博士，正在挑起工作的重担，构成复旦大学物理系当今的学术科教脊梁，比如资剑博士、沈丁立博士、金晓峰博士等。

资剑博士，1964年生，1985毕业于复旦大学物理二系，之后师从谢希德教授和张开明教授，于1991年获得理学博士学位。1992年至1994年获得德国洪堡奖学金，在德国明斯特大学做博士后；1996年被聘为复旦大学物理系教授。他曾先后在意大利国际理论物理中心、日本通产省融合学科研究所、美国Ames国家实验室、日本东北大学等访问研究。1993年，他与导师谢希德、张开明一起合作的成果获得教育部科技进步奖二等奖；1996年获得国家杰出青年科学基金；1998年获得人事部、中组部、中国科协国家青年科技奖；2000年获得霍英东基金高等院校（研究类）二等奖；2001年获得上海市科委优秀启明星；2001年被科技部聘为"973项目"首席科学家，并入选教育部"长江计划"特聘教授。

资剑在低维半导体、光子晶体、液体表面波、生物物理等方面开展了一系列研究工作。在半导体超晶格方面的工作在国际上引起重视，与导师谢希德、张开明一起被邀请在《表面科学进展》上撰写了45

资剑博士论文答辩后合影 [从左至右分别为张开明（前）、陶瑞宝（后）、孙恒慧、谢希德、王迅、资剑、吴翔等人]

页的综述文章。尤其在光子晶体研究中发现孔雀羽毛的绚丽色彩是由光子晶体结构造成的，这项研究结果发表后在国际上引起了反响，20多家国际大众和科技媒体进行了报道或评论，包括美国《纽约时报》、《科学美国人》、《今日物理学》、《探索》频道，还有英国《卫报》、德国《法兰克福汇报》等，称中国科学家揭示了孔雀的美丽秘密。此外，在液体表面波中第一次观察到超透镜现象和负折射现象，英国《自然》杂志在2004年4月15日期刊上重点介绍了这项研究工作。

资剑至今还清晰地记得在办公室第一次和导师谢希德见面的情景。那年读博士的资剑，出于对导师的尊重和敬畏，他每次都把论文交给张开明再转交给德高望重的谢希德。但有一次，张教授说让他自己将论文交给谢希德。

资剑回忆说，自从那次如沐春风般的会面之后，再也没有感到过一丝拘束，任何人和她交往都会有这样的感受。那次交上的第一篇英文论文，谢先生很快就看完了。等改好的文章拿到手，资剑发现空白的地方被写得满满的，内容比原文还要多。

1995年1月8日，谢希德的先生曹天钦去世。资剑正巧请她写一篇推荐材料，为了不让这件事情影响她，他想请谢先生搁一搁。没想到两天后，谢希德亲笔书写的四页推荐材料，已静静地放在了资剑的办公桌上……

沈丁立博士，1961年生，1989年毕业于复旦大学物理系，获理学博士学位，师从谢希德教授和张开明教授。1989年至1991年在美国普林斯顿大学做军控博士后。曾数十次出访美国，其中还包括作为艾森豪威尔交流学者访美。担任复旦大学国际关系教授、博士生导师、政治学博士后科研流动站专家组成员、复旦大学国际问题研究院常务副院长、复旦大学美国研究中心副主任和学术委员会委员、军备控制与地区安全研究项目主任，兼任中国南亚学会常务理事、上海国际关系学会常务理事等。

沈丁立在中国大学首创军备控制与地区安全研究和教学项目，主持并参加大量国内外科研合作，组织举办或合办40多次研讨会。主要成果有《中国发展报告》(1993—1995)外交篇，任全书第一主编；合编有《九十年代中国与南亚国家关系》《保守主义理念与美国的外交政策》《现实主义与美国外交政策》等，发表学术文章500余篇，其中三分之一以近十种外文在国外发表。他还是《当代亚太》《南亚研究》《当代中国》等学术刊物的编委。曾获上海市新长征突击手称号，1997年获美国艾森豪威尔奖，1998年享受国务院颁发的政府特殊津贴。

金晓峰博士，1962年生，1983年获复旦大学学士学位，之后成为谢希德教授和王迅教授的博士生，于1989年获复旦大学博士学位。自1987年起，曾在法国同步辐射中心、瑞典查尔摩斯大学、美国加州大学伯克利分校、德国马普研究所等国际著名学府和研究单位学习和工作多年。担任复旦大学物理系教授、博士生导师、应用表面物理国家重点实验室课题组组长，兼任中国科技大学教授、南京大学固体微结构国家实验室学术委员会委员、国家"九五"攀登项目专家组成员。自1983年起，金晓峰长期从事凝聚态物理领域的研究工作，分别在半导体表面和界面、气体与固体表面的相互作用、金属超薄膜磁学等方面开展了一系列工作，在国内外重要学术期刊上发表论文60

谢希德和金晓峰的合影

多篇，其中一篇获1996年美国真空学会最佳工艺论文奖。自1989年起，他多次为物理系本科生主讲"力学""热学""固体物理"等基础课程，并深获好评。1992年和1996年两次应邀在国际重要系列学术会议上作特邀报告。曾获国家自然科学基金会"国家杰出青年科学基金"、教育部"霍英东青年教师基金"、香港求是基金会"杰出青年学者"奖，还被聘为"长江计划高等学校特聘教授"。

还有一名学生叫李乐德，他是在"文化大革命"结束后，以上海市第一届高考第一名的成绩进入复旦大学的。由于他的努力，由一个年近30岁的普通工人，成为经济管理方面的专家，先后在美国加州理工学院、麻省理工学院、香港科技大学和美国耶鲁大学任教。李乐德初到美国西北大学攻读博士，可能"水土不服"，经常得病。谢希德从西北大学校方得到消息后，亲自过问此事，让他的妻子张绮顺利到美国，一家得以团聚。后来为了让李乐德为复旦大学作贡献，还亲自向管理学院郑绍濂院长推荐人才，聘请他为复旦大学兼职教授，真正做到人尽其才，才尽其用。

谢希德临终前一个月，李乐德、张绮夫妇从海外归国讲学后，特意到华东医院看望恩师。当时，谢希德刚从心力衰竭的死亡边缘抢救过来，她问的第一句话就是："复旦请你当兼职教授的事怎么样了？"

直到李乐德说已同郑绍濂院长谈过、请她放心时,谢希德才疲倦地闭眼休息。李乐德深情地说,"谢校长就是这样,直到生命的最后一刻,还想着国家,想着人民,想着复旦"。

钱国新原来是上海第一钢铁厂的工人,1978年考入复旦物理系攻读研究生,不久谢希德便推荐他去美国科恩教授指导下攻读博士。取得学位后,他又与沙迪合作,对表面物理中 Si(111)表面 7×7 结构进行了理论分析和计算,取得出色成果。当时《解放日报》报道说,谢希德是"赏识人才的伯乐"。

谢希德早期培养出徐永年博士,他1985年获理学博士称号。还有陈平博士,他1967年毕业于复旦大学物理系,1978年以优异的成绩被录取为物理系表面物理专业研究生,于1978年6月又被推荐赴法国巴黎第六大学学习,同年9月直接攻读国家科学博士学位,于1982年通过论文答辩,获得法国国家科学博士学位,是1978年以后第一名在法国获得这一学位的中国研究生。此外,谢希德和表面物理组的同志们共同培养的田曾举、唐少平等几名博士,后来都是很有成就的年轻学者。

复旦大学博士生导师洪志良教授,第一次见到谢希德是在1985年秋天。说来也巧,那时他刚由瑞士苏黎世高等理工学院获得博士学位,回国到当时的人事部报到,恰好遇到谢希德。谢希德立即邀请他到复旦大学从事博士后的研究工作,从而成为中国的第一位博士后研

谢希德和洪志良在一起
(1986年)

究人员。洪志良深情地说:"是谢先生爱惜人才的举动以及对海外归来学者的热忱,还有她个人的高尚魅力,把我吸引到复旦大学来的。"

到了复旦大学后,为了使洪志良的工作早出成果,谢希德十分关心他,电子工程系为洪志良配备两名留校的青年教师当助手。利用复旦博士后研究的良好条件,洪志良设计了 CMOS 跨导放大器和 CMOS 乘法器等集成电路,在校内流水线流片成功,并在日本第一届 VLSI 国际研讨会上发表了相关成果。

博士后研究工作的时间是很短暂的,但是谢希德在学业和生活上给予洪志良的关怀,让他永远铭记心中。离开博士后流动站后,洪志良留校当教师,倾注全力培养中国的集成电路设计人才。如今已有 20 多名博士和 30 多名硕士在他指导下获得学位,成为我国集成电路高科技领域的领导和骨干。之后,他又在科学研究上奋力拼搏,在国内首次集成了蓝牙射频芯片、数码相机专用集成电路芯片和 14 位 200 MHzD/A 转换器等高性能模拟集成电路,发表学术论文 150 多篇。

1981 年,硕士生陈良尧完成了硕士论文的写作,导师谢希德出席了他的论文答辩,钱佑华教授也参加了论文答辩并一起合影。

陈良尧 1981 年获复旦大学物理系硕士学位后,出国攻读博士,于 1987 年在美国艾奥瓦州立大学物理系获物理学博士学位。1988 年至 1990 年分别在美国 Ames 国家实验室和内布拉斯加大学从事博士后研究。1993 年晋升为复旦大学教授,曾任物理系副系主任和上海应用物理中心副主任等职,是国家"长江教授"、博士生导师、复旦大学信息科学与工程学院院长、复旦大学首席和特聘教授。他已在国内外的核心学术刊物上发表了 180 余篇论文,获得八项创新专利。1993 年被评为全国优秀教师,获得国家自然科学基金委优秀中青年人才基金,1994 年获全国光华科技进步奖一等奖,曾荣获上海市劳动模范光荣称号和全国"五一"劳动奖章。

对于一心奉献、忠诚为公的人,祖国和人民是不会忘记的。在迎接中国共产党诞生 60 周年的日子里,上海市基层单位推荐了一些优秀党员。谢希德把青春热血毫无保留地奉献给亲爱的党,奉献给伟大祖国"四个现代化"大业的事迹,成为广大党员学习的榜样,也受到

1981年，出席陈良尧硕士论文答辩后的留影（右为陈良尧，中为谢希德，左为钱佑华）

中共上海市委的表彰。1982年9月，党的十二届一中全会胜利召开，谢希德当选为中共中央委员，心情很不平静。在这次大会上，党中央明确提出，教育和科学是今后20年经济发展的战略重点之一。党站在这样的高度重视教育和科学，促使她去思考更多的问题，其中最为迫切的就是教育科学工作者怎样才能适应新形势的要求，去完成开创现代化建设的历史使命。

当选为中共中央委员以后，谢希德仍以一个普通党员的身份出现，严格要求自己。有人认为，她现在是领导了，不该再坐学校的交通车上班了。但是，对她来说生活并没有什么特别的变化，唯一变化的就是自己肩上的责任更重了。当选为中共中央委员，是自己的光荣，更是复旦大学的光荣，意味着要更加严格地要求自己。每次全会结束后，她都要向复旦大学的干部和师生畅谈自己的体会。在当校长以后，她坚持把每次出席中央全会的精神，告诉在复旦大学工作的外国专家，让他们了解中国共产党的方针政策，感受到复旦大家庭的温暖，从而更加安心工作。

29. 书山有"路"

大学是人生中的一个重要学习阶段，但是不要期望在大学里获得未来一生中所需要的所有知识，事实上在短暂的四年中只能学到一些有关专业的基础知识，以及培养分析问题和解决问题的能力。而且，随着科学的飞速发展，知识老化的周期越来越短，更加要求大家善于学习、勤于学习，因此掌握正确的学习方法显得特别重要。在这方面，谢希德即使在百忙之中，也总是投注精力，在学习和研究方法上给予青年人更多、更有效的指导。

作为一位在物理学方面造诣精深的科学家，谢希德从青少年时代就比较注重学习方法的探索和改进，积累了比较丰富的经验。后来，几十年来的大学教育，让她对青年学生在学习上存在的问题，更是了如指掌。出于对青年的爱护和关怀，她时常到青年宫，与青少年科技爱好者谈自己科学研究的体会，或者安排时间与大学生谈谈治学之道，深受学生的欢迎。

谢希德以亲身的经历，告诫学生们应该注意："不少在中学里是高才生的人，进入大学之后常感到不适应，这说明他们需要在学习方法上来一个质的变化。学习是一种复杂的脑力劳动，必须承认个体之间存在着基础和智力上的差异，很难简单地生搬硬套，别人的经验只能起参考的作用。我认为在学习中应注意处理好深度与广度两个关系。"

在中国的大学教育中，不少学生一进大学就定了专业方向，对于本专业的课程深入钻研，而对同系其他专业的课程却毫无兴趣。实际上，由于专业的划分是人为的，光钻研一门课程往往会影响到他在毕业后对工作的适应。不少学校实行学年学分制，出现了一些跨系、跨专业选修课程的可喜现象，但是由于学生的必修课程比较多，还未能收到预期的效果。很多有经验的老师提出，学自然科学的人要懂得一些人文科学，特别是中国的近代史。"忘记过去就意味着背叛"，如果对于我们的近代史一无所知，就不可能深刻体会"没有共产党就没有

与中学生在一起（1988年）

新中国"的道理。同样，学人文科学，例如新闻、哲学等的同学，也都要有一些自然科学的知识。对于外语人才，如果没有必要的社会科学和自然科学的知识背景，起码的翻译任务就很难完成。谢希德认为我们不提倡培养所谓的"通才"，但是实践证明知识面过窄的所谓"专才"，并不能很好地适应国家的需要。因此在大学的学习中，必须特别注意掌握好深度与广度的关系。

  在读书的方法上，也有深度（精读）与广度（泛读）的关系。从各人的实际状况和学习的要求出发，对于某些书需要精读，甚至要求逐字逐句地去理解，不懂的地方需要把它弄个水落石出，通过深入分析与思考来掌握内容；而另一些书浏览就可以了。如果处处钻牛角尖，就会把本可做到"乐在其中"的读书生活弄得枯燥无味、紧张万分，而且往往达不到读书的理想效果，劳命而伤神、疲倦而无所得。

  关于课堂学习、自学以及其他学习方式，谢希德认为大学阶段的学习方法必须有一个质的飞跃，而这个飞跃主要体现在自学能力的提高。在高校课堂内，还存在着一定程度上"满堂灌"的现象，参考

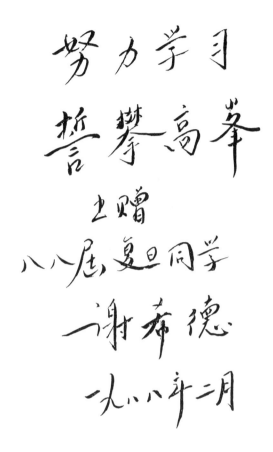

1988年2月，为复旦大学
88届毕业生题词

书也比较少。不过作为学生，决不能满足于上课记笔记、考完就"忘笔记"的被动状态，必须自己去主动阅读必要的参考书。大学生的学习固然需要教师指导，但不能过分依赖，还应该提倡同学间的讨论甚至友好的"争论"，彼此学习，相互促进。自学的途径很多，知识的来源也是多方面的。此外，还可以积极参加校园内举行的"学术报告会"，有些报告不一定能够全部听懂，但如果常去参加，便会有所收获。当然，为了使学生能学得活一些、广一些，除去学生自己的努力外，谢希德也建议学校要进行教育改革，使课堂教授的分量不要过重，教学计划安排不能过死，这样，学生才能更好地发挥学习上的主观能动性。

在复旦大学与大学生座谈（约 1988 年）

此外，高校大多数毕业生成绩很好，但也有不足之处，普遍存在着"高分低能"的缺点。而对于如何克服学生中"高分低能"的缺点，谢希德认为只有在实践中才能解决问题。她主张在校的文科生，要自觉利用社会调查的机会，学会分析调查材料，提出自己的观点，为社会服务。理工科学生，必须主动适应实验室或工厂对自己的要求，高年级的学生还可以提早接受科研小课题，写作小论文。至于使用计算机，则应是每个青年学生应掌握的本领。谢希德还结合过去的经验教训谈到，在"文化大革命"期间，把"开门办学"和"结合典型产品教学"等当作唯一的途径，忽视了课堂教学，是非常片面的。我们现在不能走另一极端，还应该提倡理论联系实际，多到实践中去，走出校门到工厂和农村中去，把学习搞得更生动活泼。

30. 钟的精神

1978 年 5 月底，刚刚从被迫害的困境中走出来的谢希德，立即投身到火热的科学事业中去。那时，中国电子学会的四个杂志编辑部在北京举办集成技术的学术会议，主办单位的同志很希望谢希德教授能够出席。不过他们十分清楚，谢希德患病多年，健康欠佳，如此往返奔波对她是不适宜的。他们最后想了个万全之策，建议她写一份书面发言，并且委婉地对她说，"这次会议只有三天时间，您就不必出席了"。

然而，谢希德却坚决地说："不，我一定参加！哪怕只开一天，我也要去！"她如期来到北京，自始至终精神饱满地参加学术讨论，并且就发展我国的大规模、超大规模集成技术发表了重要意见。会议刚结束，她连在北京的亲人都没有来得及看望，又风尘仆仆地奔往苏州出席另一个学术会议去了。谢希德就是这样，以自己积极向上的言论，以自己的模范行动，在潜移默化之间影响和教育着同事、学生以及校外的广大青年。

1983年，复旦大学物理系63届的毕业生，为报答母校师恩返校聚会。这些校友有厂长、经理、研究所所长、教授等，谈起各自所取得的成就，无不感谢希德老师当年的亲切教导。谢希德以校友赠送的电子周波钟为话题，发表了一段充满深情又富有哲理的演讲，"钟，滴答滴答，永不停息，敦促我们要像钟那样，在改革中不断前进！钟，记录着流逝的岁月，希望我们珍惜宝贵的时光，为自己谱写无愧于时代的履历；钟，总是每秒每分，那么严密，那么准确，激励着我们养成良好的学风和严谨的科学态度。我相信，校友们赠送母校的电子钟，对我们大家今后的学习和工作，将是一种很好的鼓励和鞭策"。以钟喻人生，对于青年来说，谢希德的教导难道不更具有说服力，不更具有一种催人奋进的力量？

在一篇题为《上海人的一天》的征文中，谢希德谈及她喜欢上海，比较欣赏上海相对于其他地方来说略快的节奏和稍微紧张的气氛。她的每一天，都是排得满满的，只恨分身无术。作为领导，担任校务、政务特别多，特别重要，而她为人又特别热心，这样事情就成堆了。好在她办事讲究效率，在忙碌的身影背后，她又觉得每一天都很充实。在这篇征文中，她给我们展现了一个中午的片断，让我们一起分享她艰辛后的快乐。

在办公室工作

在文章中，谢希德写道："办完一些公事，很快就到了午饭时间，从校长室回到物理楼办公室，用完自带的午餐，只能略休息片刻，就必须为考取出国攻读研究生的物理系同学写介绍信……虽然这要占用我不少时间，但对我是一种乐趣，看到他们每个人写的自我介绍，大多数是多才多艺的全面手。由于教学改革的深入，物理系老师们的辛勤辅导，这些学生的成绩一年比一年好，年纪轻的也越来越多，我为他们的成绩感到骄傲。唯一不足之处是，他们其中有些人对祖国的过去和现在理解不深，'根'可能太浅一些。但无论如何，他们毕竟是21世纪的主人，国家未来的希望，相信他们可以成长得成熟、健康。17封信要用好几个中午的间歇才能完成……"同时，针对在写推荐信中发现的问题，她利用休息时间，通过谈心等各种方式教育他们，希望他们爱党、爱国、爱人民，在知识增长的同时思想也要更加成熟起来。她希望他们无论在世界何方都是祖国的财富，他们中的大多数人会以不同的方式报效祖国。在她写过介绍信的许多学生中，后来大多数在学术上相当有成就，在留学期满后几乎都回到祖国，并成为学术界中坚、国家栋梁之材，最终不负她之所托。

谢希德关心青年人的健康成长，有机会她就要讲，而青年人崇敬她的为人，也特别乐意听她的教诲。1989年初，博士生金晓峰把博士论文送给导师审阅，待他拿回原稿时，金晓峰发现稿中许多地方做了修改。仔细一看，都不是论文内容上的错误，而是有关用语和词汇的表达问题。不等金晓峰发问，谢希德就开口了，"在讲述自己工作成绩的时候，一定注意不要把词汇用得太满，要留有余地，特别是一些评价要留给别人去说"。后来，金晓峰回忆，"先生这种谦虚和严谨的

1984年,谢希德与研究生交谈(从左至右分别为沈静志、谢希德、田曾举、资剑、唐少平、王磊)

治学态度,对我日后的工作起了很重要的作用,我常常会回想起谢先生对我这段语重心长的教导"。

教书育人、言传身带说起来挺容易的,但要贯穿到每一个地方、每一个时刻,却并不是那么容易的。然而谢希德身体力行,锲而不舍,为后学树立了光辉的榜样。有一次,金晓峰与导师一起去合肥参加一个国际学术研讨会。谢希德在介绍他时,以同事而非学生的身份,对此他深有感触:"那次,谢先生在大会上作了开场报告,主要介绍表面物理实验室近期的研究成果。在提到我的工作时,她用了这样的表述:'下面我要介绍的工作是我的同事金晓峰近来所做的一项工作……他这次也来了,如果有问题,你们可以和他再具体讨论。'当时我刚刚留校不久,在我自己的感觉中,我与谢先生之间的关系,与以往的学生与老师关系没有任何变化,可是谢先生却已经把我看作她的同事了,而且是在这样重要的公开场合下说的。这件事给我留下的印象太深了,可以说有一种震撼的感觉。"

长江后浪推前浪,有了谢希德这样甘为人梯的精神、策马扬鞭的鼓励,作为她的学生还能不进步成才吗?

31. 辩论与读书

真理愈辩愈明，辩论比赛有着无穷的魅力，它呼唤着甚至可以说引领着充满智慧的莘莘学子向它的巅峰发起冲击，最后达到"会当凌绝顶，一览众山小"的境地。

1993年8月，在新加坡首届国际华语大专辩论赛期间，谢希德得知复旦大学队抽签的结果，是要做辩论题目的反方，真为他们捏了一把汗。几个辩题的正方分别是"温饱是谈道德的必要条件""艾滋病是医学问题，不是社会问题""人性本善"等。这几个题目出得很好，其妙处是人们可赞成正方，可部分同意反方；而对反方来说也大有发挥之处，关键是不能绝对化，在强调自己的观点时必须熟练掌握和运用辩证法，不能完全否认对方的观点，这样才能做到据理力争，赢得评判员和观众的赞许，赢得辩论的最后胜利。结果，复旦大学辩论队以比较大的优势力挫群雄，捧回团体冠军，蒋昌建同学还获得最佳辩手的称号。

由此，谢希德抓住复旦大学辩论赛夺冠的事实，引申出一个青年人要多读书的重要命题。的确，辩论的成功是集体智慧的结晶，但更是读书的胜利。这次辩论的题目涉及的知识范围很广，学校由秦绍德挂帅，组织了许多教授给队员辅导，有的放矢地、比较系统地指导辩手阅读了大量古今中外书籍，从而能在赛场上妙语连珠，旁征博引，应对自如。海外新闻媒介评价此次比赛时，称"复旦队有书卷气"，"从中国的《礼记》《论语》《大学》，到西方的苏格拉底、丘吉尔、康德，引经据典，让观众欣赏到一场真正的智慧之辩"，他们甚至把那几天"在新加坡每天看报所得的资料搬上辩台，加强自己的观点"。由此可以看出，他们在辩论赛中引用的每句话，往往有一本甚至几本书垫底，一言出口便能增加论据的权威性、论争的底气。谈到这次夺冠，辩手们也深有感慨："这次胜利来之不易，复旦的老师厥功至伟；如果以后我们再次参加辩论的话，不论辩题怎么变，要想赢得胜利，最基本的还是读书，读书才是辩论的基础……"

看到了青年人的成功，谢希德联想起小时候的事情，仿佛一下子回到了年轻时代："我的幼年是在北京燕京大学的校园中度过的，父亲谢玉铭每天晚上都要在书房中工作到深夜，给我留下了深刻印象，所以我也养成了晚上一定要看书的习惯。在中学时代，我参加过一两次辩论赛。尽管当时的比赛与现在的情形大不一样，但通过参加辩论赛，迫使我读了很多书，也学到了很多东西。辩论看似'口辩'，实为'思辩'和'智辩'。一场精彩的辩论赛，往往会产生许多新思想，撞击出理性的火花，折射出智慧的光芒。它不仅需要辩手的语言运用能力，还要检阅辩手的知识储备和生活积累，更要审视辩手开掘哲思的本领，甚至考察他们是否具备高尚的辩论人格。所以说，辩论是综合素质的较量，是读书多少的比试。当然，综合素质的提高并不是一蹴而就的，它需要长期的、艰苦的知识积淀、意志锻造和悟性锤炼。所谓'功在辩论外'——这是辩论高手应有的境界，和京剧表演艺术家程砚秋所说的'台上几分钟，台下十年功'是一个道理。"

1996年底，上海教育电视台举办第二届中国名校大学生辩论赛，谢希德应邀担任评委，现场感受到当代学子的青春风采。在学生辩论过程中，她逐渐认识到，"在大学学习的时间是短暂的，如果教学计划安排的课程过于专，学生的知识面太窄是不能适应毕业后工作要求的。社会上的问题往往是综合性的，尤其是他们都是21世纪的接班人，因此既要有扎实的专业知识，又要有宽厚的知识背景，决不能鼠目寸光，满足于一知半解、一鳞半爪"。谢希德就是这样，善于从每个事例中，通过深刻的分析，为青年朋友道出人生的真谛。

常言道"听其言，观其行"，谢希德不仅能在不断总结中得出经验教训，给年轻人以谆谆教导，而且更善于以身作则为人们提供典范，譬如读书。其实到过她家的人都会发现，原来那间20平方米左右的房间，几乎到处都堆满了书。桌子两边是两个"天地"，一边是爱人的生物化学、病毒学方面的书；另一边是她的固体物理、微电子方面的书，真所谓泾渭分明、井井有条。而在书橱里，主要是物理方面的书，曹天钦的书籍大部分放到所里去了。当然，还可见到文艺小说、马列毛邓著作，以及历史、哲学类的书籍，甚至还有农村电工手册之类的实用小册子，而大多数图书是谢希德的专业书。在物理学方面，谢希德简直有一个小图书馆，在相当长的时期，凡是新出版的外文固体物理方面的科技书籍，她的书架上都有。事实上，书房成为她经常活动的地方，在那里不知道曾经盛开了多少"智慧之花"。

人们常说"不动笔墨不读书"，其实不读书也不能轻易动笔墨，谢希德往往就严谨到这样的地步。《青少年科学百科全书》原版系名闻遐迩的少儿读物出版社——英国伦敦道林·金德斯利有限公司（简称DK）组织物理科学、地球科学、生命科学、环境科学等学有专长的作者编写而成，内容涉及物质、反应、材料、力和能、电和磁、声和光、地球、天气、太空、生物、生命的奥秘及生态学等12个方面，共280个主条目、1 900个子条目，配以2 500帧彩色图表，令人看后不忍释手。上海译文出版社慧眼捷足，购得版权，出版中文简体字版，付梓前请她撰写前言。当时，年逾古稀的谢希德以尽可能从第一手资料获取知识的科学精神，在百忙之中挤出时间，认认真真、原原本本地细读英文原版图书后，认为该书观点正确、内容精当、表述生动，得出"这在一般的百科全书或辞书中是很罕见的"结论，然后再提笔推荐此书。书的作者知道了她的写作历程，不由得感叹道，"谢希德教授这篇可圈可点的前言，其实也正是她本人德才兼备的写照。如果不是像谢希德这样才学渊博，不是像她这样认真阅读原文，或者竟是无暇翻书，信口开河，乱说一气，那么无论作者名气多大，也还是写不出如此既有高度、又有深度、概括凝练的前言的"。

谢希德酷爱书籍，阅读之余，也爱好写作。1999年，少年儿童出版社即将推出新世纪版《十万个为什么》，她应邀担任这套书的编委，并答应修改书中的两篇小品文。在接到任务以后，她深知写科普文章有相当的难度，因此相当慎重。众所周知，科普文章要用通俗的语言，把基本的科学知识告诉青少年和普通的老百姓，在短小的篇幅里将事情写清楚，把道理讲明白，但在通俗之间也不能失去准确性。

因此，谢希德修改两篇关于微电子技术和集成电路的文章，也像做科学实验一样，不敢有丝毫的马虎。例如，原作者把"硅片"和"芯片"两个概念混淆了，芯片是硅片经过多道程序加工而成的，她还特地在稿纸空白处画了一个简明易懂的示意图。又如，有一个地方，作者为求形象生动，用"指甲大小"四个字来描述一个微小的面积概念。其实，男性的手指甲和女性的手指甲面积相差很大，即便是同一个人的小拇指和大拇指的指甲面积也是不能比的，所以谢希德把它改成"一平方厘米见方"这样较为精确的写法。有时表述方法不能确认，她就打电话到复旦大学，征求同事的意见。因为审稿时她正在住院，需要时干脆和来访的同事、学生在病房里讨论开来。科学的思想、科学的方法和严谨的态度，对每一个人都是非常重要的，谢希德更加看重。

诚然，读书是辩论的基础，但是读书不仅仅是为了辩论。作为一个辩论的爱好者，谢希德通过读书达到人生的另外一个巅峰、另外一种境界。100多年前，恩格斯曾把人类的思维比喻为地球上最美丽的花朵。只有那些不畏艰险勇于攀登的人，只有那些不辞辛劳勤于耕作的人，才能登上人类思想的顶峰，摘取那"最美丽的花朵"。因此，那些拥有广博知识和深邃思想的人，终将会受到人们的尊敬和爱戴，譬如谢希德。这是自然辩证法，也是历史辩证法。

32. 为了母校的嘱咐

俗语云"滴水之恩，当涌泉相报"，何况母校的人生教育之恩？毕业于厦门大学的谢希德牢记母校精神、牢记师恩友情，在更深层次上将这些"内化"为她做人的准则，并使之融化到自己的血液里和行动中。

厦门大学从开办之初，就深深地烙上了爱国传统，这一点也无疑影响到后来的莘莘学子，包括谢希德。厦门大学教授王增炳、余纲的《陈嘉庚兴学记》一书，对陈嘉庚有着详细的记述。厦门大学起初是一所华侨私立学校，由新加坡华侨陈嘉庚创办于1921年，新中国成立后交给新中国政府。广大华侨都有爱国的传统，陈嘉庚可以说是一个杰出的、值得后人敬佩的代表。他生活非常俭朴，生前没给子孙在国内留下什么存款，几乎把自己毕生经营的全部资产都献给了祖国的教育事业。他热切盼望台湾早日回归祖国，待祖国统一以后，在往来于东海之滨的大船上，大家都能看到厦门大学的校舍。因此，在设计的时候，学校的建筑布局非常合理，所有的大楼都面向大海。学校的建筑也十分漂亮，有很好的大礼堂、生物馆、物理楼、化学楼、运动场等。学校的运动场造得很大，他当时设想为将来远东运动会在中国召开作准备，可谓拳拳报国、唯天可表。所以，毛泽东主席曾经给予他非常高的评价，称他是"华侨的旗帜，民族的光辉"。陈嘉庚早在新中国成立以前就去过延安，在创办厦门大学时写过一篇文章，"久客南洋，心怀祖国，希图报效，已非一日""四万万人民的中华民族，决无甘心居人下之理，今日不达，尚有来日，今生不达，尚有子孙"。他感到自己不能完成振兴中华的事业，但相信子孙必将做到这一点，事实也确实如此。虽然这些话写在一个世纪之前，可现在读起来依然铿锵震耳、荡气回肠而感人至深、催人上进。

面对历史，谢希德也颇有感触："陈嘉庚先生在国外的时候，我国的国际地位是不高的，华侨普遍受到歧视。新中国成立后，华侨觉得他们在国外的地位是和祖国在国际上地位的提高分不开的。1979年我去美国访问，碰到华侨或华裔学者，他们都希望祖国尽快强大起来。他们说倘若祖国不强大，中国人在美国，不管你是大陆去的，还是台湾去的，都要倒霉，都是抬不起头来的，所以很多华侨都愿意为祖国的'四个现代化'添砖加瓦。那些漂泊异国他乡的游子向往祖国，就像孩子想念亲娘一样；他们希望为'四个现代化'出力的心愿，也就像孩子对母亲的一片孝心，真挚而迫切……"

走过那个艰苦的年代，谢希德感谢母校给予她做人的道理和攀登科学高峰的智慧，"抗日战争时期在山沟里，点桐油灯读书。当初，拿了工资就得赶快买东西，否则物价一日三涨，钱就不值钱了，现在国内肯定不是这样了。科研条件差，我读大学时，条件也很差，做化学实验连煤气都没用过。在厦门大学做物理实验，示波器一个系才有一台，而国外每个学生人手一台。不过，虽然我们条件差，还是有很好的训练基础的，书本的东西我们都学到了。杨振宁也反复讲过这一点，他从国内到美国做研究生，学习上没有一点困难。由此可见，国内条件虽差，还是能够做许多事情的，关键还是在于自己，客观条件永远不能成为借口"。

1981年4月6日，厦门大学建校60周年。谢希德作为复旦大学副校长、母校的杰出校友，怀着兴奋和喜悦的心情，应邀回到阔别多年、日思夜想的厦门大学。她和校友走进校园，整洁的林荫道纵横交错，一幢幢红砖绿瓦、白石朱顶的楼房，掩映在花木之中。水光山色，风景如画，徜徉在校园里，闻着大海的气息，心潮也如海一样开阔、激动。她为自己的母校有这样美好的学习环境而感到高兴和自豪，显然这与当年已不可同日而语。

在学校悠久而光荣的历史上，陈嘉庚先生创办厦门大学功业卓著，鲁迅先生20世纪20年代曾在这里的中文系任教，著名经济学家王亚南任校长20年……经过60年的发展，厦门大学已经成为教育部直属的全国重点高等学校之一，建立了海洋科学、南洋研究、台湾研究等各具特色的研究所。作为南方一个初具规模的教学科研的中心，它办出自己的特色，培养出像理论家吴亮平，经济学家许涤新，化学家卢嘉锡、陈国珍，海洋生物学家伍献文、曾呈奎、方宗熙，数学家陈景润等一批蜚声学界的专家学者。

在厦门大学建校60周年庆祝大会上，谢希德端坐在主席台，心情无比激动。全国各地及海外校友、专家，相继作了精彩的学术报告，吸引了众多厦大师生。母校的60周年校庆，在谢希德的心中留下了不可磨灭的烙印，她默默地下决心，要为家乡、为母校、为祖国奉献自己的毕生精力。

1995年9月，由许乔蓁、林鸿禧主编的《萨本栋文集》由厦门大学出版社出版，谢希德为该书写序。序中说，"我有幸在1942—1946年就读于长汀厦门大学，而且亲自听到萨本栋校长讲授的微积分。当时的大学普通物理及微积分课，都是采用萨校长编写的《普通物理学》和《实用微积分》作为教材。后者，当时还未正式出版，由萨校长亲自讲授，使许多青年学子深感获益匪浅、饱受耳福，听他的课是一种难得的享受"。

谈到恩师的贡献，谢希德说，"1945年，厦门大学的学生对萨校长离开厦大到重庆中央研究院就职是依依不舍的。他一生为中国的教育和科学事业呕心沥血，不惜牺牲自己的健康。最终由于癌症，在新中国成立的前夕逝世于美国。我常想如果萨本栋教授不是那么早地离开了我们，他一定会对新中国的教育和科学事业作出更大的贡献。然而，历史毕竟是历史，逝者无法回复，但萨本栋教授的业绩将是不朽的，这本《萨本栋文集》就是最好的见证。厦大校友永远怀念他"。

"热爱母校不是一句空话，要实实在在地体现在我们的行动上。"几十年如一日，谢希德对母校情深意切，与母校保持着密切的联系，如回母校讲学、参加研究生论文答辩、为母校推荐访问学者到国外其他大学等。她为母校的物理系培养了黄美纯教授和朱梓忠博士，他们在学术上成就斐然，并先后担任该校物理系的系主任。就连校友会这样繁杂、费时的工作她也不推辞。当厦门大学上海校友会成立之时，谢希德当选为该会理事长，在校友中有着很高的威信。尽管她学术活动、行政事务十分繁忙，但仍然十分关心校友会工作，为母校厦门大学的繁荣发展贡献自己的力量。

"苟利国家生死以，岂因祸福趋避之"，谢希德对于母校的热爱是发自内心的，对于事业的投入是毫无保留的。只要是有益于国家、有益于人民的事，她都会关注、参与，甚至不惜一切为之努力。

第五章

黉门纵横称女杰

在任复旦大学校长期间,我和同事们一起着手对原有学科进行改造,以便适应世界科技潮流和中国改革开放现实的需要。我具体考察分析了当时国内高校,特别是理工科院校的专业设置、培养目标、专业训练和教学计划,同时联系考察"四个现代化"建设中所需的各类人才的合理比例构成,以及对各方面人才的实际能力的要求。我们认为,原有的文理分立的办学模式已远远落后于现实的要求,为适应社会发展多方面的需要,高校必须加强各学科间的横向联系,着眼于有计划、成规模地培养一代文理、理工相通的交叉型、复合型人才。国家在预见到现代科技发展和社会发展对人才的需要的同时,必须及时对教育制度作出相应的改革调整。当时,这些分析意见和建议刊载于《人民日报》《文汇报》等报纸杂志,在高校中反响很大,引起了持久深入的探讨。

——谢希德

33. 新中国任命的第一位大学女校长

"江水滔滔入海陬,人才济济出长洲。"坐落在中国上海的复旦大学,是一所历史悠久、享誉海内外的著名高等学府,其前身是复旦公学。1905年,上海法国天主教会中某些帝国主义走卒阴谋夺取震旦学院的领导权,爱国学生愤而集体退学,摘下校牌,拥护马相伯筹备复校,并于上海吴淞口内炮台处自办学校上课。根据《尚书大传·虞夏传》名句"日月光华,旦复旦兮",于右任等人为学校取名"复旦公学",即以"复旦"代替"震旦"而大放光明,又含振兴中华之意。复旦大学原为私立,下设文、理、商三科以及预科和中学部。1937年抗日战争全面爆发后,学校内迁至重庆北碚,于1941年申请改为"国立",1946年迁回上海江湾原址。1952年,经全国高等学校院系调整后,复旦大学成为文理科综合性大学,被誉为"江南第一学府"。

1983年复旦大学春节团拜会,师生员工的代表欢聚一堂,共贺新春。就在这次集会上,校党委书记盛华宣读了国务院任命谢希德为复旦大学校长的决定。热烈的掌声在会堂里久久回荡,人们不约而同地向这位著名物理学家、中国科学院学部委员、新当选的中共第十二届中央委员、新中国高校第一位女校长投来了无比钦佩的目光,从此复旦大学在她的领导下开始新的征程,取得了一个又一个成就。

"论经验和威望,我不能同前任校长陈望道教授和苏步青教授相比,但作为一个共产党员,我有决心在有限的任期内,依靠集体的力量完成党组织交给我的任务……"谢希德的"就职演说"谦逊诚恳,

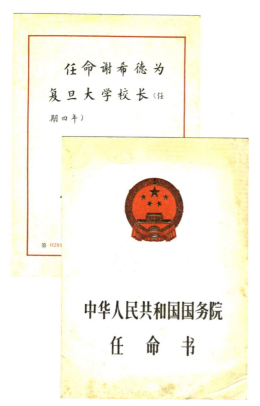

中华人民共和国国务院任命书

朴实无华，但依稀可见她那颗跳动、纯洁、火热的心，无疑之中给了广大师生员工坚定的信心……

1983年8月，有人猜想谢校长也许外出避暑休假，也许闭门著书立说。然而，大家都猜错了，她的校长工作并没有放下来。突然，学校值班室的电话铃响了，"我是谢希德，请您提供两个数字……"秘书很快记下校长的要求，并从有关资料中迅速查到，及时电告了校长。

校长办公室原副主任蒋培玉对谢校长的敬业精神十分敬佩。她回忆说，原来谢希德正在自己拥挤的书屋里修改、审定1984—1990年学校发展规划初步设想。那几天，正是上海有史以来少见的热天，连日气温高达三十七八度。赤日炎炎，挥汗如雨，她差不多每天都要从家中赶到学校，十天之内主持了两次会议，对学校发展规划作出大的修改。她还亲自起草给党中央领导的建议稿，谈及自己对办好重点大学的设想。她认为一所好的大学，要有党的坚强领导，要有健全权威的校级领导班子，才能调动广大师生的积极性；要有较强的师资队伍，要有较好条件的实验室，学生进校后才能得到较好的培养；学科门类要比较齐全，理论基础要比较深厚，才具有开发新学科和边缘学科的能力，才能为"四个现代化"建设作出较大的贡献。之后有关发展新学科、交叉学科的观点，都重点列入了该规划。

谢希德担任复旦大学校长以后，她在大会上作的报告既讲成绩又讲问题，言简意赅，一般在一个小时之内散会，深受师生员工的欢迎。"看似容易却艰辛"，其实要作这样一次报告，谢希德背后不知花费了多少宝贵的时间和精力。每每秘书为她整理演讲初稿，总能从退回的文稿中，看到她留下密密麻麻的字迹。每逢在开会之前，讨论稿都要几次印发党委书记、副校长和有关部处领导征求意见。

当时关于校务的讲话稿，一般由副校长华中一作全面的修改。1985—1987年，华中一密切注视世界科学发展动态，他认为未来社会以知识（或信息）作为特征，因此又称为"知识社会"或"信息社会"。信息社会在经济活动中的标志是知识（信息）的作用超过资本

在复旦大学春节团拜会上致辞（1984年）

1986年，与学校领导班子一起讨论复旦大学《"七五"事业发展规划》（左一为强连庆，左二为邹剑秋，左四为华中一，左五为谢希德，左六为庄锡昌，左七为汪幼兰）

的作用（即"知识经济"）。他还认为"在信息社会中，由于发展产业的关键是知识，因此高等教育将面临三种变化，即前沿科学的变化、人才层次的变化和对学生要求的变化"，并特别提出"现代化是买不到的，现代化的根本问题是要不断壮大自己的科技队伍，特别要培养素质好的青年一代"。根据他的思想，学校要了解学生的特长，要让他们学得宽一些、活一些，同时还要鼓励他们的学习创造性；而在所有措施之上的乃是经常的、不懈的思想教育：一是要解决学习动力问题；二是要抵制资产阶级思想的侵蚀。华中一这些重要的科学思想和教育思想，大大丰富和补充了谢希德报告的内容。副校长强连庆分管教学，他的《坚持社会主义的办学方向》，总结了当时学校的重要工作；他和同志们提出的坚持"三个提高"（即提高教授上课比例、提高一类课的比例、提高学生创造力）和加强"四个环节"（基础、实践、外语、能力），对学校教学改革都产生很大的推进作用。副校长邹剑秋、庄锡昌、汪幼兰每次也都对讲稿提出中肯的修改意见，最后由秘书汇总后再由谢希德推敲定稿。

身为一校之长，首先得了解基层、充分掌握第一手资料，才能更好地知人善任、因地制宜，领导开展好学校工作。每过一段时间，她就会向办公室主任张晓林了解学校的动态，具体开展了哪些工作，办公会议决定的事项落实了多少。虽然教学工作、学术研究、校际交流等已占去谢希德许多宝贵时间，但她仍然想方设法，坚持了解、联系基层，诸如参加"编外校长办公会议"。一次，她走在校园西南角的小道上，有人投来疑惑的眼光，问她是否迷路了，谢希德笑着对他说，"没有错，我是到数学系参加校长办公会议的"。

在数学系资料室，谢希德与副校长们，和该系的党政领导及部分骨干教师聚集一堂，召开一次"编外校长办公会议"。教师反映，数学系资料室征订的图书期刊原来比较齐全，但由于图书价格调整，现在要维持原订图书期刊数量已相当困难。谢希德听了教师的发言后，从图书资料的重要性出发，与同来参加办公会议的同志一起商量，决定一方面积极争取教育部给予特别支持，另一方面由学校力所能及地增拨部分图书经费。由于谢希德的重视和关心，复旦大学数学系资料室图书资料得到及时补充,如今已成为国内数学界闻名的资料室。

谢希德就是这样,经常带领一班人马到基层办公,为基层办实事,解决具体问题。在她任职期间,这种联系基层的作风一直坚持下来。与此同时,她还约请干部到办公室讨论问题,帮助解决实际问题。

提起谢希德的阅文办公,秘书就会滔滔不绝地告诉您她那有别于他人的办公方法。当时,校长室设在一幢简易古老的小楼的二楼,有人上楼时,楼梯总会发出因人而异的声响。秘书听惯了校长的脚步声,一旦熟悉的声音响起就知道是她到了。往往一踏上办公室楼梯,她就已考虑好工作程序和计划,远远就喊秘书,"今天有没有来文?请给我一些文件"。秘书早就摸透她的脾气,马上递过来早已准备好的文件夹。接过文件夹,她便紧张地批阅起公文来,虽然批示字数不多,但总能抓住要害一语中的、具体明白,办公室的秘书和下级都喜欢她这样的批示。

手表分针转不到一圈,谢希德就把一大摞文件、报告送出来,该由她签署意见的,都能从中找到答复。这不仅需要快速果断,更需要真知灼见。要是召开校长办公会议,她都会在讨论前,给每个议题规定时间,希望大家事先阅读书面材料,会上长话短说,节省时间,主要讨论重要议题,并随时把离题的议论拉回来,决不轻易浪费别人和自己的时间。

人们尊敬谢校长,因为她平易近人、和蔼可亲;人们信任谢校长,因为她坚持原则、实事求是。早晨,她通常是先到物理楼的研究室,然后再步行到校长办公室。这段路程虽然距离不远,但还是要花去一些时间,可她认为是必要的。其实校长走得不快,也不是那么慢,那么占用一些时间是为什么?物理学上的术语是,路上的"平均自由程"太短,"碰撞频率"太高了,就像高压容器中的分子运动了很短的距离后,就会与另一个分子碰撞。有礼貌的学生,会说一声"老师好"或投来敬佩的微笑。有些教师希望谈谈分配房子的事,或要求关心一下他们职称评定的事,把她给拦住了。有一次,路上行人特别少,却遇到一名正在进行摄影实习的新闻系进修生,谢希德也就成为他练习摄影的对象。

　　作为著名女科学家、复旦大学校长,按照谢希德的身份,每天上下班应该都有小轿车接送。可是,人们时常在校车上看到校长的身影。有人问她,乘坐复旦大学的"巨龙"班车有何感想。她说,"我觉得这是一件非常愉快的事,在车上既可以提前处理一些公事,又可以借这个机会与同志们交谈,静听各种议论。从校内的事到天下事都

谢希德的校车乘车证

1983年,谢希德在学校班车上

可以成为车内的话题,其中有发牢骚的,也不乏独到的高见;特别有意思的是,车内总有一两位不愿隐瞒自己观点、也不善于窃窃私语的同志不时发表一通高见,获得一些同事的共鸣"。教师对学校的意见和要求,在巨型客车里得到了交流,学校有些重要决策又通过谢希德的宣传深入人心。有一年元旦,学校机关干部、职工举行联欢会,她兴致勃勃地和大家一起,同台歌唱《我们伟大的祖国》。难怪外宾在见到谢希德校长时,都惊讶地说,"看不出她是一位有如此重要地位的人物"。

20世纪80年代初,美国著名科学家、两次诺贝尔物理学奖获得者巴丁教授访问中国,回国后称赞说,"在中国科学界中,谢希德是最有影响的人士之一"。实际上,谢希德不仅在科学界,而且在教育界,特别是在高等教育界的贡献,也是卓著的。在复旦大学建校80周年时,她谦虚地说:"复旦大学迎来了自己的80诞辰,我在这里的33个寒暑,只不过是她全部历史的一小部分,却也是重要的一段,和其他许多同志一样,我很幸运地成为这段历史的见证人……"

其实,在20世纪80年代初那个历史转折时期,谢希德带领复旦走上一条正确的发展道路,一条追求卓越、国际化的发展道路,诚为复旦之幸事。"红墙绿树藏风景,好学勤思握胜筹",复旦大学犹如巨人巍然屹立于上海的东北角,为祖国的"四个现代化"建设输送更多的栋梁之材,而谢希德在其中的贡献是不容忽视的……

34. 开启教育改革之门

教育改革实践与理论研究密切结合,是我国推动教育改革向纵深方面发展必不可少的。然而,现实生活纷繁复杂,情况千变万化,加之谢希德就任校长时的20世纪80年代初刚刚解放思想,一切还一穷二白、无章可循,这就要求教育改革既要有扎实的工作,还要有敢于实践的胆略。

作为著名大学的"舵手",谢希德并没有让自己埋没在具体事务

1984年,与上海市教卫办等领导在一起(左为杨恺,右为毛经权)

中,而是注重考虑学校的办学指导思想和办学方向,逐步深化教育改革,引领复旦走上高速发展的轨道。她深知,科学技术日新月异,知识更新周期越来越短,人们在学习和工作中获得的经验,不到一代人的时间就会不适用;所学的专业知识,往往尚未完全付诸实践就会老化;已经形成的一些技术由于新材料、新程序、新产品的出现,很快就会被淘汰。从这一点出发,她提出了一系列很有见地的建议和看法,并付诸实施,积极引导教育改革。

事实上,根据新技术革命发展的趋势,整个世界将由工业社会逐步过渡到信息社会。在信息社会,社会财富的增加主要不是通过体力劳动,而是依靠知识、智能的充分开发。如果说,在农业社会里人们注重的是过去,在工业社会里注重的是现在,那么在信息社会里注重的却是将来。谢希德认为,"四个现代化"对人才的需求,除了需要能从事自然科学基础理论研究的人才,以及能解决当前工程技术问题的人才之外,还需要一种人才,就是站在基础理论和工程技术之间的研究与开发人才。

早在谢希德担任副校长时，她就开始意识到这一点，并和领导班子的其他同志一起，进行了初步讨论和规划。经过几年的努力，复旦大学打破了综合大学只有文理科的格局，相继成立了技术科学学院、经济学院、管理学院等好几个学院，变为一所拥有人文科学、社会科学、自然科学、技术科学和管理科学的综合性大学。然而，改革的过程并不是一帆风顺的，唯有在克服前进道路上一个个困难之后，展现在面前的才是一幅幅崭新美好的蓝图。

谢希德支持成立的复旦大学技术科学学院，聚集了电子工程、计算机科学、应用力学、光源科学、材料科学等一批新兴的学科，在培养基础扎实、富有开拓创造精神的优秀硕士、博士方面迈出了可喜的一步。多年来，学院师生科研成果不断涌现，甚至还获得国家科技成果奖。

管理学院原院长郑绍濂回忆说，"我第一次见到谢希德老师是在1952年秋天的课堂上。那时她刚从美国回到新中国，受聘于复旦大学，为数学系和物理系三年级的学生开设了'理论力学'这门课，我有幸成为她回国后的首批学生之一。几十年间，虽然时有阳光明媚的春天，时有严寒阴冷的冬天，但谢先生开阔的胸怀，始终如一的爱国热忱，对事业的执着追求以及她开放民主的办学思想，给复旦师生的成长、复旦大学的发展打上了深深的烙印。事实上，她在担任校长期间，对管理学院的支持，对后来的发展起了重要作用"。

由于1952年全国高校院系调整，复旦大学管理学科曾一度中断。1977年，当邓小平在全国科技工作大会上提出要加强管理人才培养后，复旦大学当即决定恢复管理教育，并尝试筹建管理科学系。可管理学科在设立之初，曾因它的实用性和交叉性受到非议，有人甚至怀疑它的存在价值。谢希德做了校长后，科学预见到这一学科对国家经济发展的重要性，于是在她的主张下力排众议，将管理学科与文科、理科、技术学科列为学校建设的学科。实际上，正是因为有了这样的定位，才有复旦管理学科的今天。

1985年，在各系各专业的基础上，学校决定成立经济学院与管理学院，谢希德大胆对这两个学院实行"放权"政策，授权院长行使某些本来属于校长的权限。授权表现之一是学院可单独与外国大学的管理学院签订交流与合作协议，而只需报学校备案即可，这在当时的高校中是极少的。正因为有了这些授权，管理学院在改革开放中能够大展拳脚，改变传统的一些做法，从而得到较快的发展。管理学院成立后不久，谢希德就带领几位副校长与处长，亲临学院召开现场办公会议，当场拍板帮助学院解决留用助教、建设计算机房等具体问题。解决的问题难度虽不大，但一桩桩事情深深印在学院师生员工心中，因为这是学校领导大力支持学院发展的信号，对他们来说无疑是极大的鼓舞。这些都让管理学院的师生更加群情振奋，不断开拓创新。

在这样的背景下，管理学院依靠多学科综合优势，发挥高校思想库功能，积极为"四个现代化"建设出谋献策，并开展对横跨经济、社会、自然等学科的一些重大课题研究，有的课题受到中央领导的好评，有的出版物被中央列为全国经济管理干部必读书目。

在教育改革中，谢希德注重把理论运用于实际，让教学研究紧跟时代步伐，关心经济学院面向"四个现代化"建设。一年时间，学院取得丰硕成果，发表高水平论文 300 多篇，其中 12 篇论文荣获上海市经济学优秀论文奖。紧接着，我国高等学校中第一个生命科学学院，也于 1986 年 4 月在复旦大学正式成立。人们看到，凭借复旦大学的多学科优势，生命科学学院的成立，将对我国的经济、科学研究产生重要的社会影响。

随着改革的深入和实践的推进，积累了丰富的学校管理经验，以及经过对教育学的潜心研究，谢希德从教育的现状和规律入手，高屋建瓴地提出颇有创见和建设性的观点，并用以指导具体工作。同时，她也不回避教育改革中的遗留问题，在繁忙的校务中针对人才培养中存在的人才层次结构问题，展开认真、系统的研究。1984 年 11 月 28 日，她在《文汇报》上发表了关于重视人才层次结构的意见。

谢希德认为，一个好的研究室，一定要有合理的人才结构，除了要有好的学术带头人以外，还必须有好的实验员才成；在工厂里，一线的技术员应当多于工程师两三倍；医院里，护士与医生的比例，护士应当更大些。然而，现在大多数单位人才结构出现倒置，中级人才大量缺乏，高级人才不得不去做中级人才的事。要真正爱护人才，真正做到人尽其才、才尽其用，就应当大量培养中级人才，形成多层次合理的人才结构。

当时，根据这一人才结构的理论和实际需要，培养中级人才的中专、大专应当比大学多，但我国却出现了不少大学的倒三角状况。谢希德指出，"有关部门早已提出要扭转这种状况，但在不少地方不仅没有扭转，反而中专改大专、大专改本科的趋势还在发展。我觉得关键是要有一定的待遇政策，鼓励人们各就各位，安心办好中专、大专。譬如大学都有重点大学、重点学科，可目前上海大学专科中却没有重点，中专的重点学校也少得可怜。应该在这些学校中确定一批重点，增加投资或适当引用外资装备这类学校，配备较强的师资力量，鼓励这些学校创名牌"。

谢希德还指出，"现在有一种错误的理解，以为这类学校要提高水平就是戴高帽子，升为大专、本科就万事大吉。实际上，像一些学校条件不具备，戴帽子后反而降低了水平。不如鼓励它们利用原有基础，集中精力办出高水平的中专和高水平的大专，这样它们在社会上照样能获得同样的信誉和地位。对大专教师评职称，要根据他们的特点，不能像本科大学那样以考核理论水平为主，而要以专业技术水平为主。中专教师亦然。报纸上对他们的工作成绩，应多作宣传表扬，增强他们办好大专、中专的光荣感，为国家多培养合格的中级人才，这也是对大学的一种支持"。

现在我们回过头去看，这些观点已经时过境迁，在很大程度上已经不适应教育发展的实际了。不过，就当时的水平和需要而言，谢希德这一系列言论实属真知灼见，对教育改革工作具有激浊扬清的指导作用。当然，时代进步了，教育及其改革进步了，我们的理论、认识也应该与时俱进才行。就我们而言，评价一个历史人物的功绩，应该还原他当时的历史环境，这样才能不失偏颇，才能看得更加清楚些、更加客观公正些，所以又何必苛求于人？

在多年领导深化教育改革实践的同时，谢希德经常在报纸、杂志上发表一些文章和讲话，教育思想涉及学科建设、师资培养、科学研究、学风校风等方面,主要论文有《学校改革的根本问题在于提高教学水平、学术水平和管理水平》(1983年《上海高教研究》〈七〉)、《迎接新技术革命的挑战》(1984年3月《上海高教研究》)、《学习决定,推进高校教育改革》(1985年1月《高教战线》)、《坚持教育改革,创造两个文明,把复旦办成第一流的综合性大学》(1986年6月《高教战线》)、《从严治校,建设良好的校风学风》(1987年11月19日《中国教育报》)等。

20世纪80年代初,一位来自吉林省农村的全国劳动模范,到学校进修。1964年,他高中毕业后自动要求去市郊农村落户,并坚持读完了农业函授大学,将科学技术用于生产之中,积累了丰富的生产实践经验。1979年后,他开始担任当地公社党委副书记,带领农民探索脱贫致富之路。随后,他发现随着社会主义商品经济的发展,农业生产结构改变了,农村基层领导仅靠传统的流大汗、带头干等"指挥方式"已经不能适应发展需要。既要懂生产,又要懂经济规律、经营管理等理论知识,才是新一代农村基层干部的形象。于是,他在当地领导部门支持下,于1983年到上海高校进修经济课程。

进入复旦大学以后,这位农民干部在世界经济研究所教师进修班学习。根据他的成绩和表现,世界经济研究所原所长江泽宏及宋海文教授联名写信给谢希德校长,认为他可以继续攻读硕士学位。当时,

撰写的论文获上海市高等教育学会优秀论文(1986年)

关于这样一位有着丰富实践经验的学生，能否培养并授予硕士学位的问题，多数教师议论纷纷、看法不一。谢希德在接信后三天内，经过一番调查研究后，果断批示同意他在校内继续进修。于是，那位农民干部成为当时唯一的校外在职人员申请攻读复旦大学世界农业经济的硕士生。

经过刻苦努力的学习，他于1987年7月中旬通过硕士论文答辩，成为我国第一位具有硕士学位的全国劳动模范。这是复旦大学在硕士教育改革中，首次对校外人员采用通过学校规定的学科考试、参加论文答辩的办法，进行破格培育的结果。在进修期间，这位同志撰写出有关反映上海牛奶生产、农村土地有偿转包等问题的论文，发表在省一级刊物上。回乡休假期间，他写了有关建设吉林市奶牛基地设想一文，引起强烈的反响。此外，他还结合本专业知识，翻译出四篇约四万字的专业文章，均获得好评。"千里马常有，而伯乐不常有"，也许没有谢希德的"知遇之恩"，这样优秀的人才注定埋没于芸芸众生之中，泯然众人矣。

此外，谢希德治校期间大力开展继续教育，培养了大量"四个现代化"建设的所需人才。短短的五年，复旦大学先后举办了七个专业干部专修科、三个专业大专班，其中管理科学系受国家经委和科委的委托，开办了13期干部培训班，培养了1 000多名专门人才，真所谓"壮志凌云迎四化，不拘一格育人才"。

35. 预防"近亲繁殖"

在很长一段时间内，谢希德注意到我国在人才培养上存在着一个比较严重的问题，那就是"近亲繁殖"。1980年，她多次在报上撰文指出，为了学校教学科研的发展和学生的成才，要尽快改变"近亲繁殖"的师资结构。

谢希德认为，"纵然本系科的专家、教授水平很高，传业有方，但个人的学识毕竟有限，长期在这种半封闭系统内工作，容易造成孤陋寡闻，头脑闭塞，思想凝固化。而且，这样的组织形式，容易形成论资排辈和家长作风，滋长排外和本位主义，不利于发扬科学民主和开展协作交流，对于出重大成果、培养出类拔萃的人才，都是有妨碍的。以前，我国常常喜欢用几代同堂的词汇来形容科学兴旺发达，后继有人。这种提法对于宣传老一辈科学家培养人才、代代相传起了一定的积极作用，但也应重视不同学派的人才交流，使学术思想更加活跃"。

在担任校长期间，谢希德认识到"近亲繁殖"的种种弊端，并开始有意识地尝试改变这种现状，"近几年来，我们高等学校在打破这种半封闭格局方面作了不少努力，如派骨干教师去国外进修、当访问学者，请外校、外国学者来讲学、合作搞研究，等等。但这种交流还很不充分。特别是留本校毕业生当助教的做法没有根本改变，家族式的半封闭状态就不能破除。在有些单位里，非本校毕业生被看作不是嫡系，合不拢，门户之见还非常严重"。

因此，为了更进一步改变这种弊端，谢希德认为应该向外国学习，"要改变这种状况，可以借鉴国外的做法，视条件成熟情况，逐步取消专职助教制，把大学毕业生分配到工厂、科研单位去，助教由研究生兼任，讲师从工厂、科研单位择优聘任。研究生正是精力最充沛的阶段，一面学习，一面做辅导工作，有利于加深基础，提高水平。毕业生不留校做终身教师，打破'铁饭碗'，更有利于人才流通，对毕业生来说，通过流动开阔眼界，理论联系实际，可以尽快提高自己。对学校来说，则可以吸收各种学派的优秀教师，活跃学术思想，提高整个师资队伍的水平"。

继而，谢希德指出，"这种做法在美国高等院校已普遍实行，但我们要做到还有种种阻力。由于受旧习惯势力的影响，各校都不舍得把最优秀的学生输送出去。岂不知这样做，看似惜才，实际上却是坑才。当代的国外杰出人才，很少固定在一个大学或研究所工作。美国两次诺贝尔奖获得者巴丁，经历过五所大学、三家公司和海军研究所，研究横跨电工、数学、理论物理、应用物理、军事工程等多种领域，在贝尔实验室与两人合作发明晶体管，在伊利诺伊大学与另两人合作提出超导微观理论。著名科学家海森堡，学生时代就开始活动于国内外科学界之间，在当代第一流大师们的不同指导下成熟很快，24岁创立量子力学，26岁担任教授和物理研究所所长，在基本粒子的研究中，具有很大的影响。这些事实证明，通过流动，吸取各国科学界、各个学派的经验，对于人才的培养成长有重要作用。真正爱惜得意的学生，就应该让他们毕业后远离母校，闯出新天地，才能有所建树，做到青出于蓝而胜于蓝"。

不过，凡事不能简单地肯定或否定，不能一味钻牛角尖，辩证地看待问题才能不失偏颇，才能更加全面透彻地分析和解决。针对自己的策略，谢希德又补充了几句，"当然，打破'近亲繁殖'的队伍结构，不等于不需要有相对稳定性和一定的继承性。在研究生中留少量师资，聘任在校外作出成就的本校毕业生，同时有计划地吸收大量国内外学者，共同开展教学和科研工作，既能发挥传统特色，又能吸收各方的优点长处，这样的队伍结构，对于发展教育、科学事业，肯定能起巨大的促进作用"。

谢希德的这番话是很有见地的，就是现在的高等教育尤其是硕士培养还存在很大的"英雄要问出处"问题。许多导师喜欢给学生贴上个三六九等标签，喜欢招收本校的学生，在竞争上人为地设置障碍，其实就是"近亲繁殖"的表现，而这是高等教育之大忌，是必须予以根除的。

在许多重要会议上，谢希德还阐述了有关教育改革的一系列的论点，譬如1988年6月发表了《关于正确地把竞争机制引入高等学校》的文章。在她看来，虽然社会对大学生的需求量逐年增加，但高校毕业的学生走向社会却步履艰难，供需关系严重脱节。我国的教育在很大程度上脱离了国家经济和社会发展的需要，这一点应该引起每一个教育工作者的深思。几年间，虽然在校园内部建立了竞争制度，如实行奖学金制度、"学制浮动制"等，鼓励学生相互竞争，但向社会敞开的门还不够大，适应社会需要的有效机制还没有完善起来。因此，诸如校内专业设置不合理、专业面过窄、理论脱离实际、培养规格单一等问题，都使得学生不能适应用人单位的要求。毕业分配时的统包统配，又严重挫伤学生学习的积极性。为适应社会主义市场经济发展，改变目前不合理的问题，就必然要改革传统的包办式指令性计划毕业生分配制度，引进竞争机制，建立毕业生可以选择职业、用人单位可以择优录用的"双优"选择制度。而所有这些，正体现了我国教育改革的历史轨迹，而且当前的高校教学也还没有超出她认识的范围。

在劳务市场的有机调节下，高校的专门人才培养可以与社会需要协调一致，更好地发挥其人才培养、流通等的导向作用。只有通过激烈的角逐竞争，高校才能发现培养人才过程中的弱点，从而积极主动地调整内部教育结构和布局，包括学科配置、专业设置、课程内容、教学方法、管理制度，并把教学质量评估与之结合起来。引进竞争机制后，也一定会使学生增强学习的自觉性和主动性，使学生了解社会实际需要，引导他们正确选择学习内容、方法以及职业，由过去的知识面过窄转变为向知识的博采广摘方面发展，更好地接受社会发展的挑战。

此外，谢希德还在其他场合，针对具体的情况，提出许多不同的、有创建性的意见。譬如她认为，在现代科学技术互相交叉、互相渗透日益明显的时候，学校培养出来的学生更要求基础扎实，知识面宽一点。因此，学生既要热爱本专业，又不要被本专业束缚。以前一些大学生进校，专业思想不巩固，她去做思想工作，希望他们安心学习专业。后来遇到这类事，她总是"唱反调"，鼓励学生在学好本专业知识的同时选学别的专业。将来毕业后，如果考硕士研究生，就可以考自己向往的专业，因此把基础搞得宽一点大有益处。

36. 师资培养与教学齐飞

如果把学校比作一架凌空而起的飞机，那么教师和学生就是它的双翼，两者缺一不可。从某种程度上说，教师是学校的重要组成部分，是学校的灵魂。师资质量如何，将直接关系到一个学校的办学成败，关系到一个学生的成才与否。作为复旦大学的校长，谢希德深知抓好师资队伍建设的重大意义，并采取积极有效的措施逐步而扎实地提高学校师资水平。

在任期间,谢希德经常与师资办公室的同志商议,提出一些行之有效的师资培养措施和做法。首先,学校注重培养学科骨干,采用破格提升的方法鼓励学科带头人脱颖而出。在她的关心和安排下,学校师资办公室通过调查研究,广泛听取意见,制定出《如何发挥学科带头人作用的几点意见》,规定给予学科带头人优先参加国内外学术活动,享受学术休假;对工作有突出贡献的给予越级晋升和增加工资等待遇。1978—1981年四年间,学校有66位教师连续两次晋升职称。1985年,为奖励先进,谢希德又给全校十名优秀的学科带头人晋升两级工资。这些做法,促进了一批学科带头人的成长,为学校的师资队伍建设积淀了大量优秀人才。

其次,学校大力起用年轻冒尖人才,加快师资队伍的培养速度。谢希德认为20世纪80年代的年轻教师正是90年代学校的骨干,因此及时发现、重点培养优秀人才是一种加速人才梯队建设的有效方法。她会同师资办的同志,组织班子,调查研究,排出了思想品德好、学术水平较高、治学严谨、成绩突出的优秀教师名单。在这个基

1988年,为复旦大学先进工作者颁奖(左一为谢希德,左二为钱冬生)

与复旦青年教师讨论教学问题（1984年）

础上，他们再逐个分析、因人而异，采取不同的培养方法。其中，有的分配在教研室任职，有的破格提升讲师，有的送往国外进修，还对工作中有突出成绩的七名40岁以下的教师，破格晋升为副教授。这样，通过各种渠道，广大青年教师似乎走了一条"终南捷径"，并迅速成为复旦的脊梁。于此，谢希德实在功不可没。

另外，在谢希德的关心和积极联系下，1978—1985年短短的七年多时间，复旦就有600多人次到国外进行学术活动，其中100人已出国两次。这些教师出国学习归来后，更新了教学内容，改进了教学方法，促进了科学研究，还对建设国家急需的缺门学科产生了积极作用。1985年10月21日，高等学校师资管理国际讨论会在复旦大学举行，我国50多位专家、教授、校（院）长、省市高教局局长以及九位外国专家出席讨论会。大会由谢希德主持，她在开幕式上指出，这次会议是根据我国和联合国开发计划署及教科文组织关于加强大学培训与研究项目协议举办的，目的在于广泛地交流国内外师资管理的经验，以促进我国大学师资管理工作的改革和研究。在随后的讨论会上，她提交了《师资培养工作是高等院校一项重要的基本建设——谈谈复旦大学的师资培养工作》的论文，并获得好评。此外，1979—1985年，几百位外国专家到复旦大学进行了学术交流，大大拓展了师生的眼界，提高了学校的国际地位。

1985年,在上海召开的高等学校师资管理国际讨论会上

最后,学校在培养师资的工作中,还鼓励学科间的相互渗透,促使教师知识更新、更宽、更深。经济学是复旦的老学科,过去经济系的教师知识面较窄,现代化的手段较少。为了改造老学科,适应学科的发展和国内外形势的需要,学校先后于20世纪80年代初成立了世界经济系、管理科学系以及世界经济研究所,后来还建立经济学院,创办经济研究中心。由于各学科高度交叉、迅速融合,并通过国内外的学术讨论和交流,复旦大学的经济学科充满了新的活力。

由于"文化大革命"及某些其他原因,师资队伍受到严重影响,有的学科甚至出现青黄不接的现象,中青年教师流失不少。从学校看,一批岁数大的教师还在工作岗位上,职称评定的晋升比例又有限,这就给中青年教师的成长带来一些困难。在教育改革中,复旦大学采取一些措施,晋升一批高水平的年轻教师。谢希德从工作出发,一方面积极向上级争取加大名额比例,另一方面大力加强教师队伍的建设,在有限的名额中争取更多的主动。学校经常召开师资工作经验交流会,研究师资培养问题,使一批中青年教师在困境中脱颖而出。谢希德任校长期间,在政治学研究领域中卓有建树的年轻人王沪宁,29岁被破格提升为国际政治系副教授,成为当时全国最年轻的副教授。过了六年,他又以丰硕的成果晋升为教授,在全国高校中产生了相当的影响。如今,王沪宁已调任中共中央工作多年,当年一批被破格晋升的讲师、副教授也都成为教授、博士生导师。

谢希德深知,师资队伍建设是学校发展和人才培养的关键,必须充分发挥教师在教书育人中的指导作用。经过多时的讨论酝酿,新设想"导师制"诞生了，并于 1986 年秋季开始执行。所谓"导师制"，即学校聘任一些知名的教师，对学生实行"一对一，一对多"培养，充分发挥教学的能动性，进一步提高教学质量，培育更优秀的毕业生。当时，她亲自聘请了 242 名学术水平较高、教学经验比较丰富的教授、副教授，担任一年级新生的指导教师。被聘任的教师感到十分光荣，真诚、热情地关心和指导学生，在半年的实践中就积累了不少好经验、好方法，取得了一定的成效。譬如师生间的感情亲密融洽了许多，导师更好地掌握学生的特点，进行有针对性的教学。有时，导师把学生请到家里促膝谈心；或在与学生一起游览公园中漫谈人生、交流思想；或到学生的课堂听课，及时发现并解决问题。为了帮助学生尽快适应大学生活，掌握学习的主动权，有的导师认真检查学生课堂笔记，亲自指导学生如何选择参考书，如何借阅书籍资料。期中考试后，导师主动关心成绩差的学生，帮他们分析原因，鼓励他们克服困难、奋发向上，促使他们改变学习观念，变被动为主动，健康地成长。还有的导师结合实际做思想工作，指导学生学习《共产党宣言》，加强专业思想教育，帮助他们提高对马列主义的认识。导师还深入到学生中间，针对各种思想问题，晓之以理，动之以情，效果很好。

在谢希德任职期间，"导师制"工作开展得有声有色，在学生中反响强烈。她经常召开导师工作经验交流会，表彰工作出色、成绩卓著的导师，并且制定了《导师工作条例》，明确导师的职责及有关规定。当然，作为高校教育培养人才的一种新尝试，"导师制"也存在一些不完善的地方。有的导师到学生中活动一两次以后，就感到没话题了，指导工作难以坚持。有的系主任也觉得对导师提不出具体的要求，难以检查。针对这些情况，她在导师经验交流会上作了《总结经验，改进工作，逐步完善导师制》的报告，在肯定这项工作的同时又提出完善的意见，有力地推动了"导师制"的进一步贯彻实施。譬如，原来所聘教师工作太忙，年纪过大，在后来聘任教师时作了相应的调整。总之，"导师制"的实施，为学校教书育人提供了宝贵的经验，开辟了崭新的天地。

37. 慈母严师出俊彦

在担任繁重的学校领导职务以后，谢希德并没有忘记自己的本职工作——教书育人。无论是学习、思想，还是生活上，只要学生有问题、有疑惑，一旦反映到她那里，就会得到热心的关怀、圆满的答案。毕竟，幼苗的成长离不开园丁的浇水施肥、修剪爱护，她觉得自己义不容辞。

那时，学校某些学生经不住西方资产阶级思想的侵袭，产生一些模糊观点，谢希德总忘不了抽空来到学生中间，结合自己的切身体会与他们交心恳谈。青年时代的谢希德曾在美国深造，新中国成立以后她毅然放弃了良好的生活环境和工作条件回到祖国，投身于新中国的科研和教育事业。"文化大革命"十年中，她无端遭受诬陷、迫害，身体遭到严重摧残，但她报国之心仍矢志不渝。针对这些情况，有的学生不禁提出疑问："在新中国成立之初为什么要急于回国？"她回答道："只有祖国强盛，中华民族才能在世界上赢得地位，树立起伟大的形象；祖国的强盛是中华儿女的骄傲，每个中国人都应为祖国的繁荣昌盛作贡献。"她的一言一行，像甘泉滋润学生的心田，激励着学生以校长为榜样，把自己的命运与祖国联系在一起，找到学习工作的原动力，从而茁壮成长。在一次与全校数百名学生谈心时，她再次提出，祖国的繁荣与强盛是每一个中华儿女孜孜以求的崇高目标，希望复旦的学生要为祖国争光，为复旦争光。

在谢希德的教育思想词典里，最关键的词就是"爱国"二字。她特别关注学生的思想健康，无论是本校还是外校大学生，她都一视同仁，从思想上给予满腔热情的指导。1980年3月，谢希德应邀为上海戏剧学院的学生作了题为《与大学生谈谈心里话》的报告，她从以前收到的一封国外来信谈起，联系自己1978年秋到联邦德国和法国、1979年两次到美国的感受，又结合自己20多年前从美国归国的经历谈了两个多小时。当时，现场的学生无不为之感动，掌声多次响起，她那清脆悦耳的演讲，余音绕梁而不绝。

演讲中提到的那位来信的华裔科学工作者，在美国从事应用数学研究工作好几年，已取得一定成绩。然而，叶落归根，他有着赤诚的游子之心，迫切要求归来为国家作贡献。"文化大革命"期间，他曾要求到复旦大学工作，却没有任何回音。一直到"文化大革命"后，1980年2月，也就是演讲前的一个月，他终于收到苏步青校长的信，要他于当年9月新学期开始到校工作。谢希德在报告中说，"他为什么要回国？就是觉得他的'根'在中

时刻实践教书育人（1987年）

国，就是希望祖国强大，也希望在这过程中出一把力。28年前，我也有过相同的经历，那时新中国诞生了，就像听到母亲对我们的召唤一样。母亲再穷，也不能不认自己的母亲，各种传言都动摇不了我们回国的信念……我把最大的希望寄托给年轻的一代，让祖国未来的接班人更快健康地成长。现在我觉得最主要的是，怎样把剩下不多的时间用来尽快培养一些年轻的接班人"。她的报告真挚感人，在大学生中引起了强烈的反响，共青团上海市委还决定请她给全市的青年团员作一次这样的报告。

"谁言寸草心，报得三春晖"，谢希德关心爱护学生，学生也感受到校长慈母般的爱。有一回，她收到几名复旦附中女学生的信，反映几名大学本科生欺负她们。她阅后非常气愤，马上批转有关部门，结合进行校风整顿查处，并将结果在校内新闻机构披露。此事雷厉风行，在学校中引起不少学生的警觉，那几名附中女学生后来还接到学校寄去的对事件的处理结果。

与校长的接触交往中，女大学生更愿意向她反映自己的苦闷和要求，譬如女学生分配工作难等问题。谢希德对此很重视，关照校毕业

生分配办公室要特别做好女学生的分配工作；同时要求女学生自强、自重、自爱，用优异成绩接受国家和用人单位的挑选。还有个别大学生因犯错误受到学校处分，学生和家长通过各种渠道来说情，但谢校长坚持原则，维护集体作出的决定。她常说，"不以规矩，不成方圆，学校的校规如不能坚决执行，这不但办不好大学，也是对学生不负责任，所以我坚信，严是爱、真正的爱"。

1987年9月中旬的一天上午，谢希德拆阅了一封复旦几个文科学生家长的来信。在信中，他们反映了一个很严重的问题："回想当初，我们经过12年含辛茹苦、呕心沥血地操劳培养，终于把孩子送入江南第一名校——复旦大学深造的情景，我们全家以及亲友们都感到由衷的欣慰、荣幸，并寄予无限的期望……可是暑假期间，我们发现孩子在家里摆开牌桌，竟一个个叼着香烟，一局接一局几个小时地连着打麻将，并由几分钱的输赢所得充购食物点心。看到这情景，您不难想象，我们是何等伤心和失望！当'牌友'们受到各家家长批评或训斥后，他们就更换场所，寻找家长出差不在家或孩子独住的家庭，通宵达旦地玩麻将。表面来看，这似乎是小事，但发展起来，却是青年学生堕落的一大缺口……"

谢希德阅读完此信，心情十分沉重，她提笔作了如下批示——希望校刊能把这封家长来信刊登出来，听听家长的呼声。10月8日，校刊登载了家长的来信，还发表了谢希德校长的讲话，"我看了这封信，心里很难过，这是很值得注意的问题，应该及时加以纠正。绝大多数同学非常珍惜这来之不易的学习条件，没有辜负老师和家长的期望。但是，复旦不是一座密封的象牙塔，社会上一些腐朽的风气，也会通过各种渠道侵袭年轻人。对于发生在校园、宿舍内的赌博活动，教师、辅导员、班主任都要旗帜鲜明地加以制止，学生中的党团员、干部要及时向学校和系领导反映情况。有关部门在查实之后，要按学校有关规定严肃处理，若违反治安管理条例的要交学校公安处处理。只有这样，才能更好地发扬我校的良好校风和学风"。

谢希德继续向全校呼吁，"学生思想工作是一项系统的工程，需要各方面的关心。为唤起教育工作者的责任感，建议校报刊登，请大家都来听听家长的呼声，正视学校教育中存在的问题，为共同改进工作出力，也希望家长关心自己孩子的思想和学习，不仅主动供给他们上学的费用，还要主动关心和检查他们的思想和行为，经常与学校保持联系。让我们共同努力，承担起培育下一代、国家未来主人的重任"。

1987年5月间，谢希德收到本校化学、物理、哲学等系部分学生的来信。学生在信中对当时存在的一些有关校风、学风不正的问题深感不能容忍，希望学校能认真整顿，端正校风校纪，维持正常健康的学习秩序。谢希德对学生的建议给予热情肯定和赞赏。她认为学生的想法和校领导的想法是一致的，高等学校应该成为社会主义精神文明建设的重要阵地，学校的风气如何将直接影响所培养人才的素质。学生只有扎实地学好知识、掌握本领，才能为党和国家健康工作，而不至于流落社会，贻害人民。紧接着，学校对18名因打架斗殴、偷窃书刊、赌博等违反校纪的学生坚决予以行政处分，并将其主要错误及处理结果张榜公布，杀一儆百。学校许多师生看到处理决定后连声叫好，一些往日对校规校纪熟视无睹的学生也为之震惊，从此引以为戒，一心向学而远离陋习。

学校在整顿校风校纪的同时，设法改进各类课程设置，积极开展课余学术交流活动，在全校范围内形成一种活跃而浓厚的学术气氛、生气勃勃而又严谨的学风校风。谢希德在整顿校风校纪中，将"管"与"导"两者有机地结合起来，即在健全学校必要的管理制度的同时，对广大学生坚持正面引导。学校先后开展"新校歌歌词征集"和"首届戏剧节"等活动，结合热爱学校、创立良好学风的主题思想，充分发挥师生们的创造才能。正气压住了邪气，紧接着开展了校纪校风的整顿教育，在青年学生中有较大的反响，学校的风气也随之大有好转。

多年来，谢希德为祖国的科学和教育事业作出了很大贡献。同时，她作为一名中国科学家，在世界上享有盛誉，经常前往世界许多大学参观讲学。在国外，她与众多华人学者、朋友结下了深厚的友谊，并和他们共同关注祖国的建设和科学文化进步。譬如，著名物理

1972年,陪同卢鹤绂教授会见首次来华访问的诺贝尔物理学奖获得者李政道博士(左一为卢鹤绂,右一为谢希德)

1993年,在家中接待李政道夫妇(右起分别为杨福家、谢希德、李政道夫妇)

学家李政道教授，在她的牵线搭桥下，不仅频繁地回到中国讲学，还在复旦园设立了"李政道物理奖学金"，拳拳之心发人深省。因此，从某种意义上说，她个人在国际上赢得的地位和荣誉，她个人崇高的精神世界和人格力量，对全校学生也是一种无声的鞭策和鼓舞，产生了一种潜移默化的作用，她本人就是一本活生生的教科书。

38. 一心在复旦

谢希德担任复旦大学校长以后，感觉自己身上的担子更加重了，事无巨细她都要亲力亲为，规章无论大小她都要身体力行，以示模范。"一心在复旦，百年自风流"，为了复旦师生，她几乎付出自己的全部心血，自己的家庭和孩子却顾不上。

谢希德关心学生的健康成长，学生也乐于与这位待人诚恳的校长谈心里话。有学生建议在复旦大学成立"自然科学与社会科学协会"，以促进文理科学生之间的交流。她一听这个建议，连连称赞道，"这个建议很好，可以早日搞起来"。在她的支持和关心下，复旦大学学生科协没多久正式成立，会员一下子发展到200多名。她在百忙之中，欣然担任该会名誉会长，并对一些活动给予具体的指导。

为了加强校长和师生员工的交流，谢希德主持的"校长信箱"开办了。"校长信箱"来函由校长办公室专人负责转复处理，并规定每封来信必须登记。转给有关部门的信件，一周内必须将处理意见回复校长，并转告来信者。仅开设一个月，就收到60多封来信。"为了校园的美丽，请采取措施保护、整修草坪""图书损坏严重，影响学校声誉，希望校长采取有力措施"……一封封来信，她都认真批阅，对于来信提出的每个建议或问题，认真考虑采纳或督促有关部门限期解决，稍过一段时间还要看看是否落到实处。

对于来信反映的重大问题，她专门组织有关部门协商，并及时召开会议讨论；对于来信反映比较集中的问题，则在校长办公室主任主持的新闻发布会上统一公布。有一封部分教工联名的来信，反映教工宿舍区因公路翻修尘土飞扬，环境污染严重。她马上会同几位人大代表，与区有关部门协商，加紧修路和绿化工作，同时让总务部门发布"告示"，以取得群众的谅解。有一天，一位职工想约谢希德谈谈自己的苦恼，她特地抽出中午休息时间，与这位职工交换了意见，最后圆满地解决了问题。直到今天，当年开设并坚持下来的"校长信箱"，依然在发挥上下交流的作用。

由此，"校长信箱""校长论坛"等形成了一种可喜的校园工作和教育风尚，在师生中产生了较大影响。"校长论坛"的第一讲，报告者就是谢希德。她在学校的相辉堂，面向近1 000名研究生和本科生，畅谈自己参加党的十二届六中全会的感想，指出建设精神文明是复旦大学师生员工的重要任务。她还结合自己的生活经历和体会，谈理想、前途、人生、成才等问题，并与大家进行广泛的思想交流，学生和校长的心贴得更近了。

自从当上校长，平常需要处理的行政工作缠身，而且教学科研任务繁重，可谢希德依然对小事细节都不放过。有一次，她到基层召开校长办公会议，在返回办公室途中，她请两位副校长来到化学楼前，指着一段人行道说："这里缺了一块水泥板，夜间学生上自修，不当心就会把脚扭伤。"分管后勤的副校长立即通知有关部门，很快铺上所缺的水泥板。每当春节前后，她总要慰问后勤职工，感谢他们为学生的生活、学习创造良好的条件。有一年，学校受到甲肝传染病的冲击，许多师生也先后染上疾病。谢希德非常挂念这件事，特地向校刊记者发表讲话，表示关心和慰问。她还特地告诫学生平时要多用肥皂洗手，以防病从口入，校长无微不至的关怀让学生们特别感动。

谢希德不仅在校内关心学生，甚至在外开会期间，也念念不忘做学生的思想工作，支持学生中的积极分子开展各项有益的活动。在党的十三大召开之际，复旦大学管理学院87级学生成立了党章学习小组，他们向在北京参加中共十三大会议的谢校长发去一份电报，表达他们和党同心同德、振兴中华的迫切愿望。

电报说："尊敬的谢校长，我们决定在党的十三大召开这个具有重大意义的日子里，成立党章学习小组。新一代的大学生，有振兴中华的强烈愿望，拥护改革和开放的政策。请相信，我们将和党同心同德，在学习、思考和实践中，逐步走向成熟，为'四个现代化'建设贡献我们的青春。谨让我们代表管理学院87级全体同学向您致以崇高的敬意，并转达我们对党的十三大的衷心祝贺。"10月30日，该小组收到谢校长从北京写来的亲笔信，她在信中勉励同学不要辜负党的期望，应该继往开来，脚踏实地，艰苦奋斗，把自己培养成对祖国建设的有用之才。

1992年5月，当时已经退居二线、担任复旦大学顾问的谢希德，仍在关注着学生的健康成长。在为90级学生作有关人生观的报告时，她结合自己的人生经历，对90级学生提出了新的要求，希望他们树立历史的责任感和使命感，为献身21世纪作好准备。她不无感慨地说，"科技发展日趋全球化，专业与专业之间不可能再有鸿沟险壑，因而对知识的要求就不能局限在窄的范围内。你们在校内学习要热爱自己的专业，但又不要被专业框住。只有具备了广博知识的新型人才，才能适应新环境的发展要求，在各个领域为国家建功立业"。最后，她提出大学生身在校园，视野要开阔，要放眼望上海、望全国、望世界。

针对"侃在复旦"的说法，谢希德也谈了自己的看法。她认为"侃"国家大事、学术问题是可以的，但不要乱"侃"，要侃在实处，所谓"家事、国事、天下事，事事关心"。不过，千里之行，始于足下，大家要脚踏实地一点才行。很多问题应该结合实际来探索，在树立远大的理想之外还需要掌握必要的知识，要珍惜大学期间的每一段学习时间。现在，时间很宝贵，学生的天职是学习，要有成才的紧迫感，要抓紧时间学习，用知识武装好自己，更好地为祖国、人民服务。

此外，一所著名大学的校园，不仅要有凛然的正气、严谨的学风，还要具备活跃的气氛。上海高校中，复旦大学的气氛活跃是出名的。每到周五，许多学术讲座和兴趣小组的活动，便在校园的各个角落展开，教室里里外外挤满了人，阵阵的掌声不时传来。精彩的幻灯片、高质量的录像、"奥斯卡"获奖电影，还有许多名人名家现场交流座谈，交响乐团和话剧团也时而光顾复旦，给学生留下了许许多多难忘的话题。不过，最引人注目的是一个亮着五颜六色灯光的周末乐园。它坐落在复旦校园学生宿舍区不起眼的一角，上面却有几个被复旦人说上千百遍的名字——学生活动中心；这几个字的下面，还有一个也被复旦人念了千百遍的名字——谢希德。

39. 教育理论之花常开

作为知名的教育家，谢希德向来重视教育理论实践，把教育改革和发展当作自己肩上不容推卸的责任。早在担任复旦大学校长之前，她就潜心研究高校教育的现状，发表过许多相关论文，在高等学校产生很大的反响。她的这些关于教育思想的认识和考虑，对她后来领导复旦大学的教育改革起了重要的作用。

事实上，在近 50 年的教育生涯中，谢希德潜心教书育人，培养了一大批在国内外享有盛誉的人才。与此同时，她也从教学实践出发，积极创造和总结出一些高等教育思想，真所谓"桃李满天下，思想惠人间"。譬如，在专业人才培养方面，强调各类人员比例适当，层次结构合理；在校风学风治理方面，注重坚持正面教育，制止不良现象发生；在师资队伍建设方面，着重培养重点学科带头人，促进青年教师拔尖；在办学方向方面，坚持人才培养为社会主义建设服务；等等。

复旦大学原为文理科综合性大学，随着国民经济建设的迅速发展，人才市场急需理工结合的具有科技开发能力的综合性大学毕业生。在担任副校长期间，谢希德发表文章认为，现代科学技术的发展，出现了理工农医等多学科的广泛结合、相互渗透趋势。据此，我国一些学科门类较为齐全的综合性大学，应充分发挥理科优势，把自然科学与技术科学结合起来，建立新的学科，这对于加速我国科学技术的发展关系极大。谢希德建议利用现有理科的基础，加强各学科之间的横向联系，发展生物工程和其他技术科学，培养更多基础扎实、知识面较广、能向边缘科学进军的理论与应用相结合的科学技术人才。她的这一观点在国内产生较大的影响，并开始在复旦大学进行实践。

谢希德在1981年之前的一篇文章指出，无论是工科院校还是综合大学，都应朝理工结合方向发展，但不是以办理科班作为工科院校实行理工结合的主要手段。即使办理科班，其发展速度也应与国家需要相适应，更要根据各校的条件来决定。在国民经济进一步调整中，应当总结工科院校试行理工结合的经验，应该提倡有条件的综合大学发展技术性较强的学科。甚至，高校可以根据前几年已有的经验，引导部分理科毕业生报考工科研究生，再学两三年。

谢希德指出，这样的理工结合，才能培养出一些人才。工科院校今后也可适当多配备一些理科师资，少招些理科系学生，抽出部分力量开展一些与工科相结合的应用基础研究工作，以及在工科专业的教学中，增加一部分理科的内容；同样综合性大学也可根据条件，增加一些工科的内容。谢希德的这些打破原有学科界限、文理结合的办学模式的观点提出较早，并已产生良好的效果。

党的十一届三中全会之后，教育普遍受到党和政府的重视，但在办学时出现了不注重社会需要、人才比例结构不合理的情况。1981年5月14日，谢希德在《人民日报》上提出调整高校物理学科招生人数的建议。她认为，1978年后，我国许多工科大学纷纷办起了物理专业班，招生人数之多，已引起国内外物理界同行的关注。重点中学凡是名列前茅的学生，很多报考了重点大学的物理专业。1980年，上海市高考录取的前十名学生中，进复旦物理系学习的就有六名之多。然而，如果成绩好的学生都报考物理专业，那么高校农科、医科、工科、文科招生的质量就受到影响，而物理专业人才的培养并不是在短时间内能奏效的，也不可能所有的人都会成为出色的物理学家。优秀中学生的眼光只看到物理，很可能会埋没了在其他方面有发展前途的人才，这对整个国家各类人才的培养是不利的。她认为，搞"四个现代化"建设，理、工、农、医、文各类专业人才，必须有一个合理的比例结构。

1982年6月4日，她又在《文汇报》上发表《发挥综合大学理科优势,加速技术科学的发展》一文。同年,她对《人民日报》记者说,在党的十二大开会期间,她曾与教育部部长何东昌同志就上述问题交换了意见。她认为,培养人才要和搞经济一样,要搞得活一些。要预见到随着现代科学技术的发展和人才培养的需要,教育制度也要相应地有所改革。现在大学理科的专业设置、培养目标、专业训练和教学计划,都落后于现实生活的要求。她语重心长地说,"我曾经讲过现在物理系的学生过多,有人担心这样一讲,好学生都不学物理了,其实不会。因为这不是说不需要培养物理方面的人才,而是说当时学物理的学生过多,和培养其他专业学生不成比例,这样不仅不利于各学科之间的平衡,也不利于各种人才的培养"。

可是,到了20世纪90年代,在近20年的时间里情况发生很大变化。也许时过境迁,不少优秀生不愿报考物理系,反而急功近利,追求一些学习比较轻松、就业比较容易的系科。于是,谢希德再次呼吁应该重视基础科学教育,希望更多优秀的学生报考物理系。总之,各个系科都应有优秀拔尖的苗子,任何一时的追逐和偏向都是不可取的,都会影响国家对人才的培养和需求,这也体现了谢希德工作上因时制宜、与时俱进的一面。

谢希德正在作有关教育发展的报告(1991年)

此外，致力于物理学研究和教学的谢希德，在任大学校长期间及之后，还对文科的人才培养产生了浓厚的兴趣。她提出文科人才培养应重视"复合型"和"交叉型"，要有预见性。她在1992年撰文指出，"文科改革要面向21世纪，应该培养出更多学习经济、法律、政治的人才，将来走上各级领导岗位。这些人应德才兼备，有良好的马列主义基础，能与中国实际相结合，特别是能与我国改革开放的实际相结合，有比较广泛的知识面。培养文科人才，不能太专，应多培养一些文理相通、理工相通的'交叉型''复合型'人才"。

谢希德在任校长期间，非常关注校风和学风的问题，并对大学生如何学习和生活提出许多有益的教导。近些年来，随着改革开放步伐的加大，国外一些先进的经验和科学技术得以更快引入，与此同时，一些不良风气和腐朽思想也不断影响着学生。从厌学发展到赌博、斗殴，不正当的男女关系也有所增多。谢希德还从学生家长来信中反映出的问题得到启示，进一步树立对学生加强思想品德教育的观念。

1987年，谢希德指出，优良校风作为学校的一种教育环境，通过客观现实对学校成员产生积极的心理影响，促使每个人的心态趋于平衡。我们每年都进行评比先进的工作，将大家公认的优秀学生和教职工的高尚品德广为宣传，以他们为核心，去带动一批又一批的人，形成良好的学风和校风。身为校长，她经常用自己的亲身经历，对学生进行爱国主义和社会主义的教育。每次出席党的代表大会返校后，她都要给学生作报告、谈体会，强调精神文明建设的重要性。

高等院校肩负着繁重的培育人才的重任，这项任务自然落到学校的教师身上。显而易见，要办第一流的大学，就要有第一流的师资队伍。谢希德认为，学科带头人是师资队伍的核心，抓师资建设，就要抓学科带头人的培养。"学科带头人应有较强的组织能力，能影响、带动一批人，指挥、团结一班人协同工作，不断做出成绩。随着科学的迅速发展，还会派生出许多新的学科，其带头人也会不断成长。"她采取评一批重点学科、选一批学科带头人的方法，使一些骨干教师在科研、教学中真正起到中坚作用。

要真正搞好师资队伍建设，必须强调理论和实践相结合，要特别重视国内外学术、人才的交流作用。谢希德认为："现代科学技术发展极为迅速，各个领域新的研究成果、新理论、新思想、新技术、新知识层出不穷。在这个知识不断更新的年代，我们只有积极贯彻开放的政策，加速国际科学信息交流，才能使教学、科研工作及时地跟上国内外较新的科研成果与较高的学术水平。"我国在海外的学生很多，如何鼓励他们回国服务，增加凝聚力，是很值得重视的。

谢希德还提出，现代学科的发展既高度分化又高度综合，专业与学科越来越窄，而世界上不少著名大学又不断打破原来各系、各学科的历史界限，建立了跨学科的研究中心或研究综合体，让各系、各学科不同的专家相互配合，共同来完成某些大型的科研课题。复旦大学应该利用校内的有利条件，广泛举办讲座、报告会、讨论班、培训班，自由讨论，使许多师生的眼界得到提高，成为综合性专门人才。从1992年起，复旦大学美国研究中心举办双周报告会，面向全校师生，每次座无虚席，深得好评。

社会主义国家的性质，决定了高校培养出来的人才，必须具有坚定正确的政治方向，必须为社会主义建设服务。高等教育人才培养方向是否明确坚定，关系到人才培养的质量问题，关系到整个国家发展的根本大计。

在担任复旦大学校长期间，谢希德强调必须对学生进行较系统的马克思主义理论教育，引导学生在建设和改革实践中不断增长才干。领导班子提出要把思想政治工作渗透到教学中去，并采取配备学生导师、开办"教授论坛""校长论坛"等有效措施，在学校中形成讲政治、求进步的氛围。她带头为"校长论坛"作首场报告。"我觉得，对年轻同志的希望，最主要的就是树立一个正确的人生观，要知道活着是为什么。正确的人生观，就像船在大海航行，假使没有指南针或方向盘，大船就会迷失方向；相反，我们有了指南针，又把握好方向盘，就不至于在雾里迷失方向，一个人有了正确的人生观，就会有远大的理想和抱负，坚定不移地朝着正确方向前进。"后来，四位副校长也陆续在"校长论坛"上作了精彩的报告，在复旦学生中产生深远

1983年,谢希德在复旦大学大教室演讲,演讲的题目是"做一个有理想有抱负的大学生"

的影响。

作为一校之长,谢希德深知要培养出社会主义建设所需要的人才,必须使办学思想与社会发展相适应,与历史同步前进。她指出,"教育是国家社会主义建设事业的一个重要组成部分。经济决定教育,古今中外,任何一个国家、任何一个历史时期,教育事业的发展程度都是由经济状况决定的。但是,教育的发展又反过来促进经济的发展,这一点是各个发达国家的历史经验所证明的,也是被我国的实践经验所证明了的。智力开发对经济发展的作用,比增加物质投资更为重要。因此教育事业的发展必须与经济建设同步进行。对一个学校来说,就是要适应国家'四个现代化'建设的需要来培养人才"。因此,谢希德认为,"在培养目标上,我们既要重视给学生打好理论基础,又要使学生有解决实际问题的能力,提倡文理相通。对于新设的专业,力图避免专业面过窄的现象。只有这样,才能使今后学生能面向现代化、面向世界、面向未来,迎接新技术革命对培养人才的挑战"。

"实践出真知,理论之树常青",谢希德把从事教学实践得到的经验上升到理论的高度,努力按照教育的客观规律办教育。她一贯认为德、智、体全面发展,以教学为主,以课堂教学为主要形式;传授知识与培养智能相结合,由浅入深,循序渐进,使学生系统牢固地掌握知识;精选教学内容,贯彻"少而精"和"量力而行"的原则,使教学要求与难度适合学生的接受能力;理论与实践相结合;统一要求与因材施教相结合;发挥教师的主导作用与调动学生的主动性、积极性相结合;等等。这些理论都是从教学实践中总结和概括出来的行之有效的教育和教学原则,基本上反映了教育过程的客观规律。其核心是以提高教育质量为中心,正确处理政治与业务、基础与专业、知识与能力、理论与实际、统一要求与因材施教、教师主导作用与学生的主动性和积极性等一系列问题。

如果说大学是一艘航行在大海上的轮船,那么校长就是轮船上的舵手,掌握着前进的方向和速度。谢希德正是这样一位优秀的舵手,掌握着正确的办学方向,使复旦大学在拨乱反正后迅速走向正轨,并为其持续发展作出了贡献。

40. 科研前哨放光芒

凡是到过谢希德家的人,都会奇怪地发现,在她的床头摆放着各式漂亮的小闹钟。仔细打听,这些闹钟原来并不只是为了纯粹的装饰,而是具有很大的实用价值。关于闹钟,其实还有一段鲜为人知的故事!

谢希德担任校长后,由于白天校务缠身,只好把科学研究安排在晚上进行。可有限的几个钟头,总是显得那么不够用。一旦钻进科研之中就出不来,一般不到深夜12时,她是很少上床休息的,而疲劳使她很快进入梦乡而难以自醒。有一次,由于实在太疲劳了,一觉醒来已经误了搭乘校车的时间。也许,一个闹钟的声音比较"微弱"而不足以将她催醒。从此,她找出家里所有的闹钟,经常用两个闹钟催自己起床。每当清晨6时,闹钟几乎同时发出清脆的铃声,共奏美妙的晨曲。

生活和工作的繁忙并没有压垮谢希德那娇小的身躯,她依然准时出现在教室、出现在表面物理研究室。在同事们的协助下,她为博士研究生当指导教师,为科研人员提供新的情报和资料,积极从事教学科研工作。"谢先生虽然当了校长,但自始至终站在科学研究的前哨。"凡是认识谢希德的人无不钦佩她那一心扑在工作上的精神。

半导体表面电子态理论是当时国际上较为活跃、很受重视的前沿研究方向,谢希德领导同事们开展了卓有成效的研究,并取得了重大成果。该项成果研究了一系列元素在半导体表面上的吸附问题,得到许多与已有实验符合较好的结果,对国外有些理论和实验结果的解释加以补充和修正,对实验研究具有指导意义。

——关于GaAs(110)表面弛豫的研究。他们第一次用能量最低的原则得到与实验一致的结果,改进了原有关于GaAs(110)清洁表面的理论结果,与实验符合更好。

1986年,在瑞典召开的国际半导体物理会议上合影(从左至右分别为钱佑华、褚君浩、谢希德、秦国刚)

——关于 Cl 在 Ge（111）表面的吸附。国外原有的理论计算认为 Cl 只能吸附在 Ge（111）面的三度开位上，他们在 1980 年根据自己的计算首次提出，Cl 更可能吸附在 Ge（111）面的顶位上。这一结论在 1982 年已为国外 SEXAFS 实验证实。于是国外理论界重新做了计算，在 1983 年同意了他们关于 Cl 吸附在 Ge（111）顶位的结论。

——关于 Al 在 GaAs（110）面的吸附。国外原来提出在小覆盖度下吸附后表面呈反弛豫的结构，他们认为表面将从原来弛豫 27 度返回到接近理想表面的位置。后来国外也得到与他们一致的结论。

——关于Ⅲ族元素在 Si（111）面上吸附的研究结果。他们从计算物理的角度，证实了巴丁关于费米能级钉扎的理论，表明这一钉扎现象由表面悬挂键构成，与吸附的金属元素无关。

——关于 GaAs（110）面费米能级钉扎的机理问题。他们通过研究一系列元素吸附前后表面结构的变化得出，GaAs（110）面费米能级的钉扎可能是由于吸附后表面弛豫减小，使表面态重新进入禁带的缘故。与法国和德国一些学派从实验角度得出的观点一致。

——关于贵金属 Cu、Ag、Au 在 Si（111）和 Ge（111）吸附研究的结果表明，在界面处都存在互扩散的现象，在 Ge（111）面和 Si（111）面的电子结构不相同。这些理论计算结果与国外实验结果符合较好。

——镍硅化合物和硅界面理论研究，是当时界面研究的前沿，由于硅化物具有较低的形成温度和较高的电导率，在大规模集成电路中有广泛的应用前景。她和同事们选择了镍硅化合物和硅的界面为对象，作了系统的理论研究，不仅搞清楚镍在 Si（111）和 Si（100）表面吸附初始阶段的位置和电子特性，而且研究了形成镍硅化合物的可能途径，详细研究了不同组分镍硅化合物的电子结构，得到镍硅化合物电子结构随组分的变化规律。

——关于钼硅化合物的研究，改进了国外原有的结果，使理论计算与实验符合得更好。首次研究了 $MoSi_2$ 的静态结构特性，为进一步的实验提供信息。

1988年，与同事共同研究的成果获国家教育委员会科学技术进步奖二等奖

——对各种过渡金属硅化物的理论研究，得出一条重要规律，即过渡金属硅化物的电子结构具有一些共同的特点，从理论上说明了金属d电子和硅的p电子构成p-d杂化键是这些硅化物成键的主要特性。

——稀土元素在半导体表面的吸附特性也是近年来国内外颇感兴趣并有实际器件应用前景的课题。研究了Ce在Si（111）面上的吸附，计算分析了Ce和Si的键合性质、电荷转移情况、结合的强度等，继而又计算了Sm、Eu、Yb等稀土元素在硅表面的吸附，对其性质进行了比较。

——碱金属在半导体表面的许多物理性质，至今还引起表面物理界的兴趣和重视。研究了K在Si（100）面的性质，是否成键，是否会有类似派尔斯畸变，有准一维特性，等等，研究了它在Si（100）及（111）面上各种可能吸附构型，对于不同碱金属Li、Na、K、Cs的吸附情况进行了比较。

针对这些科研成果，专家们作出了极高的评价，"在研究方法上，作者采用了国内计算机条件允许情况下的先进方法，自己有所改进，表现了创造能力";"这是一组踏实、系统的研究,提出了一些新的创见,对实验物理研究具有重要的帮助和启发";"这组工作比较系统地开展了半导体表面上金属与非金属元素的化学吸附问题。这组工作是目前应用背景较强的基础性研究课题,也是活跃的领域之一——表面物理和化学吸附"。

20世纪80年代初,谢希德还带领组内同志开展了具有应变的半导体超晶格Si/Ge的生长规律和振动特性的研究,同时研究了在不同衬底上生长的具有不同层次的超晶格Si/Ge的几何形变,提出并得到了稳定生长的超晶格最佳衬底,详细研究了Si/Ge超晶格的振动特性,解释了一些实验结果。有关这方面的工作,都在国外著名学术杂志上发表了论文,并受到国内外同行的重视。

纳米微结构物性是国际学术界的前沿课题,谢希德他们第一次从微观角度研究了纳米硅的振动特性与尺寸的关联,发现以前在唯象模型中常用的振动限制函数不合理。他们还提出了微观计算的喇曼频率与纳米硅尺寸的对应关系,从这个对应关系可以得出实验上很难测量的纳米硅尺寸。《应用物理快报》的审稿人对这项工作给予很高评价,认为这是一项非常优秀的工作,能解释和澄清纳米材料中的许多不清之处。

总之,他们的这些研究帮助人们了解表面的几何结构、外来原子或分子吸附引起的各种电子态的变化、电荷的再分布、化学键等许多基本原理,是半导体表面电子态研究中的前沿,经专家鉴定达到国际水平。

科技发展日新月异,谢希德总是做科学信息收集的有心人,时刻准备着吸收最前沿的信息动态。每次参加科学研究,她总是利用一切时间和机会,为研究所的同志收集新信息,提出新课题,并关注世界上科技发展的新动态。1987年3月16日至20日,美国物理学会举行春季讨论会,"高转变温度超导"的讨论安排在18日晚上7:30举行。可是那天下午5时起,就有许多科学家带着干粮在会场外等候。进场时,能够容纳1 200人的大厅所有的座位都已坐满,谢希德和其他1 000位科学家一样,挤在会场外面的过道上。幸好,在离现场转播电视屏很近的地方,她千方百计找到一把椅子坐下,才能清楚地听到各国科学家的发言和报告。

对科学执着的追求和积极的投入,谢希德犹如海绵吸水,她希望能够了解,再去开拓研究,再传承给他人。刚从美国归来的她,一听《上海科技报》的记者毛秀宝要到寓所采访,长途飞行留下的倦意立即被驱散。她对记者说:"超导这个问题太重要了,科技报和其他新闻单位应好好地宣传……"

谢希德告诉记者,这次会议介绍的在较高温度下取得的超导材料,以及有关超导机制的解释,科学实验方面的突破性进展,都令她兴奋不已。当屏幕上出现我国科学家、中国科学院物理研究所的赵忠贤作了时长 12 分钟的报告时,她的心情尤为激动。在现场通过屏幕,她还看到了美国科学家巴特洛格的最新实验结果。巴特洛格向大家展示了一个用超导材料制成的像 doughnut(甜甜圈)一样的、直径为 1 英寸的圆环。其后又取出一根长长的宽带,也是用超导材料制成的,坐在前排的科学家兴致勃勃地上前用手去触摸。这些研究成果博得了热烈的欢呼和雷鸣般的掌声,引起了世界各国科学家的浓厚兴趣。

在采访过程中,谢希德拿出一本美国最近出版的《商业周刊》,封面上就登载一种超导材料的样品。翻开里页,其中很多内容是关于超导研究的最新进展,并配有大幅照片。她边翻边指给记者看,双手高举宽带、蓄有大胡子的是美国科学家巴特洛格,另一位戴眼镜的中年人是美籍华裔科学家朱经武。谢希德说,那天的会议从晚上 7 点半开到翌晨 3 点,她订购了记录会场实况的录像带,用以做科学研究的资料。事实上,谢希德回国之后立即将自己所了解的情况向报界披露,引起了大家的关注。同时,她还将自己购买的全套会议录像带提供给研究人员观看,尽了一份科学家应有的责任。

此外,关于科学的未来,谢希德认为:"很多人都要我谈谈现代科学的未来,这虽然是脑海中常想的问题,但真要展望下个世纪某个学科的发展,即使是我比较熟悉的半导体物理学和半导体表面物理的发展,也不是一件容易的事,更难去展望其他分支学科了。比较可行的思路，还是通过回顾历史来展望未来。"从过去半个世纪的发展可以发现，物理、材料和器件三者的发展是相辅相成的。未来的发展可能也是基于器件的需求，然后促成材料和物理的发展，也可能是材料和物理的突破导致新的器件的发展。

1949年，晶体管的发明是建筑在半导体物理和半导体单晶材料基础上而成功的。后来，材料制备工艺和器件工艺的发展，加上对一些物理问题的深入了解，又导致集成电路和大规模集成电路、超大规模集成电路以及甚大规模集成电路的飞速发展。1971年英特尔公司4004微处理机芯片的诞生是个重要的里程碑，该芯片具有2300个晶体管。后来的进展十分迅速，时隔仅25年，1996年英特尔公司推出的P6具有550万个晶体管，是4004的2400倍；而1997年，奔腾Ⅱ则具有700多万个晶体管，这个速度是惊人的。显然，21世纪时一块芯片上的半导体晶体管将越来越多，集成电路的线条也越来越窄，当线条窄到0.1微米以下时，在这些电路中穿行的将只有几个电子，增加一个或减少一个电子都是很重要的，必须用量子理论才能处理。虽然器件的尺寸仍在宏观范畴，但要用微观体系的量子理论来处理，因此产生了介观物理学，它的发展方兴未艾。介观物理不仅涉及半导体，也包括工艺上能制备出的纳米体系，例如团簇和各种纳米结构，范围相当广，是材料物理学的一个新的内容。

谢希德还认为，"人们最关心的仍是集成电路，如再继续向小型化发展下去，工艺也会遇到困难。是在集成电路的框架下继续向小型化发展，还是另辟蹊径利用新的机理来发展有开关功能的计算机元件，这是科学家们近年来常考虑的问题。正在开发的'量子点'和由此而发展的有开关性能的'单电子晶体管'就是新途径之一，其中有很多新的现象值得探索。要发展到有实用价值，可能还需要做许多研究工作和解决许多工艺问题。体积越小，表面所占的比重也越大，因此在这些新的领域中既有半导体物理，也有表面物理，但是内容却是崭新的。对每个人来说，只有活到老，学到老，不断学习这些新的内容，才有可能去迎接新的挑战。而我自己已年逾古稀，如能起到指路的作用，让年轻人去闯，也就堪以自慰了"。谢希德言行一致，积极引进复旦大学急需的专业人才并委以重任，张开明和叶令就是其中的典型。

张开明，1953年毕业于复旦大学数学系。1958年赴苏联列宁格勒大学攻读数学物理专业研究生，1960年回国后在复旦大学数学系、计算机科学系、物理系任职，1984年晋升为教授，次年被批准为固体物理学科博士生导师。叶令，1962年毕业于复旦大学物理系，1978年从事固体电子态的理论研究，1982—1984年曾作为访问学者赴美国西北大学物理系工作，后又四次短期重访、开展合作研究，1993年晋升为教授、博士生导师。

"披荆斩棘勤开拓，无限风光在险峰"，由于谢希德与同事坚持不懈地努力攻关，1985年、1987年和1990年她和张开明、叶令等同志一起，共取得三项重大科研成果。它们分别是"半导体表面电子态理

1984年，会见日本学者（从左至右分别为叶令、张开明、谢希德、日本学者、王兆永、陆栋）

1991年,为祝贺谢希德70寿辰暨执教40周年而举行"固体物理学术报告会"

论与实验之一""镍硅化合物和硅界面理论研究"和"金属在半导体表面吸附及金属与半导体界面电子特性研究",都获得了国家教委科技进步奖二等奖。

谢希德的学生、中国科学院院士王迅评论说,"回顾复旦大学物理系的发展,现在能够给历史上留下比较深刻痕迹的,或者说复旦大学能够在国内跻身于领先地位名列前茅的,我想谢希德先生所开拓的学科是国内公认,而且在国际上大家也认可的。谢先生是我国表面物理学的先驱和奠基人,不仅我们这样说,一些美国的著名学者,包括诺贝尔奖获得者、华人崔琦也这么说——'谢希德就是中国表面物理学的先驱和开拓者,我想这是对她贡献的评价。她本人在科学上所作的贡献,可能深远地影响几代人'"。

既然说到了崔琦,在这里也不妨作个介绍。他毕业于香港培正中学,后到美国留学进修,在芝加哥大学获物理学博士学位。先在著名的贝尔实验室工作,时有科研贡献,后至普林斯顿大学任教。他苦心研究出新准粒子,形成量子流体,将半导体物理学运用于科技的各方面,为量子物理学一大突破,为将来物理学研究工作开创出一个新领域,是受到全球科学界各方面极为重视的发展。1998年10月,他荣获该年度诺贝尔物理学奖,为华人再次增光添彩,在世界科学史上留下重重的一笔。

崔琦在他的长诗《求知乐》中写道:

> 费米遗言劝学生，
> 当去实验非理论，
> 世界物多量不尽，
> 伟大匹匠如费米，
> 尚自动手去搬铅，
> 最重客观在量度，
> ……

在对此诗句的注释中，崔琦认为费米在书本上的名气反映在费米子、费米统计等用他的名字来命名的粒子和它的性质上，这些足以说明他在理论物理上的贡献。但是物理学界给他诺贝尔物理学奖却看重他在中子研究领域的贡献，除了理论研究外他也做实验。最有名的中子实验，他自己就亲自动手，改良创新。虽然铅能阻慢中子的运动，而他突然间灵机一动用蜡代替铅，能更快地阻慢中子，而成热中子、热中子的核反应比快中子更快。今天核反应堆都是利用这个特性发电。

崔琦由此引申出，"今天最聪明、最能干的物理研究生常被理论吸引，但理论工作难有成果；而世界上充满各种奇妙的现象让我们用实验来探讨。知识分子不论中西，用纯思维来探讨自然界已经几千年，收获不大，现今的几百年，西方将科学以实验为基础，一切以客观实验数据为依据，而不以个人、专家的意见为真理的标准，如此才有最快的进展。实验看似收效很慢，却是最快的。特别是落后国家、落后民族、落后文化，没有经过实验科学的洗脑，很容易便犯上毛病，在自己条件不具备时选择理论，而不去做实验"。而真正"做实验的人，据我自己观察，很多人成名后，便不到或少到实验室，不再用自己的手去量，自己的眼去看，只靠学生或博士后去做。于是对物体的运动缺乏第一时间的接触，缺少最原始的资料，故此做实验关键是在自己动手，中国士大夫看轻动手的人，这是错误的"。

崔琦很重视物理学实验，"科学的真理，特别是客观仪器度量出来的数据不是随时间而改变的"。事实上，谢希德在麻省理工学院时，就很重视实验，正如她所说的，那几年所做的实验，为她后来从事科学研究，特别是表面物理的研究奠定了很好的基础。此后数十年间，她一直关注实验的新进展。崔琦对谢希德教授的高度评价是很有道理的，是很恰如其分的。

可是，在那么崇高的荣誉面前，谢希德依然那样谦虚。她认为，成就和荣誉之艰辛应当珍视，但不能成为包袱，否则就会停滞而无法前进。科学研究真正需要的是发展思维、发展远见和始终一贯的发展勇气，这是成功的真正动力所在。发展即是开拓，即是不避艰难险阻、坚韧不拔投入其中的创造，即是长盛不衰的学术生命力，这样才能真正站在科学的最前沿而不至于故步自封、骄傲自满，才能真正攀登一个又一个科学高峰。

第六章

慧眼向洋谋振兴

在任复旦大学校长和上海市政协主席期间,我注重建立、加强复旦、上海与外界尤其是国际的广泛联系和信息交流,及时掌握各个领域新的研究成果、理论动向和技术信息,同时积极争取世界上软硬件两方面的学术援助,以便保持复旦大学长盛不衰的发展势头。

美国研究中心这座新的建筑,是中美关系经过曲折道路的见证,也是中美两国人民友谊的象征。目前,它已成为许多外国政治家和学者的讲坛,无数国际学术会议聚会的场所,为促进中美两国人民的了解和友谊、推进中美关系的恢复和发展作出了积极的贡献,它渐渐成为复旦大学标志性的建筑而归于历史……

——谢希德

41. 放眼看世界

"文化大革命"十年浩劫频生。新中国刚刚在社会主义道路上扬帆起航、飞速前进的时候,这场人人自危的运动突然打破了正常的社会生活和国家经济秩序,一切都变得混乱起来。在那个动不动就打成"牛鬼蛇神"的年代,大多数人对海外背景、海外关系谈虎色变,从海外归国执教多年的谢希德就因"国外"二字而遭受莫名其妙的十年折磨。在这样"闭关锁国"的情况下,原本落后的中国又因为十年的停滞不前，再次被拉下一大截。幸而党的英明领导，终于粉碎"四人帮"，国家重新回到社会主义建设的正常轨道上。

在"拨乱反正"的日子里，当人们还没有开放的"看世界"意识时，谢希德已经明白中国要振兴富强，复旦大学要屹立东方，绝对离不开学习国外的先进科学技术和管理经验。于是，一种先人的、果敢的意识开始在她的脑海中酝酿，那就是走出国门，与外界开展广泛的学术交流合作，进一步推动国家的发展、复旦的发展，迅速弥补与世界的差距。"开先人之风气，成不朽之大业"，在随后的领导工作中，她特别注重这一点，将自己的思想和实践紧密联系起来。

1978年9月11日至14日，国际核靶发展学会第7届国际会议在联邦德国慕尼黑附近的伽兴召开，谢希德以团长的身份带领一个八人组出席了这次会议。在联邦德国，代表团参观访问了一些实验室，随后又应法国巴黎奥赛核物理研究所的邀请，在巴黎参观了两个研究所和三所大学。这是粉碎"四人帮"后，谢希德第一次正式出国访问，

1978年9月，谢希德与杨福家（前排右一）、华中一（后排左一）、秦启宗（后排右一）等访问德国慕尼黑大学物理实验室

呼吸新空气、增长新见识、借鉴新成果，使她感到无比的兴奋，虽疲劳而身心愉快。

在这次访问中，许多外国学者都对谢希德率领的中国代表团十分友好，希望通过相互的接触，了解中国政府对国际科学交流的态度、对知识分子的政策等问题，希望今后继续保持联系。那时，戴玻尔教授刚从美国回来，没有来得及休息，就赶来与谢希德一行会面，邀请全体人员到他家中共进晚餐。后来，当谢希德他们从海德堡重返慕尼黑即将离开时，戴玻尔又亲自到车站和机场迎送，甚至协助他们搬运行李。其他许多联邦德国和法国的物理学家也表现出极其热情的态度，有的邀请他们到家中喝茶、设宴招待，有的在居室里为他们举行小型晚会，让大家感到非常愉快和感动。在巴黎参观时，几位大学校长和科学机构负责人，一再对我国派遣的留学生和研究生表示欢迎。

当时，出国访问是难得的向国外学习的好机会，谢希德在访问期间总是带着问题，认真观察、详细询问，并把收获记录下来。这次出国访问，她在报告中记录了自己的访问历程和理性思考，并开始思考祖国科技的未来。她在报告中写道，"联邦德国、法国的科学研究给我印象很深刻，它们重视科学组织工作的现代化，重视边缘学科的发展，注意学科之间的相互渗透，从而产生出富有生命力的新学科。如慕尼黑大学、慕尼黑工业大学、马克斯·普朗克等离子体研究所等单位的物理学家和化学家，共同提出研究表面科学，立即得到政府支持，获得特殊的经费。特别令人注意的是，各专业研究所都不限于自己的专业范围，而是极其重视边缘科学的发展，如海德堡的马克斯·普朗克核物理研究所，它以核物理研究为重点，这方面的工作具有世界水平，但它还设立了地球化学与宇宙化学组，利用核技术研究太阳的发展历史、太阳系的元素分析、行星间际物质、行星表面、宇宙射线、行星间大气层等，此外，还用核技术进行考古和半导体的研究"。

在这次访问中，谢希德还对国内外的中学教育作了具体的对比，"法国的中学毕业生都可进入大学，然后在第一年末通过考试，决定是否继续学习，所以大学一年级人数极为庞大，高年级的淘汰率也很高。联邦德国招收大学生的方法则不同。联邦德国的中学分两种类型,一种学校是专门培养准备升大学的学生,另一种学校则培养直接就业的学生。前一种中学中学生的中、小学训练为期13年,到了高年级就有选修课,训练比较严格。在这类学校中,有许多课程可供选修,中学阶段就可学到部分微积分,中学毕业通过考试的学生进入大学深造。从了解的情况看,由于我国的中学课程内容与德、法不同,年限也有差别,再加上语言上的困难,目前似不宜派大学生或研究生去联邦德国或法国,和我交谈的外籍科学家也有同感,从实际效果考虑,最好派有实际经验、外语水平较好的教师或研究人员,到国外进修一至两年"。

然而,就在谢希德一心想着祖国、想着工作的时候,一件意外的事情发生了,这也竟成为这次出访很让人感动、很有纪念意义的小插曲。一天清晨,在下榻的旅馆房间里,她起床时不小心倒在床栏杆上。顿时,她感觉肋骨部位一阵剧烈的疼痛,特别是喘气时更加难以忍受。由于这是出访的第一站,作为团长又理应为大局着想,因此她担心此事一传出会影响整个团的情绪,甚至影响以后几个站的访问,所以一直没有声张。随行的团员们看到她行动不方便,都关切地询问出了什么问题,但她什么也没说,忍着疼痛完成了访问任务。其实,当时的碰撞已造成她肋骨的部分骨折。回学校后一忙,她早就把肋骨受伤的事忘得一干二净,继续投入到工作中去。紧接着,她又赴美国开会、访问、考察。待她回国到医院进行一般性体检时,医生经过X射线透视,郑重其事地告诉她肋骨曾经骨折但现已自然痊愈,谢希德这才恍然大悟,意识到当时是怎么回事以及问题的严重性。

1979年1月底,谢希德率领我国科学代表团,前往美国加利福尼亚蒙特利参加化合物半导体界面的会议。代表团在美共逗留33天,访问十所大学的部分实验室和五个公司所属的研究机构。这是她1952年回国后第一次访美,自然遇到许多老朋友,也结识了许多新朋友。

谢希德在谈论访美观感时,强调指出,"和美国相比,我国的科学技术是比较落后的,这种落后特别表现在实验科学技术方面,而数学和理论物理学方面,我国和国外的差距还比较小一些。除了众所周知的美国计算机和程序控制自动化程度很高之外,各类实验科学条件的提供方面也是先进的。就大学的科研来看,美国的普林斯顿大学,就拥有全国最大的核聚变研究装置,其实验经费是大学经费的十倍。而目前国内由于实验室条件的限制,实验科技工作者要克服很大困难,才能取得比较优异的成果。因此,在宣传上除了对理论工作者的成就给予肯定之外,还要对实验科学工作者给予鼓励和支持,以免过多的人热衷于做理论工作,造成对'四个现代化'不利的倾向。可以说,'四个现代化'的实现,在很大程度上还取决于实验科学的发展"。

谢希德出访回来后马上提出建议,选送研究生和访问学者时应把主要比重放在实验科学方面,处理好组织国内科学仪器生产和进口外国仪器的关系。不过,到了20世纪90年代,她又因时因地制宜,认为有必要强调基础研究的重要性,包括理论研究和实验研究。当时,粉碎"四人帮"后招收的大学生还没有毕业,不可能选派研究生。而后几年,她认为研究生培养既要立足国内,也可以让有条件的青年出国攻读研究生,以博采各国之所长。

"争分夺秒,无处不在",谢希德一直在关注国外发展的最新情况,一直在积极主张向国外学习,而她的主张往往高屋建瓴,独具慧眼。1996年,在给香港科技大学张立纲院长的一封信中,她依然表现出"向他们学习"的真诚和恳切。

立纲院长:

谢谢你的邀请信。我订了4月16日到香港的飞机。是15日UA从Newark到旧金山,转从旧金山到香港的航班,下次给你航班号。傍晚到香港。17—18日在贵校访问。18日下午即搬到Princeton开会的Marriott Hotel in Central, Hong Kong。18—19日开会,21日中午前乘东航飞机返沪。

如感兴趣,可给一个seminar,如下的题目你看是否合适?

The Development of Science (more physics oriented) in China, Past, Present and Future.

对你们几个对中国情况了如指掌的朋友，可能是多余的，但香港的研究生或一些外国朋友似还可以。我在国外讲过，反映还可以。你看如何，如不妥，由于时间也不多，我可不作任何报告，主要向你们学习，请不客气地告诉我你的意见。这个题目可能很多其他的人也讲过。虽然观点也许不同。

昨天给 Princeton 在贵校讲课的邹至庄教授发 E-mail 时提到会前希望能访问贵校，但还未收到你的回音，估计你不在学校，果然让我猜对了。在贵校的朋友很多，除去在物理系及材料方面的外，管理系的李乐德也是复旦的学生，他现在是 Yale 的教授。

今天未带订票单，下次告诉你航班号码。

谢谢你的帮助。

新年好！

谢希德
一月十一日

42. 得心应手管外资

1982 年 9 月，世界银行贷款的第一个中国大学发展项目开始筹备，谢希德被任命为专家组副组长。

这个项目贷款金额 798 万美元，其中引进设备 700 万美元，人员培训 78 万美元，购买图书 20 万美元，贷款从筹备之日起到 1985 年 6 月的近五年时间内支付。如果实施成功、顺利进行的话，我国 28 所重点大学将受益匪浅，将对重点大学重点学科建设、改善和更新实验装备、提高教学质量和科研水平、促进智力开发、人员培训等方面起积极的作用。

工作开展初期，谢希德在内心盘算如何用好这笔为数不小的贷款，使它的价值发挥到最大化，不负国家和人民所托。她认为，随着科学技术的发展，进行高质量研究的特殊设备是非常昂贵的。这些设备的成本，通常超过该研究单位的财源，因此国家实验室应建在大学内或其他地方。中国的科学家也要像他们的国外同行一样，必须学会到他自己所在的校园以外或是到国外的实验室去短期工作,培养相当的研究能力,完成一定的研究项目才行。当时,虽然国家一时还不可能有这类大型的设备,但是随着北京正、负电子对撞机与合肥的同步辐射国家实验室的建立,花些精力来考虑这些重要的问题已是十分必要和迫切的了。

在这种情况下,本着"好钢花在刀刃上""在其位谋其政"等思想,谢希德关于举办"大学实验室和技术管理国际讨论会"的设想逐步形成了。她希望通过总结国内办实验室的经验,引进国外实验室和技术管理的经验,有针对性地利用世界银行这笔贷款,为我国实验室建设和人才培养进行开创性的工作。在国家教委的支持下,1983年11月25日至28日,第一届"大学实验室和技术管理国际讨论会"在上海龙柏饭店召开,来自美国、日本等国家的七位专家、教授代表以及来自国内46所大学和学院的79位代表出席,谢希德担任组织委员会的主席。大家就建立一些区域性的大学实验室中心的重要性,购置高级精密仪器设备的手续,实验室中心的行政组织和职能,技术管理人员的招聘、提升和训练等主要问题,展开了充分的交流和讨论。会后,组织者将几十篇论文和发言稿汇编成册,供各地大学参考借鉴。

由于精心准备、细致规划,复旦大学较好地使用了这批贷款。经过一段时间的努力,学校开始成立一些重要实验室,教学和科研设备都有很大改善。与此同时,教师也开设了一部分高水平的新的教学实

1983年,在上海召开的大学实验室和技术管理国际讨论会上

验课程，改进和提高了原来教学实验的内容和水平，从而提高了学生分析、解决问题的能力。这样一来，世界银行贷款在实验室的使用，促进了实验教材的编写、充实和提高，为科学研究提供了大量信息，并加速了科研的进程。除此之外，学校还利用部分贷款，购进不少先进国家的专业图书资料，作为教学科研的参考书。

在短短的五年中，复旦大学利用世界银行贷款，派出了访问学者、博士和硕士研究生共 70 多人。这些师生经过培训回国后，分别在学校的分析测试中心、计算中心和重点学科——半导体物理的建设方面，以及改善学校财务管理等方面，都起到了重要的作用。此外，复旦大学还利用贷款先后邀请了 17 位著名专家、学者到校讲学，对提高教学水平和学术水平产生了明显的效果，从而促进了学校的研究生培养和科学研究的质量上升。此外，专家们对复旦大学的发展还提出不少建议，得到了她和学校的重视，并得以体现在实践之中。就此言之，世界银行贷款发挥的效用，仅复旦大学一校的受益便如此之大，更遑论全国其他 27 所高等院校了。

1985 年 2 月，谢希德荣任世界银行贷款第二个中国大学发展项目中国专家组的组长。她清楚地意识到，整个贷款计划的实施将面临为大学与社会提供更好服务的挑战。那时，实验室人员素质、服务效率的提高，以及损坏设备的维修问题，是大家共同关心、迫切需要解决的问题。"英雄需时势，改革趁东风"，谢希德带着问题，开始酝酿和筹备第二届"大学实验室和技术管理国际讨论会"的召开。

1986 年 12 月 12 日至 16 日，在国家教委的支持下，第二届"大学实验室和技术管理国际讨论会"在复旦大学召开，应邀参加会议的联邦德国、日本、英国、美国同行主要介绍在管理大型实验室方面的经验，谢希德再次荣任大会组织委员会主席。在开幕式上，她再次重申大科学与小科学之间的界限越来越不明显。在大学或在研究所内建立开放实验室或成立国家实验室，成为最有效地使用有限财源的办法。在闭幕会上，她又指出应鼓励不同部门实验室之间的合作，通过为研究生建立合作培训项目，实现大学和研究所之间的密切联系。同时，为了有效地使用有限数量的实验手段，相同领域的实验室之间更应该加强合作。在她的主持下,这次会议再次获得圆满成功,大家带着论文汇编奔赴各地,为努力建设好实验室,加强技术管理而积极地实践。

凡是从事世界银行贷款工作的人员都深知,这项工作是一项复杂而政策性很强的工作。作为中国专家组组长,谢希德感受到自己肩上的重任,整个贷款工作不容闪失。而在此期间,恰逢她担任复旦大学副校长、校长的职务,工作繁忙,身体状况也不是很好,但她却没有因为这些因素的影响而少花心思在该项工作上。为了做好领导和组织工作,她充分利用每次出国参加世界银行贷款中外专家会议之机,在百忙中多考察一些大学的实验室,多了解国外设备的行情,以便在决策时用较少的钱购买到较高质量的设备,从而做到钱尽其用、用尽其当。即使在出席其他会议时,她也不放过访问专家、考察实验室的机会。在国内,每到一地,她坚持多看多听多思考,上海理工大学、同

曹天钦、谢希德夫妇邀请世界银行中外专家组居家做客(前排左二为曹天钦,左三为谢希德,右一为阮刚)

济大学、中国纺织大学（今东华大学）以及南京市、北京市的几所大学，都留下她勤劳的身影和并不轻盈的足迹。她把自己了解到的情况，定期向世界银行反映，共同做好这项关系中国大学发展的工作。而且，每次向世界银行汇报工作，她都要亲自过问，不少英文汇报文稿都亲自翻译、修改而后定稿，倾注了无数的心血。

复旦大学经管世界银行贷款办公室的原处长刘振道，由于工作关系与谢希德接触较多，对她的工作作风和工作魄力有着深刻的印象。在谈到她主持的世界银行贷款工作时，他是这样评价的，"世界银行贷款工作，谢希德教授担任组长，是最合适不过了。她有着渊博的科学知识、敏捷的思维素质和洞察力，再加上精湛而熟练的英语，在工作中始终占有优势和主动。她与世界银行官员接洽会谈，从来就是不卑不亢、谦虚友好，获得国外同行的赞赏。谢希德教授举手投足之间，很好地反映出中华民族的优良传统，展现出中国科学家的高水平形象"。

十年间，谢希德在世界银行贷款工作中，不仅为复旦作出贡献，也为我国的高等教育作出重要贡献。她不是站在复旦的高度，而是站在全国大学的高度；她不仅仅考虑引进硬件（科研设备），更注重软件（科研人才）的建设。在改革开放方针的指引下，凭借她与国际上许多著名专家、学者的友好合作关系，聘请大量高水平的专家为中国大学实验室传经送宝，进一步促进了教学科研水平的提高。

正由于谢希德在前两次世界银行贷款工作中的出色表现，国家教委在1991年底成立的重点学科发展项目世界银行贷款中外专家咨询组中，谢希德又一次当选为组长。1991年后，她又担起世界银行重点实验室发展计划专家咨询组组长的重任。该项目专家咨询组的职责是，确保国家重点实验室和专业实验室以正确协调的方式发展，在项目实验室科学研究和研究生教育的发展方面，向国家教委和中国科学院提供咨询和建议，审查试点实验室管理计划的实施情况和成果，帮助推广其成功经验，以及在项目执行中向执行机构提供类似的其他咨询和建议。在此后五年多的时间里，谢希德与其他八位中国、外国资深的科学家、研究员、理工科教授和实验室主任，一起考察了128个

1980年3月,在北京与教育部领导和世界银行中外专家组合影(站立者右五为谢希德,右六为何东昌)

项目实验室,包括国家重点实验室和专业实验室,占全部 134 个项目实验室的 96%。此后咨询组还决定对还未考察过的实验室继续进行检查。

当时,针对前几个大学项目实施过程中发现的问题,咨询组对实验室管理计划进行试点,并在项目实施过程中为实验室管理人员举办讲习班或研讨会。1995 年 5 月 8 日至 12 日,在北京清华大学举办了一次重要的研讨会,由国家自然科学基金委员会副主任金国藩教授主持,来自世界银行、联合国开发计划署、国家计委、国家科委基础科学研究局的领导,以及项目专家咨询组的成员谢希德、师昌绪(中国科学院院士、中国工程院副院长)、横山伸也(日本博士)、曹传钧(北京航空航天大学原校长)、麦肯泰尔(加拿大教授)等,以及重点学科发展项目中的许多国家重点实验室主任参加了研讨会。会上,七位试点实验室主任作了重要发言,而来自日本、英国的专家分别就科技成果转换、实验室管理和评估等问题进行了经验交流。由此，在谢希德他们的齐心协力下，试点实验室管理计划有条不紊地实施并产生良好的效果。

1993年5月10日至28日，谢希德与成员师昌绪、曹传钧、侯洵院士（西安光机所原所长）组成考察团，赴加拿大、美国考察，通过学习国外同行的经验，加深对实验室管理、绩效评价、人员培训及技术转让等问题的理解，重点关注了技术转让问题。考察期间，他们收集到近期科技发展的第一手资料，作为我国开展相关工作的重要参考。1994年8月，谢希德还到日本和美国对科研成果转让进行考察。

经过五年的项目执行，在全部国家级重点实验室和专业实验室及主管部门的共同努力下，世界银行评估报告中所列的重点学科发展项目的各项指标，绝大多数已经达到，并在人力资源开发、加强管理、中国科学的现代基础设施建设、鼓励国际科研合作、促进技术转让等方面取得了丰硕的成果，同时也对工作中存在的问题提出了一些建设性意见。

1997年6月5日至12日，由国家教委主办的"中国重点学科发展项目科技成果转化展览会"在复旦大学举行，并于6日至7日举办了中国重点学科项目科技成果转化研讨会。谢希德任组委会主席，时任中共上海市委副书记、后曾任教育部部长的陈至立出席了开幕式。那次展览会共展出了全国50余所高校及科研院所的78项科研成果，涉及能源、原材料、新材料、交通、机械设计制造和控制、电子学和通信、农业、生物技术、医学和新药研究、环境和灾难控制以及某些基础领域。来自全国各学校、科研院所、中外企业的近1 000名来宾，以及世界银行代表和项目专家组中外专家参观了展览会，并给予了高度的评价。

这次展览会的举办，对各项目实验室了解国内外有关学术领域的最新研究成果，以及在科研成果向工业界转化方面的趋势和成功范例，为探索我国高校、科研院所、企业界的紧密合作提供了有益的经验，并为重点学科发展项目的科研成果向工业界转化起到了积极的推动作用。在这个过程中，谢希德与复旦大学有关部门负责同志精心安排，投入许多精力，使展览会得以成功举行。

春蚕到死，蜡炬成灰，奉献者的脚步从来不会停滞，谢希德亦然。她以满是疾病的躯体创造着无数的传奇，总是不知疲劳、兢兢业业地为祖国的教育、科学事业作出无私的奉献。

43. 从复旦走向世界

复旦大学从建校开始，就有着和世界广泛联系的优良传统。曾经有人在评论中国的大学时说，复旦大学是最"崇洋媚外"的大学，虽然此说颇有点调侃之意，但从中也恰恰反证了复旦大学办学的开放性，在交流与合作中争取共赢。就这一点而言，谢希德很好地坚持着学校的优良传统，引领着复旦走向世界发展的最前沿。

20世纪80年代，正是谢希德担任复旦大学校长期间，时逢国家改革开放之初，许多政策还不太明朗，但她已经意识到复旦与国际接轨的重要性，逐步加强复旦开放性交流合作的力度。那时"文化大革命"刚结束不久，当许多人还缺乏改革开放意识的时候，她却本着"送师生出去，让知识回来"的宗旨，毫不犹豫地与国外进行积极联系，把复旦师生送到国外去深造，而她本人的留学生涯、知识背景及热心程度都对帮助复旦走向世界起着极为重要的贡献。后来据海外许多学者反映，也是从那时起他们才突然接触到许多复旦学者，长期以来"与世隔绝"的复旦大学因此在国际上声名鹊起。

1982年，已在计算机并行处理方面颇有建树的朱传琪，获得以访问学者身份去美国伊利诺伊大学作学术研究的机会，但遇到一点小小的麻烦。当时，谢希德主管学校外事工作，了解到朱传琪想出国深造的想法，并认为他所做的研究学校非常需要。后来，经过她的力排众议，学校经研究批准了，支持他出国做访问学者。

按规定，访问学者在国外工作满两年就应该回国，但朱传琪参与了历时七年的美国计算机领域重大项目——大规模并行计算机系统从申请经费到研制完成的全过程。作为这个项目的主要研制人，朱传琪当时有些"舍不得"马上回国，希望能在美国多留两年。在左右为难之间，他又想到了当时的复旦大学校长谢希德，于是他写信将自己的想法告诉她，希望能完成自己的心愿。

1984年，正是改革开放、解放思想之初，循规蹈矩做事也许不需要承担更多的压力，但对工作的开拓创新以及取得更大的成就，实在存在很大的弊病。考虑到计算机专业的重要性、所获的难得机遇以及对有培养前途人才的更多关心，当时谢希德再三考虑，觉得思想应该解放一点，于是同意了朱传琪的要求。所谓"用人不疑"，在这件事情上，虽然不免承担一些风险，但她始终相信朱传琪。

同年，她趁访问美国的机会，专程到伊利诺伊大学看望朱传琪，在实地了解具体情况后，"你需要多长时间，就留多长时间，但是我希望你最后还是回来"。由于她的信任和支持，朱传琪得以在美国系统地深造，为后来的研究打下扎实的基础。1986年，谢希德又了解到，已分居太长时间的朱传琪夫妇想团聚一下，他的妻子出国需要有人为其担保，当时要办这种事并不是轻而易举的。不过，她充分了解朱传琪，相信他一定不会辜负学校的期望，便欣然为他的妻子赴美作担保，让他们在太平洋的彼岸团聚。

"以心发现心，以爱博得爱"，充分的信任、无私的帮助换来了报效祖国的赤诚之心。尽管从并行处理计算机研究工作的环境和条件来说，伊利诺伊大学确实是世界一流的，与朱传琪共同研究的库克教授也为他办好了留美的一切手续，可项目一结束，朱传琪便打点行装准备回国。他对热情挽留的美国人说，"祖国也需要开展这方面的研究，我更不愿意辜负谢校长的信任，他们都在大洋那边等着我、看着我"。1988年，朱传琪回到了阔别多年的复旦校园。报到的第二天，谢希德就安排学校有关方面解决了他的职称问题。当时提教授的工作已经差不多结束了，由于她惜才心切，特意给他留了一个名额。由于谢希德处处为他考虑，朱传琪怀着一种对她知遇之情的回报，凭借自己扎实的知识和突出的工作能力，在科学研究中作出了重要的贡献，后来获得了"上海市科技精英"的光荣称号。

骏马始终需要伯乐的点拨，才能有千里之跃，而不会羁绊于槽。复旦大学国际关系学院教授、博士生导师、美国研究中心副主任沈丁立在谢希德身边学习和工作已有 16 年多。自 1983 年至 1989 年,他有幸师从谢希德和张开明两位教授攻读研究生,并得到了导师的精心栽培。在她慈祥而严格的教育下,沈丁立就读研究生期间已经完成多项课题的研究,在国内外学术期刊发表多篇论文。在回顾自己取得的学术成就时,对导师的尊敬、爱戴之情溢于言表,"谢先生极其认真地指导我写的每一篇论文,修改的笔迹遍及文章每一页。我从事理科学习,本以为自己已经被训练得严谨不苟,但看到谢先生的一圈一点,就会感到十分羞愧。我永远也不会忘记谢先生在她的博士生专业课程上,对她亲自指导的学生采取特殊规定——若考试分数仅为'及格'要作不及格处理——这是中外闻所未闻的要求。作为谢希德教授的学生,能够受到这样严格要求的训练,实在是一种幸福,终身受益无穷"。

访美时,谢希德在美国新泽西强生公司的强生楼前与正在普林斯顿大学的沈丁立合影

师恩难忘，肝胆相照。其实，沈丁立也是谢希德送出去的，当时他认为公派出国，就是一国的"使者"，要不辱"使"命，学成而归。谈到这一点，"谢先生从来不对学生说，你应该回国，但是她自身的经历就是对学生学成后归国的一种无言鼓励和鞭策"。1989年9月，一个阳光灿烂的下午，复旦大学物理楼前的大草坪上，沈丁立出国前与导师话别。在那段时间里，物理系有些学生出去了，一时就不想回国服务。沈丁立去美国读博士后，也有许多人猜测他会"一去不复返"，但谢希德并未阻拦他。在话别时，她想了想，郑重地说，"有些人言而无信，出国后就不回来了，我相信你能信守诺言"。沈丁立面对导师的嘱咐，也信誓旦旦地回答，"今天我在物理楼门前向您告别，明年此时此刻我会在这里向您报到"。后来，沈丁立为了祖国，为了实现自己对导师的诺言，放弃在美国拿"绿卡"的机会，如期学成回国。当时，谢希德高兴地迎接他，还请他到家里吃饭。虽然吃的只是粗茶淡饭，但这是她对一个热爱祖国、信守诺言的学生的奖赏，因为没有比报效国家更为光荣和高尚的事情了！

值得一提的是，谢希德每年都为考取出国攻读研究生的物理系学生写私人推荐信，估计至少有100人。虽然这项工作占用了她许多宝贵的午休时间，但她始终觉得这是一项很有意义的工作。作为人类灵魂的工程师，培养人才的园丁，她觉得自己应该关心青年人的前途，"这个项目是李政道教授倡导的，第一批录取始于1980年，1989年已是第九批，复旦考取的学生有17人……"有一次，有人受一位物理系学生之托，请谢希德为其写份出国求学推荐信。为省时省事，那位学生事先将信草拟好，不料却受到她严厉的批评。因为她每次给学生写推荐信，都是亲笔写就，从来不用别人代劳。这件"小"事，在学生中广为流传，誉为典范。当时，有些学校的教授为学生写推荐信并不认真，甚至敷衍了事，但她绝不允许自己或自己学校的老师有这样的现象出现。北京某名牌大学的一位教授曾经感叹，像谢希德这样开明、认真的教授，在学校中实在太少了。

谢希德喜欢来自世界各地的朋友和同行，虽然有时也为自己被占用的时间太多感到苦恼，但聊以自慰的是这些时间并没有浪费，友谊的种子正是在自然的交流气氛和无私的关心帮助中播下的。1983年10月19日下午,复旦大学在数学楼举行授予茅诚司名誉博士学位,周振鹤、葛剑雄历史学博士学位的仪式,作为校长的她出席并讲话。茅诚司是日本著名物理学家、东京大学原总长、东京大学名誉教授、日中协会会长、日中科学技术交流协会顾问。1929年他获理学博士学位,以研究铁磁学、取向性硅钢片闻名,曾发表不少有关铁磁单晶方面的论文,其理论常被日本及国际上的铁磁学者引证,在世界上享有盛誉。在授证仪式上,复旦大学学位评定委员会主席、名誉校长苏步青在会上致辞,对茅诚司先生和夫人的到来表示最热烈的欢迎,对他出席仪式并获复旦大学名誉博士学位表示热烈的祝贺。

谢希德在讲话中指出,茅诚司先生一直是中国人民的好朋友。早在20世纪50年代,他就要求恢复中日邦交,1955年6月即以日本学术会议代表团身份首次访华。1975年后,茅诚司多次访华,热心于中日两国的科学技术交流,推荐了不少知名科学家和学者访问中国。与此同时,他和复旦大学也有过多次来往,给复旦师生留下了难忘的印象。在茅诚司先生任学术振兴会会长期间,他对复旦大学访问日本代表团给予热情接待,也很关心复旦留日学生的生活。现在已85岁高龄的他,还在为发展中日友好,促进两国科学技术交流而努力,这都是让大家钦佩的地方。

授予日本著名物理学家茅诚司复旦大学名誉博士学位证书(1983年)

随后,谢希德亲自把鲜红的证书授予茅诚司博士,这是复旦大学第一位来自国外的名誉博士,从而翻开了学校授予国外名誉博士学位这新的历史一页。在任职期间,她还接待过美国总统里根、巴西议长吉马良斯等国家领导人来访,授予一批国外著名教授、学者为复旦大学名誉教授、顾问教授的称号。在她看来,外事活动是一项很有意义的工作,她为自己有机会带领复旦大学在国际这个大舞台舞蹈而感到欣慰,并表示只要有可能就会坚持下去。

1986年3月29日,复旦大学美国校友会在纽约举行成立大会,正在美国访问的谢希德出席大会并讲话。复旦大学校友、韩叙大使的夫人葛绮云也出席了成立大会。校友会会长章植先生,自1982年起先后两次共捐款20万美元,作为复旦大学学生赴麻省理工学院深造的奖学金。这一切都与谢希德在国际文化交流方面所作出的不懈努力分不开的。

当然,谢希德也是一个讲原则的人,有着崇高的思想风格。她与

1986年3月29日,在纽约召开的复旦大学美国校友会成立大会上

国外朋友书信联系较多,但都按外事通信规定办理。她出访和接待外宾较频繁,但总是严格执行外事纪律。前些年,一位多年的老朋友送给她一台打字机,她看到研究所办公室还没有打字机,便送给大家使用。即使按规定可以将送给个人的食品归自己处理,她也要征求意见后再作决定。

在短短的几年中,谢希德以她学术上的重要贡献和出色的外事工作,赢得了许多国家专家和学者的欢迎和敬重。1987年5月17日,一个阳光灿烂的星期天,在纽约州立大学奥尔巴尼分校体育馆前的广场上,坐满了参加该校第143届毕业典礼的毕业生。这一年的毕业生共计2 800余人,其中有700名硕士生和100名博士生,作为复旦大学校长的她也将在这里接受该校的荣誉博士学位。

下午一点钟,教师们身着各种式样、不同颜色的博士服,在美国国歌的乐声中首先步入会场,在主席台前就座。随后是身穿黑色毕业礼服的学生,秩序井然地进入会场。典礼开始不久,一位学生家长以这样的方式表达他们对学校最崇敬的谢意,两架小型飞机拖着一条长飘带,上面用红色字母写着"家庭的感谢——爱林·斯戴乐",在会场上空转了五圈方才离去。事实上,许多美国大学采用这种极其隆重的方式举行毕业典礼,给每名学生留下了终生难忘的印象,而这或许也是和中国人比较含蓄地表示感谢所不同的地方。

在校长、毕业生代表和教师代表讲话之后,校董事会委员代表校方和董事会向谢

1987年5月,在纽约州立大学奥尔巴尼分校授予谢希德教授名誉博士的仪式上

希德授予荣誉博士学位证书。在一阵热烈的掌声和欢呼声中,她向大家频频挥手致意。整个毕业典礼进行了两个小时,在被授予荣誉博士的四位教授当中,只有谢希德是获得理科学位的。复旦大学在纽约州立大学奥尔巴尼分校的留学生也参加了典礼,他们为谢希德校长感到自豪,并和她一起拍照留念。《今日美国》报社记者在采访谢希德时,称她为"中国的哈佛大学校长"。

谢希德一生中多次出国参加各种会议,或应邀作有关科学、教育、妇女等方面的报告,足迹遍及美国、英国、日本、法国、比利时、瑞典、德国、意大利、波兰、泰国、苏联、匈牙利、希腊、委内瑞拉等国和中国的香港及台湾,并在数个国际学术会议上任组织委员会、顾问委员会或程序委员会成员。1982 年任国际杂志《表面科学》(Surface Science)中国地区编委,《应用表面科学》(Applied Surface Science)编委,法国《电子显微技术和电子能谱》(Journal de Microscopie de Spectroscopie Electroniques)编委。许多美国科学家曾说过,谢希德是在美国人中知名度最高的三个中国人之一。

从 1981 年起,谢希德先后获得多种国际荣誉称号,其中有史密斯学院、纽约市立大学市立学院、利兹大学、霍利约克山学院、关西大学、贝洛伊特学院、纽约州立大学奥尔巴尼分校的名誉科学博士学

接受名誉博士学位
(1986 年)

访问美国、加拿大期间,谢希德又获得两个荣誉博士称号;图为1993年5月30日美国波士顿地区的萨福克大学校长萨金特向谢希德教授颁发荣誉科学博士证书,这是该校第一次将此类荣誉称号授予中国的科学家

位,东洋大学的荣誉工学博士学位,萨福克大学、克利夫兰州立大学、麦克马斯特大学、阿帕拉契州立大学、香港科技大学的荣誉博士学位等。她还被选为美国物理学会荣誉会员,1988年被选为第三世界科学院院士,1990年被选为美国文理科学院外国院士。

44. 校园外交结硕果

"菁莪风雨乐,知是故人来。"1984年4月30日下午,这是复旦师生难以忘怀的时刻。复旦大学相辉堂灯光灿烂、热闹非凡,700多名师生正在等待当时的里根总统前来演讲。在礼堂舞台中央的讲坛上,镶嵌着用篆文与英文交织而成的粉红色"复旦"图案,对面墙上用中英文写着"中美两国人民之间的友谊万岁!"数十位中外记者忙碌着，坐在电话机旁通过卫星与本国通讯社紧张地联系着，礼堂后面长长一排电视摄像机也已伸长镜头对准了讲坛。

罗纳德·威尔逊·里根，1911年2月6日出生于美国伊利诺伊州的坦皮科城，1932年毕业于尤雷卡学院，获经济学和社会学学士学位。他曾从事影视工作，先后参加拍摄了50部电影故事片。1966年他当选为加利福尼亚州州长，1969年任共和党州长协会主席，1980年当选为美国总统，1981年1月20日宣誓就任美国第40届总统，此后又连任一届。里根是在美国最需要明星的时代就任总统的，他带领美国人民从迷茫中找到希望，受到全体美国人民的尊敬！

为了里根总统的访问，上海市人民政府、复旦大学做了许多准备工作。市政工程邯郸路、四平路拓宽改造工程如期完成，学校相辉堂翻修改造一新。复旦大学师生以热情友好的姿态欢迎里根来访，卢于道、胡和生、吴文祺、汪熙等教授以及复旦创始人之一于右任嫡孙——于子桥教授（美籍华裔）纷纷发表谈话表示欢迎。谢希德校长专门接受美国记者采访并发表讲话："里根总统访问复旦，我们感到荣幸。""中美两国人民有传统的友谊，通过里根总统的访问，两国人民的友谊将会加强，文化、科学、技术的交流将更加发展。"为此，有当代王羲之美誉的著名书法家王蘧常教授特地书写"中美友谊，源远流长"八个大字，意义十分深远。

1984年4月，接待美国总统里根来访（从左至右分别为蒋学模、谭其骧、华中一、苏步青）

四月的复旦，春色怡人，群芳争艳。30日下午，排成长龙的外宾车队进入复旦大学校门。3时15分，里根总统在朱穆之部长、汪道涵市长、谢希德校长等陪同下首先走进3108教室，外文系陆谷孙教授正在向100多名学生讲授莎士比亚戏剧课。在一片热烈掌声中，里根总统走上了讲台发言，"我的大学生涯已经过去大约50年了，50年来科学技术有了巨大的进步，你们每一个人都站在一个伟大的起点上。中国人民有技巧，有才智，还有丰富的遗产。你们这些有机会在这所大学里学习的同学，将帮助你们的国家走向新的繁荣"。

现场学生报以热烈的掌声，之后踊跃提问。有学生请总统先生谈谈他大学生活中哪些方面给他印象最深。里根总统回答说他只是在一个小学院里读过书，没有进过大的学校。他学的是经济学，另外两项爱好就是体育和演戏。他比较诙谐地说，"除了经济学外，体育也使我找到了好工作，你们也会惊奇地看到当一个好演员多么有好处"。接着，学生们就复旦和美国的校际学术交流、如何发展中美关系提问，里根总统一一作了回答。最后，一名学生站起来问，"总统先生，您的中国之行即将结束，您能否告诉我们，在访问中，什么事情给您印象最深？还有，您回去后将把什么见闻告诉美国青年人？"里根总统回答说，我还在思考，但首要的一点是中国人民的温暖和友情，这是到这里之后最为温暖人心的经历，"我们将久久地牢记"。还有，就是那伟大的文明遗产，很久之前就开始的文明，较之于世界任何地方都早。他描绘他在长城上的心情，在登上陡峭的阶梯之后，他对自己说，几千年前，人们还扛着石头爬山。他又说，前一天在西安，他站在兵马俑旁边——800多个之中没有两个是相同的——他感到他们好像在与他进行历史对话。最后他说，我们已经开始了两个伟大民族之间的友谊，而历史的对话还刚刚开始。在热烈掌声中，陆谷孙教授代表学生表示感谢，并希望总统今后能再来，里根总统说："我非常感谢！"

下午3时36分，谢希德校长陪同美国总统里根、美国国务卿舒尔茨、美国驻华大使恒安石、中国文化部部长朱穆之、中国驻美大使章文晋、中国外交部副部长韩叙、上海市市长汪道涵和副市长阮崇武

1984年4月,主持里根总统访问复旦大学的欢迎大会

1984年4月,接待美国总统里根

来到学校大礼堂。随着担任谢希德翻译的董亚芬教授宣布——里根总统到了,在一片雷鸣般的掌声中,他们在主席台上就座。这时,扎着两只浅蓝色大蝴蝶结的复旦学生会副主席陈雁如向里根总统献了一大束鲜花,并把一枚复旦校徽别在里根总统的胸前。

在谢希德致欢迎辞后,里根总统开始了他长达半个小时的演讲。他说,"我们访问中国才五天,所看到的名胜古迹却使我一生难忘","但是,我今天想和你们这所著名学府的年轻人谈谈未来,谈谈我们共同的未来"。接着,他谈了中美之间的教育交流计划、两国互换留学生人数、美国"富布赖特奖学金"计划,他表示欢迎中国留学生去美国学校学习电子计算机科学、数学和工程学、管理科学,他期望与中国一起探讨是否有可能合作开发太空,这是符合世界人民利益的。在两国关系方面,他对中国政府实施改革开放政策给予积极评价,对发展中美两国人民之间的友谊感到由衷高兴。他还赞赏了在美华人的非凡成就,"王安计算机公司是王安先生的天才和心血培育出来的;贝聿铭先生设计的建筑,为美国的城市面貌增添了光彩;荣获诺贝尔物理学奖的科学家李政道博士,丰富了我们对宇宙、对物质的基本特性的认识,他是在上海出生的"。当然,他也没有忘记向中国学生宣传美国的《独立宣言》。

演讲最后部分,里根总统说,"我们是两个伟大的国家",分处在地球的两边。两国都是"朝气蓬勃、力量强大的国家","美中两国都拥有大量的人力资源和人才。只要我们通力合作,什么样的奇迹都能创造出来"。"复旦大学的学生,中国和美国所有大学的学生,肩负着两国未来的重任"。最后他又说,上海是一个学术之城,一个知识之城。上海历来是你们通向西方之窗,也是我们两国发表公报、始建新友谊的地方。长江波浪滚滚,是世界的大河之一,它经上海流入东海,东海同太平洋汇合,太平洋的波涛汹涌,直达美国西海岸。它将祝愿我们一路顺风,永远生活在友谊与和平之中。

演讲结束后,谢希德向里根总统赠送了由复旦大学谭其骧教授主编的《中国历史地图集》。谢希德介绍说,这份校礼是复旦大学教授谭其骧主编的,里根总统立即回过身去,与坐在第二排的谭其骧教授握手，这一切都被摄像机摄下，并在美国转播。下午 4 时 15 分，笑声和掌声欢送着总统离开教室。里根总统车队缓缓驶离大礼堂，在途经 700 号十字路口时，他特地伸出头来，向路旁的师生挥手告别！历史就此定格，一次成功的、高规格的接待结束了。

谢希德在总结这次成功的接待时说："成功的接待来自全校教职工的密切、有效的合作。没有总务处的同志把相辉堂修整一新，没有基建处的同志把高低不平的道路修平，没有外事办公室、计算中心等许多单位的日夜操劳，是不可能有如此成功的一举的。几个月的忙碌为了 90 分钟，而这 90 分钟又充分体现了复旦大学的水平和力量，体现了中国人民的热情和友善，我终生难忘⋯⋯"

1985 年 5 月 27 日，复旦大学迎来建校 80 周年大庆时，在众多贺电、贺信中有一份来自大西洋彼岸的贺电，美国总统罗纳德·里根表示他很怀念一年前对复旦校园进行的美好、值得回忆、具有深远意义的访问。诚然，这封贺电再次证明了复旦大学的接待很好地展现了中国人民作为礼仪之邦的热情、友好和真诚，以及复旦大学的良好风貌。

45. 父亲的最后消息

1986 年，在一个十分偶然的机会，谢希德获悉两条关于父亲谢玉铭的重要信息——几十年前的一项重要研究，以及父亲在台湾逝世，亲情在隔绝了 40 年以后依然无法连续，这也注定他们父女之间的误会在他们生前是无法冰释的。

1955 年和 1965 年的诺贝尔物理学奖，分别颁发给从事重整化概念实验和理论研究的两组科学家。科学家拉姆和库什在 1946 年到 1947 年从事重整化的实验工作，于 1955 年获得诺贝尔物理学奖。科学家朝永、施温格和费曼在 1947 年到 1948 年从事重整化的理论工作，于 1965 年获得诺贝尔物理学奖。

其实，早在 20 世纪 30 年代，就已经有好几个实验组在研究氢原子光谱，与后来拉姆和库什在 1946 年、1947 年的实验工作属于同一个实验方向，其中一组就是美国加州理工学院的物理学家豪斯顿和谢玉铭（Y. M. Hsieh）。他们两人在当时做了极为准确的实验，于 1933 年 9 月写成长篇科学论文投寄《物理评论》，五个月以后刊载在该杂志上。

1986 年初，两位研究物理学史的作家克里斯和曼合著的《第二次创造》（*Second Creation*）出版。该书论述了 20 世纪许多重大的基本物理学发展，全书 20 章中，有三章专门讨论发现重整化概念的实验和理论经过。书中对豪斯顿和谢玉铭的上述长篇科学论文极为推崇，说论文中作了一个"从现在看来是惊人的提议"：他们的实验结果与当时理论结果不符合，他们估计这可能是由于光子和原子的相互作用，可惜理论工作者没有正确处理并坚持下去。

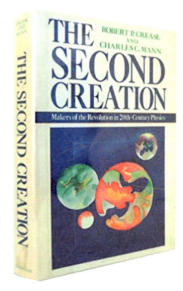

1986 年初，《第二次创造》一书出版

后来，著名物理学家、诺贝尔奖获得者杨振宁认为，豪斯顿和谢玉铭的实验结果从今天来看是正确的，他们的提议也正是后来 1947 年到 1948 年关于重整化的理论的主要发展方向。可惜的是在他们先后另外有几个实验组，得出了和他们不同的结果，产生了混乱的辩论，没有引起当时理论物理学界的广泛注意。而在十多年以后，拉姆和库什使用新的技术研究氢原子光谱，得到了高度准确的结果，引起大震惊，才导致重整化的发现。

不过，杨振宁对于此事也是在 1986 年 3 月才获知的。那时，他在纽约购买了克里斯和曼的新著《第二次创造》，看到著者在书中对豪斯顿和谢玉铭工作的推崇，于是想到 Y. M. Hsieh 也许是当时复旦大学校长谢希德的父亲谢玉铭教授，可是一时也不能证实。

世事出机缘，人生多凑巧。其时谢希德正在美国访问，几天后从西岸打电话给杨振宁，讨论学术交流的事情。杨振宁趁机问她，谢玉铭教授是否于20世纪30年代初在加州理工学院与豪斯顿合作。谢希德作出肯定的回答，并问为什么提起此事，杨振宁兴奋地告诉她《第二次创造》一书中所记述的事情。

"你知道不知道你父亲那时的工作很好，比拉姆有名的工作早了十多年，而且拉姆的结果证明你父亲的实验是正确的？"杨振宁在电话中问道。

"我从来不知道，当时他只告诉我在从事很重要的实验。"谢希德如实地说。

"你们父女都是研究物理的，拉姆1946年到1947年的工作引起震惊时，你已经是物理学工作者了，他怎么没有和你谈起他自己30年代的工作呢？"

电话另一端的谢希德，沉默了一会儿才说："说来话长，我们没有机会。家父在新中国成立前去了菲律宾，他写信要我留在美国或英国。我于1952年回国，回国后曾多次给他老人家写信。我猜他对我不听他的话很不高兴，所以我们始终没有机会讨论他早年的工作。"

杨振宁后来谈起谢玉铭和豪斯顿的实验不胜惋惜，认为当时不是产生了混乱的辩论的话，那么他们在20世纪30年代或者至迟40年代就理应获得诺贝尔物理学奖了，而中国人获得该奖项恐怕也要提前几十年了。为此，他还专门为此事写了一篇文章《一个真的故事》，刊登在《物理》杂志上，后来由复旦大学出版社出版的《杨振宁传》也转引了此事。

"生死不相见，阴阳两相隔。"谢希德不无感慨地说："就在我1986年访问美国期间，在芝加哥得悉家父于3月20日在台湾孤独离世，享年91岁（1895—1986年）。父亲是在此十多年前自菲律宾退休以后搬去台湾的。我们父女之间40年没有见面了，也没有任何的书信往来，但是我知道他的内心一定惦记着家人，惦记着我，无论时空如何改变也无法改变我们的父女情深……然而这毕竟是我们两代人之间的最大遗憾。"

杨振宁的《一个真的故事》一文发表于《物理》杂志

46. 美国研究中心

1990年4月3日下午2时,复旦大学美国研究中心大楼破土、打桩典礼在文科大楼旁的停车场内隆重举行,一时之间鼓乐齐鸣,彩旗飘扬。上海市人民政府原市长汪道涵、上海市政协主席谢希德、美国驻沪总领事万乐山与有关领导,以及专程来沪的美国复旦基金会执行主任史家伦先生,还有美国、中国香港工程设计人员,同复旦大学领导及数百名师生代表一起参加了典礼。

谢希德主持了破土、打桩典礼，并致欢迎辞。她讲话时指出，在复旦大学 85 周年校庆前夕举行美国研究中心破土打桩典礼，说明在过去几年里美国复旦基金会与复旦大学的合作是卓有成效的，它意味着在中美两国人民之间建立起来的友谊纽带将继续下去。致辞结束后，汪道涵、谢希德、万乐山、史家伦共同为典礼剪彩。

说到美国研究中心，事情还得追溯到 1985 年。当时作为校长的谢希德高瞻远瞩，意识到中国和美国之间存在着许多研究和交流的缺陷，便有成立美国研究中心的想法。同年 2 月 1 日，复旦大学美国研究中心经批准成立，她兼任中心主任，这在全国高校中应属首创。该中心作为一个综合的研究和教育机构，同时又是一个学术机构，旨在培养对美国各方面进行深入研究的一代学者。它将充分发挥复旦大学的学术优势及其在国内外广泛的联系和影响，安排校内外各学科、各方面的专家学者，对美国政治、经济、外交、科学技术、国际事务及中美关系等问题进行深入研究，并承担培养新一代比较深入了解美国事务的专家，为我国现代化建设服务。

后来，经过谢希德等人的积极努力，复旦大学美国研究中心大楼

在复旦大学美国研究中心基金成立签字仪式上（后排左二为强连庆、左四为林克、左五为邹剑秋）

力图通过美国复旦基金会向美国政府的有关援外单位申请建设资金。1986年,在基金会董事会董事们的努力下,通过在美国国会的游说,中心最终获得了国际发展署及"美国海外医院和学校"项目的拨款,于1990年动工建设。当时,中心规划建筑面积约8 000平方米,共四层,大楼内有教室、会议室、报告厅、图书资料室、研究室等。在同类教学科研机构中,这座大楼建成后的设施将最为齐全和先进。

1995年5月,与美国复旦基金会负责人在一起

在建造中心大楼的过程中,为解决资金问题,谢希德四处奔波,寻求支持。1989年6月前,她以在美国的影响和知名度,争取到数百万美元的免税援助项目,并以此筹建复旦美国研究中心的一些过渡建筑和上海中美友谊医院的手术室和外宾病房。6月之后,她又多次赴美国,说动更多朋友继续为中美友谊作出努力。有一次,谢希德去见美国众议院拨款委员会主席康迪,希望在资金问题上得到他的帮助。康迪曾就读于麻省理工学院,和她都是波士顿"红短袜"棒球队的球迷,谢希德也深知这一点。两人在见面握手以后,谢希德张口就提"老朋友,'红短袜队'最近赛事如何",康迪听了非常高兴,两人无形之中也亲近许多。聊着聊着,谢希德很自然地就将话题转到美国研究中心筹资的事上。后来,康迪果然不负谢希德之望,在项目投资上出了不少力。"爱国情怀昭日月,满腔心血联中美",就这样,经过好几年的争取,她终于带回了美国人民的友谊,带回了继续承担援建项目的诺言,美国研究中心大楼的破土动工因此也具有特殊的意义。

1995年,出席复旦大学美国研究中心新楼落成典礼(前排左一为庄锡昌、左二为林克、左三为邹剑秋、左四为美国朋友、左五为谢希德、左六为基金会负责人,前排右一为华中一)

1995年5月,在复旦大学美国研究中心成立十周年暨新楼落成典礼上讲话

1995年5月,在美国研究中心新楼落成典礼上,与中心顾问、上海市原市长汪道涵亲切交谈

1995年,美国研究中心大楼一期建成并正式投入使用,开始了它的历史使命和教研功能。后来,谢希德在由美国研究中心成员编写的《曲折的历程》一书序言中写道,"美国研究中心这座新的建筑,是中美关系经过曲折道路的见证,也是中美两国人民友谊的象征。目前,它已成为许多外国政治家和学者的讲坛,无数国际学术会议聚会的场所,为促进中美两国人民的了解和友谊、推进中美关系的恢复和发展作出了积极的贡献"。

在谢希德的积极领导和参与下,中心教师努力工作,勤奋从事多项研究;广交朋友,积极参与学术交流,美国研究中心功不可没。后来,国际关系与公共事务学院院长倪世雄回忆说,"谢希德教授是中美关系的推动者和中美友谊的播种者,对中美关系的改善和发展作出了重要的贡献。她在对外交往中不卑不亢,热情友好,以理服人,以情动人;她几十年如一日,广交朋友,以她独特的人格魅力,感染了无数的美国人,受到美国朋友的爱戴和尊重",其中最突出的例子是在美国国会颇有影响的众议员柯特·韦尔登先生。

过去,由于对中国不了解,韦尔登曾在众议院投票反对延长对中国的最惠国待遇。1998年,在访问中国并在复旦大学林肯讲坛上作第一次讲座后,他改变了对中国的看法,从此对中国十分热情友好。当时,中心的同志曾陪同谢希德去拜访韦尔登先生,目睹她如何驾轻就熟、娓娓道来地做这位议员的工作。韦尔登被谢希德的智慧和人格所折服,甚至成为她的"崇拜者"。2000年2月,在谢希德病危的时候,他要求国会山上的美国旗帜为她飘扬一天,国会接受了。后来,他还专门托人带来了那面美国国旗和证书,交给了复旦大学王生洪校长。证书上写道:"兹证明这面美国国旗是应柯特·韦尔登议员的请求,于2月24日在国会山上飘扬,以表彰谢希德教授对中美关系所作出的贡献。"韦尔登还在给美国研究中心的信中说,"长期以来,我特别敬重谢希德教授对科学和中美关系的突出贡献,和她的每次见面都使我感受到她的智慧和人格的力量。她是一个品质高尚的人。作为美国的一位众议员,我为有机会与她一起推动中美关系走向新世纪而感到荣幸"。

从1979年开始追随谢希德做研究工作,作为她的助手参与美国研究中心创建工作的周敦仁教授是这样看待她的:"谢希德校长早年留学美国,在史密斯学院和麻省理工学院这两所名校分别获得了物理学硕士和博士,这在当时堪称罕见,在美国妇女中也是寥寥无几的。谢校长在国内的教育和国外的学习中,又濡染和吸纳了西方文化中的优秀部分。她在许多方面的表率形象和工作作风也都证明了这一点。如办事认真负责,连一个细小的地方,数字、标点符号、拼写都严格查对,对引用资料来源也是准确严谨,从来不接受'差不多哲学'。她办事民主,不但尊重同事和上级,对每一个学生也给予应有的尊重。她处处用分析的眼光、科学的态度、严谨的逻辑来判断和认识复杂的国际事务,追求真理、服从真理。可以说西方近代科学技术之所以能够突飞猛进地发展,把一些文明古国抛在后面的那些积极进步优秀的方面,在谢校长身上都有体现。"

1993年毕业后来到美国研究中心工作的刘永涛回忆了这样一件事。有一次,谢校长应邀参加一家外国机构驻沪办事处的开业典礼,当时来自美国的梅女士担任整个典礼的口译工作。在随后的午餐会上,上海市有关领导、许多驻沪机构代表先后作即席发言时,谢校长高兴地说:"今天梅女士已经连续作了三个小时的翻译工作,现在一定很累了;我愿意减轻她的负担,所以我的发言内容先用中文说

1995年12月，在美国研究中心举办的国际会议上致辞（左二为谢希德）

一遍，然后再用英文说一遍。"当她致辞完毕，全场报以热烈的掌声。人们不仅为她流利地道的英语以及生动得体的发言鼓掌，而且更为谢希德那颗时时想到他人、关怀他人、爱护他人的金子般的心而鼓掌。

诚然，谢希德的身上，体现出我国几千年的传统文化，体现出中华民族的优秀品质。这些文化传统和优秀品质，虽然国家多经磨难，但是还一代一代地传承下来，使我们的民族屹立于世界优秀民族之林，得到外国人的尊敬，这也是中国人为之自豪的资本。诸如谢希德，她雍容大度，亲切热情，不卑不亢，有理有节；尊重别人，也尊重自己；对祖国无比热爱，对传统文化非常熟悉。她完全不像少数中国人受情绪支配，思想狭隘，或者盲目自大，或者卑躬屈膝。这一点尤其体现在她会见外国客人时，她给陪同的工作人员上了一堂言传身教的课。

那时，谢希德充满信心地说，"对于复旦美国研究中心的工作，我看到取得的成绩，它成为有相当影响和水准的国际研究机构，但也感到还有许多事情要做。1999年10月,中心的倪世雄教授,带来一份新的工作计划,到医院和我一起讨论。那时我已住院一年多了,精神不怎么好,但看到这份工作计划,我同样感到很兴奋,因为它又描绘了新的蓝图。我认真阅读,不时作些修改。我认为这一年的主要工作应从跨世纪的战略高度,以新的精神风貌和不懈努力,抓项目、出成果,抓队伍、出人才。最后我在工作计划上批了四个字:如何落实?点出关键所在。美国研究中心的同事,表示要认真地讨论和落实这个工作计划,我相信,他们会做好的"。

如今,复旦大学美国研究中心已在研究、教学、学术交流、咨询和协调诸方面取得成果。该中心依借复旦大学的人才优势,在美国政治和外交、美国经济、军备控制和地区安全、美国社会和文化研究方面展开了深入的研究。中心成员还为本科生、硕士研究生和博士研究生开设国际关系、西方国际关系理论等多门课程。

为了表彰她的功绩,上海市欧美同学会名誉会长、复旦大学校长王生洪在"谢希德奖学金"设立仪式上说,"之所以要设这项奖学金,是要表达我们对她由衷的敬意。谢希德教授的名字将镌刻在复旦大学的发展历程上,将伴随着复旦走向明天的辉煌。我们要激励后学,以她为楷模,勤奋刻苦,勇于攀登。我相信,获得'谢希德奖学金'的同学一定会感到它的分量,因为'谢希德'这个名字,是意志的化身。我们要宣扬她的高贵品质,使她的精神得到传播。谢希德教授除了钻研学问,还热心社会公益事业,她为我国的教育事业和妇女事业做了大量的工作。谢希德教授还是中美交流的友好使者,我们所在的美国研究中心,就是在她精神感召下,由美国友人自发成立的复旦基金会通过美国国际开发署捐助建立的"。当时,美国复旦基金会主任斯凯伦和江渊深教授,以及美国驻沪总领事李凡先生和他的同事们都出席了设立仪式。

2005年3月,美国研究中心大楼二期工程已交付使用。中心大楼前的小花园内耸立起一座谢希德铜像,经校长办公会议讨论决定,中心二期新建的报告厅被命名为"谢希德演讲厅",以此纪念她为复旦大学和美国研究中心所作出的卓越贡献。

2000年2月,"谢希德奖学金"设立仪式在复旦大学美国研究中心举行(右三为秦绍德,右四为王生洪,左一为倪世雄)

设立"谢希德奖学金"(1998年)

47. 内聚外联"会"上海

1998年7月,连任上海市欧美同学会会长的谢希德,一如既往带领世界各地留学归国学人,为振兴中华、繁荣上海作贡献。

上海市欧美同学会会长谢希德

其实,归国学人成立上海欧美同学会的历史,可以追溯到85年前。早在1913年,上海成立过欧美同学会,历史伟人、中国革命先驱孙中山先生和其夫人宋庆龄女士都是会员。从此,一代又一代归国留学生,不仅带回了各个时期的前沿科技和管理知识,也带回面向世界的开拓创新思想。在这样的背景下,上海市欧美同学会于1984年9月3日成立,并接过了历史的接力棒。

在欧美同学会成立五周年,也是上海欧美同学会总会创建70周年前夕,谢希德有机会翻阅到拉法尔格所写的《中国最早的百人》(China's First Hundred)一书,书中描述了中国最早的几批留美学生的遭遇。第一个留美学生是1828年诞生于广东香山县(今中山市)一个小村庄中的容闳。在他的倡导下,由李鸿章、左宗棠上书当时的清政府,自1872年到1874年先后派了四批总共100余名中国学生到美国读书。这些十几岁的男青年大多来自广东省,抵美后分住在美国东北部康涅狄格河谷上的康涅狄格州和马萨诸塞州的居民家中。他们首先进行英语训练,然后读中学,再分别进入大学攻读工程,也有的进入军事院校。按原计划,他们在美国学习15年后回国。然而由于经费拮据,以及朝廷中对学习西方持有不同意见,这些留学生1881年7月左右先后回国。他们在所住之处,给当地居民留下深刻印象,至今还流传着有关他们的故事。

回国后,一些学过海军的青年分别在福州及天津的海军基地服役。不久,在福州的几个同学,于中法海战中为国捐躯,结束了他们短暂的生命。其后,在北方服役的同学也在甲午海战中牺牲。有些人从事电报事业,大约有20人为建立各省的电报作出贡献,也有不少人是我国矿业与铁路事业的先驱者,其中特别值得一提的是詹天佑。

詹天佑在1872年随第一批留学生去美国时只有12岁，1877年中学毕业进入当时耶鲁学院的设菲尔德工程学校，1881年以优异成绩毕业。回国后，他先后在福州的海军学校、黄埔海军学校任职；1888年后又在当时政府所属的铁路部门工作。他在铺设从北京到当时的察哈尔的铁路中，成功地设计出了爬越高山峻岭的人字形铁轨，显示出高超的工程师本领，为中国人争了光。为了纪念这位中国第一位卓越的工程师，在由北京去长城的必经之地——南口车站矗立起他的铜像，不知受到过多少登越长城的人的瞻仰。詹天佑也是1913年北京欧美同学会的发起人之一。

"捐躯赴国难，视死忽如归"，谢希德就利用老一辈留学生志在振兴中华、生命不止奋斗不息的事例教育着现今的会员，使大家坚定不移地学习老一辈留学生坚忍不拔的精神、忠心耿耿的爱国热情，从而更好地为祖国的强大、为上海的繁荣奉献一己之力。

1994年，当时的国家主席江泽民在同学会成立十周年之际，提出了"广泛联络海内外学友，为振兴中华繁荣上海作贡献"的目标，就是勉励海内外同学充分发挥知识密集的才能和多方面智力资源的优势。后来，谢希德在上海市欧美同学会会刊上总结我国改革开放以来，该会进一步发扬爱国主义传统的情况和经验："同学会起到了东西文化交流，促进国际合作的桥梁作用，走在世界和科技发展的最前沿，引领着上海和复旦的发展潮流。"截至1998年6月底，该会从创始时的302人激增至3 343人（含海外会员141人），包括了科技、医药卫生、文化教育、经济贸易、政治和法律、艺术和音乐等各行各业，一时之间少长咸集、群英荟萃，组织规模之壮大可见一斑。会员中有中国科学院、中国工程院院士50多人，多数是各行各业的学术带头人，也有不少在政府机关、大专院校、科研院所、高新技术企业等单位担任领导职务，聚集着丰富的人才和信息资源。在谢希德和其他副会长的共同领导下，这个曾在世界各地留学归国学人自愿组织的民间团体朝气蓬勃地成长起来，会员们积极发挥聪明才智，为内聚外联、繁荣上海作出了重要贡献，并不断取得丰硕成果。

谢希德会长和出席欧美同学会的部分领导合影（1996年）

上海市欧美同学会副会长倪家泰回忆道："随着我国改革开放的深化、经济的高速发展，这几年回国的留学人员日益增多，欧美同学会的社会功能和影响力也日益增强。面对新的形势，谢会长对我说，我们欧美同学会除了做好归国学人的团结联系工作外，应该把为上海的经济建设服务放在重要的地位。"20世纪90年代以后，谢希德对开拓同学会经济界会员的工作十分重视，并经常深入细致地和其他成员一起研究这方面的工作。在她的指导下，上海市欧美同学会五届理事会正式成立了经济委员会，倪家泰以副会长的身份分管经济委员会的工作。

从1993年起，上海市欧美同学会连续六年负责接待由美国跨国经济政治研究公司组织的美国、加拿大基金会投资财团访华考察团。每次来访，谢希德都抽时间会见他们，并通过她的大力引荐，上海市的市长、副市长和有关领导接见了美、加基金会考察团，向他们介绍上海的投资环境。记得第一次来访时，欧美同学会组织了一批上海的企业家在新锦江的国宴厅举行欢迎会。可是，那天正好飞机误点，众多来宾都在焦急地等待客人，作为具体组织者的倪家泰心里很着急，考虑准备取消那次欢迎会。当时谢希德会长镇定、冷静地对他说了几

1997年，上海市欧美同学会"两院院士国庆茶话会"合影（前排左起分别为汤章城、华裕达、叶叔华、李国豪、徐匡迪、谢希德、谈家桢、王应睐，二排右四为李大潜、右五为谷超豪、右六为胡和生，三排右一为杨福家、左六为邓景发）

1998年5月，谢希德会长与出席欧美同学会工作经验交流会的部分领导和工作人员合影（前排左九为谢希德、左十为丁石孙）

句安定人心的话，"他们飞机误点迟到了，一定也很着急，但是看到我们在耐心地等待、热情欢迎他们，他们会感到上海人的热情，上海的投资环境很好"。果然，那次欢迎会使客人非常满意，也十分感动。会后，美国跨国经济政治研究公司和上海市欧美同学会签订了长期合作的协议，在各方面合作广泛而愉快。

欧美同学会之所以能取得良好的合作效果，在短时间内声名鹊起，在促进上海和复旦与世界接轨的过程中发挥着不可或缺的作用，无论是在政治、经济还是文化等方面，所有的这些都与会长谢希德高瞻远瞩的眼界、纵横捭阖的领导和全身心的投入工作是分不开的。

48. 毕生要为家国忙

"先天下之忧而忧，后天下之乐而乐"，谢希德心中永远装着一个大世界、装着国家民众的利益，那娇小的肩膀承载着巨大的历史负荷。她不仅活跃在教育、学术领域中，作为一名出色的社会活动家，她还常常就妇女问题、世界和平问题、中外关系等发表谈话，提出自己的真知灼见。

1990年初，谢希德应美国亚洲协会邀请到泰国清迈，参加有关东南亚地区的讨论会。她在会上介绍了中国经济治理整顿的情况，随后又到莫斯科参加世界环境保护的会议。在那里，她认识了来自许多国家的重要领导人，并在小组会上介绍了中国对环境保护和人口问题的政策。

至于中国妇女问题，谢希德凭着丰富的阅历和多年对国内外妇女的广泛接触了解，在美国的一些大学、美国物理学年会以及第三世界妇女科学家大会上，介绍了中国妇女科学家的状况、面临的问题和挑战。她在谈论妇女成才时指出，妇女要生儿育女，责任总比男子多。在这种情况下，她们要与男子竞争就需要作出更大的努力，付出更大的代价。有人做过一个调查，中国第三批15名女院士，都是具备比较优越的条件取得成功的。如已故著名医学教授林巧稚，就是终生未婚，与侄女共同生活；当时核工业部的王承书教授，比较晚才有孩子，而且只有一个孩子。谢希德本人31岁结婚，35岁生育，也是最好的明证。据了解，有不少女院士，都是不结婚或者晚婚晚育、少生子女的。

"在40年代末50年代初，美国妇女就业不多，能撷取教授头衔的妇女多半终生未婚。1979年，我重访美国，发现妇女就业情况有了

1995年，参加联合国第四届妇女大会时在非政府组织（NGO）会议上

变化。虽然高层次就业的妇女依然少数，但比以前增多了，特别是来自香港、台湾的美籍华裔妇女中，就业的很多。著名的华裔物理学家吴健雄女士，只有一个孩子，孩子小的时候，家里请了女保姆。"谢希德历经新旧两种社会和中西两种制度，通过对比，她对妇女问题往往有独特的见解，并且一语道破问题的实质和妇女解放事业的艰巨性，"美国的托儿所不多，致使许多妇女在喂养婴儿期间无法参加工作……妇女真正解放的问题，是世界性的问题，法律上平等而实际上的不平等，在许多国家都存在，还是比较普遍的问题，譬如中国女大学生就业就比男的要困难。当然，要实现真正的男女平等也绝非一朝一夕的事情，当前还是存在许多实际困难，还是有许多的问题需要正视"。

1986年5月20日，"国际和平年·维护世界和平学术讨论会"在上海宾馆望海楼开幕，来自全国各地的专家、学者，共同探讨维护世界和平问题。全国政协副主席、国际和平年中国组织委员会副主任、中国人民争取和平与裁军协会会长周培源，上海市政府顾问汪道涵，上海市政协主席李国豪，南京大学名誉校长匡亚明和复旦大学校长谢希德在会上讲话。

谢希德在会上发言时提及核武器，谈到了著名物理学家爱因斯坦建议制造原子弹的一封信。1939年10月，他给当时的美国总统罗斯福写信,"最近四个月来,通过约里奥在法国的工作以及费米和齐拉德在美国的工作,我们已经比较确切地知道,在大量的铀中建立起原子核的链式反应会成为可能。由此,会产生巨大的能量和大量像镭一样的元素。现在看来,几乎可以肯定,这件事在不久的将来就会实现"。事实的确如此,"二战"中原子弹在日本广岛爆炸时释放出巨大的能量,日本军国主义得到了应有的惩罚,同时也给日本人民带来了前所未有的灾难。爱因斯坦看到了原子弹给人类带来的灾难后,从1945年起就一再发出维护和平的建议。他在1945年12月10日的一次讲话中指出:"物理学家们发现他们自己现在所处的地位,同阿尔弗雷德·诺贝尔差不多,阿尔弗雷德·诺贝尔当时发明了从未有过的最猛烈炸药,一种超级的破坏工具。为了赎罪,也为了安慰他的良心,他设置了奖金来促进世界和平。今天,参加过生产这种历史上最可怕和最危险的武器的物理学家,即使不是和诺贝尔一样受着那种有罪的感觉的折磨,也是在被同样程度的责任所纠缠着。"他感慨地说,"战争是赢得了,但和平却没有了"。在晚年,他不遗余力地致力于和平运动,并在不同场合号召全世界的科学工作者为争取和平而斗争。

就这一点而言,谢希德在发言中指出:"党的十一届三中全会以来,我国奉行独立自主的外交政策,为我国同世界各国之间、我国人民同各国人民之间的交往开辟了非常广阔的前景。我们派遣学者和研究生,到许多国家讲学、学习、参加国际会议,开展合作研究。作为一个中国的科技工作者,我们一定要充分利用开放政策的有利条件,在国际交往中,联合所有爱好和平的科技工作者,为限制核武器和太空武器而进行不懈的努力。作为一位妇女和教师,我特别关心下一代成长。我们不仅希望在20世纪为他们创造一个和平环境,更希望把和平带到21世纪,让他们继续坚持和平与发展,真正将战争归于历史的字眼。可以相信,只要人民能充分动员起来,和平必将属于人民。"在她看来,科学在以前或许成为战争罪恶的帮手,但是不可否认它本身是无罪的,其中的关键就是在掌握它的人。

谢希德没有忘记前辈爱因斯坦的故事，也没有忘记自己作为一名物理学家的职责，她是这样说的，也是这样做的。1987年3月，她应美国纽约巴纳学院（Barnard College）的邀请，在该学院作《中国妇女的过去、现在和未来》和《中国大学教育的状况》的报告；后应哥伦比亚大学物理系邀请，介绍复旦大学研究组对硅化物电子态的研究成果。1988年秋，国际教育交流委员会（CIEE）在法国南部的戛纳召开年会，谢希德应邀在大会上作报告，介绍改革开放对中国教育的影响。同年，她在美国史密斯学院向附近的五个学院介绍中国的和平外交政策。1990年夏天，谢希德应美国夏威夷大学的邀请，在东西方哲学国际会议上介绍了中国科学技术的发展情况。

在国外，谢希德还多次介绍过中国大学教育发展的现状和面临的挑战，以及改革开放后的中国大学教育。1991年1月，谢希德在美国威斯康星州亚洲协会召开的会议上，作了题为《一个中国教育家对中美关系的看法》的报告。同年12月，她还应美国福特基金会的邀请，向该基金会董事长介绍中国改革的前景。1992年2月，由上海国际问题研究所等单位，在上海市召开纪念中美联合公报发表20周年大会，谢希德应邀参加会议并发言……

谢希德在向国外朋友、同行作中国报告时，除了学术内容之外，还有许多专题报告，如《中国妇女问题》《中国科学的发展》《中国大学教育的发展》《中国知识分子的政策》《教育面临的挑战》《中国经济的治理整顿》《改革开放的成就》《和平外交的成就（特别是解决国界、边界问题）》《环境与人口政策》等。很显然，通过这些报告，积极和世界更好地沟通，将中国的外交、改革等方面的政策及时地向国外宣告，进一步树立了中国文明礼仪之邦的良好形象，谢希德充分意识到了这一点。

除了参加学术会议之外，谢希德还是我国派往国外的工作人员、中美访问学者、留学生的知心朋友。自1983年起，每年3月她都要参加美国物理学会的"三月会议"，趁与中国学生相聚之机，介绍国内及学校的情况。特别是在1989年6月之后，她为了让外国人真正了解中国的真实情况，不遗余力地做工作，起到了人民外交的积极作用；同时也及时与我国的留学生谈心，打消他们心中的思想顾虑，努力学成归来报效祖国。

当然，作为担任过复旦大学美国研究中心主任的谢希德，自然时时关注美国政府的动态，并在一些关键的时刻出来发表自己的见解，以她的影响为国家献计献策。1997年秋天，江泽民主席应邀到美国进行正式国事访问，与克林顿总统举行会谈，双方同意建立中美"建设性战略伙伴关系"。谢希德认为，它的建立对稳定和发展中美关系，促进世界的和平与发展，具有重大的历史意义。

同时，谢希德根据所掌握的材料，在深入分析中美两国经济贸易关系的基础上，指出这个战略伙伴关系的重要基础之一就是中美之间日益密切并不断发展的经济和贸易来往。事实上，中国是世界上最大的发展中国家，美国则是世界上最大的发达国家；中国拥有世界上唯一最大的潜在市场和人力资源，美国先进的科学技术和管理经验以及资金实力则是全世界首屈一指的。中国自改革开放以来，国民经济持续快速发展，国内生产总值年增率高达10%左右，美国经济从20世纪90年代初走出衰退以来，保持了八年稳定增长的良好纪录，两国理应加强合作。谢希德指出，"中美之间经济的互补性很强，进一步扩大双边的贸易和其他经济往来的潜力巨大。中美两国有一切理由努力发展经济贸易关系，促进各自经济的稳定增长，并且对世界经济的稳定增长作出重要贡献"。

1998年，谢希德在克林顿总统来华作正式国事访问之际也毫不掩饰地指出，中美两国的经济贸易发展并不总是一帆风顺的。比如，本来是双边互惠的"最惠国待遇"仍然要一年一审；中国参加世贸组织（WTO）依然面临诸多障碍，其中一些不能不说同美国的态度有关；美国还不时以经济制裁作为威胁，对中国的所谓"人权"等问题进行干涉和指责；美国有少数人在所谓"技术转让"方面做文章攻击中国。所有这一切都不利于中美经贸关系的持续健康发展。为此，她撰文指出，"中美两国和两国人民的根本利益，要求我们克服这些障碍，各国经济全球化的历史趋势更加证明这些障碍是有害的，也是徒

1998年6月28日,与美国克林顿总统夫妇在上海图书馆

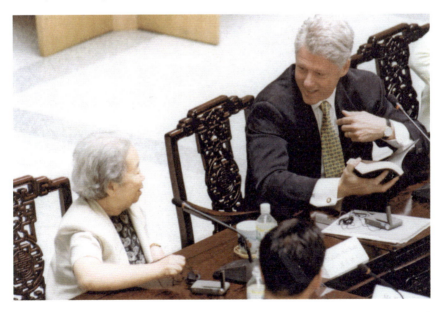

1998年6月28日,美国总统克林顿访沪时在上海图书馆与各界人士座谈,图为他与谢希德教授热情交谈

劳的。当然，中国政府和企业界愿意真诚作出自己的努力，为进一步发展两国经贸关系，创造良好的环境"。

"迎世纪，历春秋，接轨世界顺潮流"，谢希德在团结各界人士，在与国际科技界友好往来和经济、学术交流中，显示出特有的智慧和才干，为振兴中华、建设祖国作出了重大贡献。如今，在她所开拓的基础上，更多的后来者沿着她的方向继往开来，继续她未竟的事业。

第七章

德才师表仰高风

1988年5月，上海市七届政协一次会议闭幕，我当选为上海市政协主席。上海市新闻媒介代表广大陌生的、带有疑虑的市民采访了我："您长期从事教学科研工作，现在改行搞政治工作了，有何想法？""我一直生活在校门里，熟悉学生、老师和学术界的同志，现在要担任上海市政协主席的职务，确是件新鲜事。既然党组织要我做这项工作，同志们又信任我，那我一定要做好，不能辜负党和人民给予我的信任和厚望。"

在我的奋斗历程里，在我的成绩功劳簿上，都记载着一位令我终身难以忘怀的同学、同志、爱人，他就是中国科学院院士曹天钦先生。1995年1月8日，天钦同志在一次并发症中，走完了人生的最后一程，永远地离开了这个世界，我真是悲痛欲绝。在人生的道路上，我们曾经多少次风雨与共、并肩作战——1952年我和曹天钦在英国剑桥结婚，同年一起回到上海，1956年5月，我们又在同一天加入伟大的中国共产党……

——谢希德

49. 政坛初展经纶

当历史的车轮驶上了正确的轨道，中华民族在党的领导下开始阔步前进，屹立于世界民族之林。1987年10月25日至11月1日，党的第十三次代表大会在北京召开，系统地阐述了关于社会主义初级阶段的理论和党在社会主义初级阶段的基本路线。谢希德以出色的科学研究、国际上的学术影响以及担任复旦大学校长所取得的成绩，又一次当选为党的十三大代表。

在这次代表大会上，谢希德继任中共中央委员。10月29日，她与浙江大学校长路甬祥、厦门大学副校长王洛林，作为党的十三大代表中的三位有威望的大学校长，在中外记者会上回答了记者们的各种提问，开阔坦荡的胸怀、高瞻远瞩的见识、幽默机智的应对让会场的掌声、记者的赞叹声不绝于耳。

1988年5月的一天，复旦大学校门口的橱窗前，围聚着一簇簇兴奋地议论着的人群，他们的目光被一张大红喜报牢牢地吸引住了。在刚刚闭幕的上海市七届政协一次会议上，谢希德当选上海市政协主席，学校对谢希德校长荣任要职热烈祝贺。

谢希德曾经是科学界的巾帼英雄、教育界的女中豪杰，那么在新的领域中，她的表现又将会怎样？上海市新闻媒介代表广大陌生的、带有疑虑的市民，采访了新任的政协主席谢希德。

记者问道："您长期从事教学科研工作，现在改行搞政治工作了，有何想法？"

谢希德略微思考了一下，用手轻轻理了理额前的头发，胸有成竹地说："我一直生活在校门里，熟悉学生、老师和学术界的同志，现在要担任上海市政协主席的职务，确是件新鲜事。既然党组织要我做这项工作，同志们又信任我，那我一定要做好，不能辜负党和人民给予我的信任和厚望。"

记者进一步追根究底："您作为中共方面的委员当选为市政协主席，对今后加强中共与各民主党派、无党派人士合作共事方面，有何设想？"

谢希德朴实无华、坦率真诚地回答道："还是要互相尊重，遇事多商量，真正做到政治协商，民主监督，也要通过调查研究，制订一些条例，使工作有章可循，做到经常化、制度化。"

言行如一、表里如一，巾帼不让须眉。1988年4月，谢希德从走上上海政协领导岗位的第一天开始就以她那一贯的热诚和认真，肩负繁重的工作，十分出色地扮演好新职务给她的新角色。

谢希德当选七届上海市政协主席时，我国随着国民经济的调整，因改革深化而带来许多暂时的困难，老百姓一时难以理解。在市政协主席迎新座谈会上，她坦言道："现在人心涣散，缺乏凝聚力，很令人伤心。60年代困难时期，干部上交布票肉票，党的威信高，人民愿意共渡难关。如何增强凝聚力？首先领导要有自我批评精神，实事求是，承认错误，不要老是以'错误难免'来掩饰。"她通过新闻媒体鼓励大家："现在党中央提出治理整顿，我们应该有信心。要振作起来，才能克服困难，建设一个新上海。"上海市七届政协副主席毛经权、王兴、张瑞芳、严东生、吴增亮反映谢希德工作认真，她还很谦逊地对他们说："做政协工作，我是个新手，没有经验。如何开展工作，首先要学习，很多老委员有丰富的经验，新委员有很高的热情。我要依靠新委员的热情和老委员的经验，把工作开展起来，踏踏实实地做几件事。"

在担任七届上海市政协主席后，市委办公厅曾向市政协提出给谢希德配工作秘书的建议，可再次被她拒绝了。事实上，早在她担任复旦大学领导的时候，教育部领导也曾对复旦大学提出身为大学校长，给国外写封信都要自己动手，为什么不给她请一位秘书？组织上不是没有考虑过，而是被她回绝了。她身边的同志说，"她考虑工作多，关心同志多，就是考虑自己少，是尽量少麻烦别人的一个人"。

中国科学院院士严东生说："我和曹天钦、谢希德夫妇相识已经超过半个世纪。1980年我和他们两位同时被选为中国科学院学部委员，近20年来我们在业务上和工作上有着密切的联系。"1981年在学部大会期间，由谢希德牵头，共有89位学部委员联名向国务院上书，提出建立面向全国的科学基金的建议。当时，十年"文化大革命"结束不久，一方面我国学术界的科研工作亟待开展以满足国家的迫切需要，并需要迎头赶上国际学术发展的形势，一方面科研经费面临着严重短缺的困难局面。因此，这项建议很快得到批准，她和严东生即被科学院推选为分工负责管理这项基金的常务副主任。此后，他们精诚合作，采取公开申请、同行评议的做法，在全国收到很好的效果，并于 1986 年在此基础上成立了全国自然科学基金委员会。

1996 年到 1998 年，国家组织由沪、宁、杭三地 30 多位院士和专家，一起为长江三角洲实现可持续发展进行调研，提出咨询报告。该项工作，除总体调研外，又分农业、工业、港口交通与城乡建设等四个组分头进行。当时，谢希德和严东生同在工业组，他们密切合作，一起出色地完成了国家下达的任务。后来，严东生回忆道，"谢希德和我 1998 年在上海活动期间，她病情已日趋严重，仍坚持来开会，有时感到她支持不住，劝她回去，她总说没有关系。她这种对工作十分负责、锲而不舍的精神，一直坚持到最后，是我们学习的好榜样"。

中国科学院院士、上海市政协原副主席杨槱回忆道，"1980 年底，我和谢希德同时被选为中国科学院院士；1984 年，她当选为上

1990 年，担任上海市政协主席时与江南造船厂工人在一起（左一为谢希德）

1990年，率政协委员视察江南造船厂（前排右二为谢希德）

海市第三届科学技术学会主席，我是副主席；1988年，她当选为七届上海市政协主席，我也是副主席，相处共事多年，可谓知交。我对她在应对重要事务时，处之泰然、虚怀若谷的精神深为敬佩"。一次，杨槱陪同她参观一个新建成的电视显像管厂，她因腿疾体弱、行走不便，而参观路线很长，地面高低不平，有时要爬小铁梯，一会儿上一会儿下，几乎不停地走了一个多小时。当时，杨槱见她步履蹒跚，行动非常不便，便劝她找个地方休息，但她精神抖擞，愉快地坚持到参观结束。事实上，无论怎么困难，政协组织的视察活动她都坚持参加，坚持了解基层、实际、问题和困难，从而更好地为政府工作提供更准确的决策参考。

后来，杨槱80岁时，因年迈难以胜任民办杉达大学校长的职务，就和李储文商量拟请谢希德兼任。当他和复旦大学原副校长强连庆征求她的意见，是否能屈驾接任该校校长时，谢希德欣然应允。她继任校长并不是为了虚名，而是实实在在为学校的教育方针和办学条件尽心尽力，事实上她对该学校也多方关照，并一一落到实处。杨槱面对这位不顾劳累、不计名利，热心服务教育事业的老领导、同事，敬仰之情油然而生。

作为谢希德的老下级，复旦大学濮之珍教授每每谈到她也不无感慨、热泪盈眶："谢校长不担任复旦大学校长后，到市政协担任主席工作，因为我是政协委员，所以她仍然是我的领导。和她一起工作，我感到自然、亲切。至今，有件事藏在内心里深深不忘，我很是感激她。"当时，濮之珍在复旦大学培养研究生，又兼职农工民主党副主委，负责一些工作，因此工作忙、会议多。她的老伴、美学专家蒋孔阳教授身体不好，时常生病住院，可他们的身边无子女，不是在外地就是在国外，没有人照顾。有时，她要外出开会，迫不得已只好请自己的研究生帮忙陪一下。市统战系统领导知道这种情况后，他们十分关心。根据政策，后来由濮之珍申请，帮助把一个在外地的孩子调回来。也许这对谢希德来说只是举手之劳，可对困难中的濮之珍来说确实是雪中送炭，难怪她毕生念念不忘，"我把情况向谢校长讲了，她听了后言语不多，表示可以关心一下，不久孩子就被复旦接受了。孩子能调回来，又在身边工作，对我和老伴帮助很大，我们心中一直是很感激谢校长的"。

也许，这样的举手之劳实在太多了，多得人们连感动也来不及，在蹒跚而矫健的身影背后，在平凡而又不凡的事实当中。人们看到，每次她除了主持政协委员大会之外，还要到各民主党派的小组会上细心地听取大家的意见，进一步搞好政协领导工作；人们看到，为了倡导文明之风气，她和市委书记、市长一起高唱着新编的《三大纪律八项注意》歌，并以实际行动为上海市党风的建设起表率作用；人们看到，民主党派同志提出的一些建议，或者他们遇到的问题，只要她获知便总会亲自或派人及时了解，并给予认真处理；人们看到，在她的办公桌上摆着寄自各方面的群众来信，每件她都要亲自阅批，并关照有关部门妥善处理；人们看到，一位年已八旬的知识妇女的错案在她关心下得以纠正并落实了政策，此后每到新年她都给谢希德寄来贺

1990年冬，与上海市区、县政协领导谈话

卡；人们还看到，在宝钢、在民航上海机场、在英雄孟丽昭床前，到处可以看到她深入基层、关心群众的风范，给大家以启迪和鼓舞……

1989年9月21日，上海各民主党派迎来了人民政协成立40周年。谢希德在庆祝大会上作了《坚持共产党领导 发扬人民政协优良传统》的讲话，思考过去，展望未来，回顾人民政协所走过的40年的光辉历程。她深刻地指出，"坚持中国共产党的领导，坚持走社会主义道路，这是人民政协的政治基础，任何时候都不能动摇。振兴中华、统一祖国是我们共同的历史使命，我们要继续积极主动地开展海外联谊活动，特别要做好台、港、澳及海外同胞的宣传解疑工作。团结一切可以团结的力量，增强中华民族的凝聚力，共同为推动祖国和平统一的进程而努力"。

1990年春天，中共上海市委宣传部部长陈至立到市政协参加座谈会，听取政协委员对本市文化宣传工作的意见。全国政协委员瞿世镜刚从美国讲学归来，详细考察了当代美国文化思潮的变化。会上，他作了一个慷慨激昂的发言，指出要抵制西方的"西化""分化"图谋。

谢希德完全没有料到他会如此激动,然而却用非常温和平静的语气提醒他十分钟时限已到,是否请下一位委员继续发言?座谈会结束后,她意味深长地瞅了瞿世镜一眼,似乎想说点什么,但终究没有说出口。

几天之后,陈至立同志的秘书打电话给瞿世镜,约他到市委宣传部面谈。至立同志说,自己是理科出身,党虽然委派她当了宣传部部长,但是对西方文化缺乏研究,很想倾听专家们的意见。于是瞿世镜向她详细汇报了第二次世界大战之后美国文化思潮的变化,建议在引进西方文化过程中应该严格地择优取精。至立同志认为,他反映的情况对她今后的决策判断有帮助,希望他发挥一位政协委员应有的作用,帮助党改进文化宣传工作,并且认为有些观点可以写成文章,在报刊上发表。后来瞿世镜就撰写了《当代美国文化思潮变迁》刊登在《文汇报》上。

过了不久,谢希德又遇见了瞿世镜,她点头微笑说,"那天在文化工作座谈会上,你似乎太激动了一点。会议结束时,本想提醒你注意,但是觉得你似乎意犹未尽,的确对西方的文化渗透很感忧虑,我就没说什么。后来,我又看了你在报上发表的文章,发觉你对这个问题确有很多思考,有很多话要说,不过你那些话在十分钟内是无论如何也说不完的。我主持会议,每一位委员都是平等的,每位发言者十分钟,不可能给你30分钟。遇到这种情况,你最好写一份书面材料,呈送有关部门领导。如果强迫自己在十分钟里把话说完,不但说不清楚,而且说得太快,情绪容易激动,那就似乎不太好了"。说完之后,她再次向瞿世镜温和地笑了笑,给了瞿世镜莫大的鼓舞。"谢希德主席在表述原则性意见时,说话的声音是那么轻柔,速度是那么缓慢,语调是那么平稳,显示出高度的涵养功夫和人格修养,我把她所说的都牢记在心",瞿世镜对谢希德的说话艺术、处事方式和思想深度十分佩服,也深受教益。

50. 教育情怀永眷恋

担任上海市政协主席以后,谢希德对教育和科学仍然十分关心,并且作为本职工作尽力去做。她不仅教育大学生,而且把中小学教育

谢希德为孩子们写的《大科学家小讲台：冷冷热热》和《院士科学讲堂：冷热变化》

也放在心里，有机会就会发表自己的一些看法。可以说，她无时无刻不在尽教育家的本分，以自己的威望、自己的经历和学识在潜移默化之间教育人。

1995年10月17日，"美国旧金山自然科学探索馆上海展"开展已经是第三天了。在上海商务中心交易大厦六楼展厅，上千名学生正在兴致勃勃地观展操作，谢希德面对满馆的展品和人群，心想一个埋藏在自己心中十余年之久的梦想终于实现了，在欣喜之余她也没有遗憾了。

1984年，谢希德在美国参加第17届国际半导体物理会议时，初次接触了美国旧金山自然科学探索馆。那时，主办方别出心裁地在探索馆内举办了一个冷餐会，新奇的展品、参与的乐趣，深深吸引了来自世界各国的科学家。在打开眼界的同时，她心里暗暗酝酿起这样一个梦想——要在上海建造一座科技馆，让上海的学生和市民能参与进来，享受到科学的乐趣！

回国后，谢希德四处奔波，在各方面的支持下，上海科学技术馆于1987年正式立项。几家设计单位先后做出了模型，在市计委的大力支持下，馆址选在漕河泾附近，动迁工作也已开了个头。然而，由于资金短缺和对馆址的争论，项目处在停建状态，整个计划被无限期地耽搁下来，她的内心焦急如焚——自己的梦也不知哪年才能实现。

转眼十多年过去了，当谢希德再次目睹这些熟悉而又陌生的展品时，心情十分激动。身边的工作人员告诉她，开展当天已有8 000多人前来参观，且其中90%以上是中小学生。在面对记者的采访时，她兴奋地说，"目前，中小学生实行普遍的双休制，对孩子们来说双休日应该有一个长知识的去处，抓紧建好上海的科技馆已是件刻不容缓的事"。望着探索馆内孩子们充满求知欲的企盼眼光，她又对记者说，"我们不能让孩子们再等十年了！我希望能在有生之年看见科技馆高高矗起"。后来，在市委、市政府领导的关注和各方面的支持下，上海科技馆终于竣工落成，圆了谢希德心中的梦！

1988年，谢希德当选上海市政协主席后，更加关注小学教育。譬如，小学生的课业负担为何越来越重？每隔一段时期，呼吁减轻学生学业负担的文章便会出现在报刊上，但讨论过后学生课业太重的现象并没有得到改善。政协委员在视察中发现了这些问题，于是调查、思考、议论，谢希德也开始提出了她的观点。

为什么小学里会出现任意加大作业量、过多的死记硬背和题海战术？这往往是由于教师受本身水平的限制而采取简单化的做法。这样做，暂时或许能使学生取得高分，但从长远看，将影响到人才发展的后劲。谢希德结合国际交流的切身体会，认为我国的小学数学教学比美国深，但他们那里孩子学得比较活，知识面比较广，"我们的升学考试，还常常停留在要求学生答题迎合评卷教师的思路上，否则就会被扣分。这种做法方便了评分，却把学生的思想框死了，哪里还谈得上发展创造思维？要培养出适应祖国'四个现代化'建设的人才，基础教育的内容和方法都要进一步改革，而师资队伍建设则是改革的关键问题"。

从更深层次去看，其实小学教师对学生的成才扮演着举足轻重的作用。虽然他们面对的是天真幼稚的小孩，是一张可以任意书写的白纸，但在教育方法上难度却远远超过大学教师。他们如果能给孩子打好各种素质基础，对未来人才全面质量的提高能起很大作用，好的开始、好的基础则意味着成功一半。因此，现阶段根本的问题是应该切实提高小学教师的地位和待遇，使小学教师职业有一定的吸引力，从

和复旦大学附属小学学生在一起

而鼓励他们刻苦钻研教学业务，在理论与实践的结合上探索教学改革的新途径。当然也许有一定的困难，在不少经济发达国家也未能做好，但这应成为小学教育改革努力的方向。

同时，谢希德还认为现在不少地方依然采用"一张考卷定终身"的小学升学方法是不妥的，是必须改革的。为什么不少男学生升学考的分数不理想？显然不是这些男生都笨，失分往往在于粗心。十一二岁的孩子，在其智能和各种素质差异尚未定型的情况下，通过一张考卷就分流培养是不太科学的。有些地方，在初中录取新生时要求女孩分数略高一些，这不能简单归咎于对女孩的歧视，而是有上述各种原因的。

此外，小学教育具有很强的社会性，谢希德希望家长要学一点教育法，对自己的孩子要注重因材施教，要注意言传身教。在家庭教育中，家长应该了解他们的兴趣爱好、学习能力和特长，在健康成长大方向没错的基础上因势利导、灵活掌控，不能强求其所难，否则如按鸭子吃食，不会收到好的效果。她家几代人的成才经历就是最好的明证。

谢希德不仅心忧小学教育、心系小学生，同样对中学生也寄予厚望。早在1984年2月的一个杂志座谈会上，她就指出新技术革命是以计算机和微电子学技术为中心的,包括分子生物学、材料科学、激光和光纤通信,还有能源、海洋开发等在内的一场技术革命。新的技术革命所涉及的这几个部门都是很年轻的,谁来掌握这些新技术?要靠年轻的一代,最理想的是中学生。因为这一年龄段的年轻人脑子特别敏锐,对电子计算机应用软件有创见,如果他们再具备数学好、知识面广,能够接受新事物等特点的话,就一定可以成为不可低估的优秀人才。据有关专家介绍,在美国和日本,对应用软件有创见的人多半是15—20岁的年轻人,可是我国的中学生没有机会用计算机。据统计,当时全国只有32所中学的学生,有机会接触到计算机。在上

为民办复旦万科实验学校挂牌并参加开学仪式(1996年)

海，只有上海中学和复旦附中等几所中学的学生可以接触到计算机，而且使用机会也不多。她希望政府有关部门在编制规划、工业部门在制定生产微处理机规划的时候，也要考虑把中学生武装起来，至少要使相当一部分中学的学生有机会接触微型电子计算机。如今，在政府和学校领导的关心下，随着学校教学条件的改善和提高，中学生学习、使用计算机已相当普遍了。

中学时代是人生观、世界观开始成形的时代，也是一生中性格塑造最为关键的时期。中学生站在社会的门槛外，站在人生抉择的十字路口，开始从家庭向社会过渡。他们思考着人生中一些沉甸甸的问题，自以为自己成熟了，却又不时地感到困惑和动摇。1989年秋，华师大一附中高一年级三名学生给谢希德写信，就人生观、理想等一些问题发表了自己的见解，并诚恳地希望她给予回答。

一名学生在给谢希德的信中写道，上政治课时，大家围绕人生观问题发表了不同看法，有人认为人生是个十分抽象的东西，难以驾驭，而他认为20世纪80年代的中学生有热情、有朝气、有理想，但由于接触实践的东西实在少得可怜，于是不少人对存在的东西感到迷惘，不知所措，产生了消极情绪。另一名学生在来信中写道，人生是个神秘而困惑的字眼，有人说它如同梦幻，不可捉摸；有人认为它是南柯一梦，飞快而逝；也有人认为它充满着困苦和挫折。当然，每个人的人生道路是不同的，但究竟是为谁而学习，为什么而活着？第三名学生则在信中写道，他是一名刚刚经过紧张竞争进入市重点高中的学生，可新的人生路程、新的竞争又摆在面前。原来以为上大学是一条比较理想的成才之路，能够使自己对社会有所作为，因此他在初中苦读三年后考上一所重点高中就是为了能达到这个目标。可是，现实生活总是那么不尽如人意，社会上不尊重知识、不尊重人才的现象随处可见、与日俱增，他感觉自己的理想动摇了——他想成才可又不知怎样才能成为一名真正的有用之才。

谢希德看完信以后，心情久久不能平静，这些年轻人的心多么坦诚可爱，又是多么复杂迷茫！她深感青年学生迫切需要学校老师的教导，需要全社会的关心和教育，一种义不容辞的责任感油然而生,于是连夜提笔为这些中学生一一回信,解答了他们的困惑。后来,她又针对有些中学生只想上大学,学居里夫人,而不愿在平凡岗位上工作的思想指出,想进大学深造,想学居里夫人,有较强的求知欲是可贵的。不过,人的能力有不同,不是所有的人都能上大学,也只有少数人能成为像居里夫人那样的伟大科学家。但只要有全心全意为人民服务的精神,在任何岗位上都可以成为有益于人民的高尚的人。"国庆40周年前夕全国表彰的劳动模范中,有不少人就是在平凡的岗位上,用全心全意为人民服务、毫不利己专门为人的精神,用愚公移山的坚强意志,克服工作中遇到的困难,作出了卓越的贡献。他们每一个人都感到生活充满了挑战,因而也是有意义和有价值的。"谢希德的回函在报上登载后,在中学生中产生了强烈的共鸣,他们不但感激谢希德关怀,并引发了对这位女科学家的敬仰之情,学习更加努力了。

随着改革开放浪潮的发展,谢希德在多年来的思考中又形成了一个重要的教育观点,即培养文科人才要有超前意识。1992年初,她的这个观点见诸报上。她认为现在培养一名大学文科本科生,一般需要四五年时间,教学周期较长。而在培养过程中,国家经济建设的发展可能很快,等到他们毕业时,社会上对各类文科人才的需求情况,也会随之发生不少难以预见的变化,现在不大可能把将来需要的各种人才计划得很细。因此,高校文科在制订招生计划时,要有"超前意识",不能"短视",尽量避免出现大起大落的情况;在教学计划、教学内容等方面既要不断更新,也要有相对的稳定性。"大学主要是对学生进行基础的培养和能力的培养,使学生毕业后有较强的适应力。倘若大学生在学期间,基础打得比较扎实,动手、动笔能力又比较强,那么他们毕业后即使从事的不是自己原先所学的专业,也能做到较快地适应和投入,把工作搞得很出色,这方面有许多例子可以说明。"

在这个基础上,谢希德进一步指出:"文科改革要面向21世纪,应该培养出更多学经济、法律、政治的人才,以充实各级领导岗位。这些人应德才兼备,有好的马列主义基础,能与中国实际相结合,特别是能与我国改革开放的实际相结合，有比较广泛的知识面。培养文科人才，不能太专，应多培养一些文理相通、理工相通的'交叉型''复合型'人才。例如外文系的学生，将来真正从事外国文学研究的只是极少数，多数人可能被派遣到涉外单位或者教育系统工作。这些单位不仅要求他们外语要好，还要有管理、公共关系、心理学、教育学等方面的知识。"她的这些超前的有识见解随着时间的推移，正日益显示出其正确性和有效性。

作为谢希德的学生，沈丁立就是在她的影响下，由一名理科博士成为一位国际军控问题专家。他深有体会地说，"我喜欢自然科学，更喜欢社会科学，尤其是国际事务。我曾在1984年首届上海电视台国际知识大奖赛上取得成绩，这一直受到谢先生的赞赏，她认为文理应该兼容，知识应该广博，她自己就是一位学贯中西、文理兼达的当代大师。谢先生积极支持我的理想，终于使我完成了从自然科学研究到国际问题研究的转变，在中国的大学中终于有了军备研究与国防、安全项目的课题"。

上海浦东开发是我国跨世纪的宏伟大业，是振兴上海的重大举措，而教育势必是其中不可或缺的因素，当时的一举一动也都牵动着谢希德的心。1992年8月，她根据自己的考察和思考，对浦东的高等教育提出了新的建议，认为学校应该根据浦东开发事业的需要，设置国际贸易、国际金融、国际会计等专业。对学生而言，在学期间可以有一点专业，但不能给他们定终身。她还认为，浦东的事业还需要各方面工程技术人才，这就要求发展多层次教育，譬如开办各种中专和职业学校。除此之外，她还主张早早考虑成人教育，因为大学毕业不是学习的终点，而是新的学习阶段的起点，所谓"活到老、学到老，还有三分没学到"。

谢希德就是这样，在紧张繁忙的领导工作中，依然对教育永远怀着一颗挚爱之心，对现实中的各种教育进行理性的批判与决断，对孩子的点点滴滴、教育的点点滴滴，坚持着一种温暖的人间情怀。虽然作为上海市政协主席政务繁忙、交际甚广，但这份教育育人的理想，她永远依恋。

1995 年于复旦大学

51. 利乐人群福慧足

作为上海市政协主席,谢希德不仅关注教育、科技,也关注农业等物质生产领域和文化、宗教、社会风气等精神领域,积极认真履行她作为政协领导的职责,为国家的发展、社会的进步奉献一己之力。

中国共产党十三届八中全会召开后,作为中共中央委员的谢希德,以实际行动积极贯彻全会的精神。回上海没多久,她亲自带领十多位政协委员,两次到农村视察。1991 年 12 下旬的一天,天下着毛毛细雨,乡间小道一片泥泞,对行走不怎么方便的她来说,困难是可想而知的。不过,视察的计划早已确定,怎能因下雨而变动?她和委员们风雨无阻按时来到嘉定县。在三天的视察时间里,他们一起参加干部、群众座谈会，到富裕起来的农民家中做客，到目前还相对贫困的农户中了解问题，对近几年来农村的发展有了具体的、深入的了解。她和农村干部、普通农民，谈收入、住房、子女教育、文化生活，也谈移风易俗、禁止赌博、反对封建迷信活动等等，一切谈得那么细致，又是那么亲切。农民欢迎这样深入实际的市政协主席，当时的市农委主任张燕同志也对政协委员的这种视察，给予了高度的评价。

1992年1月上旬，谢希德一行来到上海市南端的奉贤县视察。在那里，她关心农村的医疗卫生、孩子求学等实际问题；她参观了不花国家一分钱建造起来的"农民城"，并为该"城"题词——"城乡一体化，促进现代化"。在视察过程中，作为中共中央委员，她特别关照身边的工作人员，严禁借视察大吃大喝，不准收受任何礼品，按中央规定"四菜一汤"，一切从简。同时，视察报告必须以翔实的材料和中肯的建议，报送上海市委、市政府，充分发挥政协参政议政的作用。因此，由谢希德领导的市政协领导班子，十分有效地发挥着政协的作用。每次召开上海市政协会议，委员都以高度的责任感，将自己最深的感受、最好的建议，写成提案转请有关部门处理。作为市政协主席的谢希德，还亲自写了《关于科技、教育等专家副司长以上干部出国规定的建议》和《关于科技论文送审手续的建议》这两个高质量的提案，说出了广大科技工作者的心里话，并且都被有关部门采纳了。总之，她的以身作则，带来的是廉洁高效、求实为民的工作作风和领导班子。

为了进一步加强家庭文化和家风建设，树立奋发向上、敢作敢为的新时代男子汉形象，上海在全市范围内开展"现代好爱人"的评选活动，由谢希德任评委会主任。这次评选活动从思想、工作、学习、家政管理、生活方式、家庭关系以及文化修养和现代意识等方面，全方位地对"爱人"这个社会角色进行了一次广泛的社会讨论和定位。评选在上海引起不小的反响，每当到了电视专题节目开播的时间，各式各样的家庭，不分男女老少都会自动打开电视机，收看家庭主妇对自己爱人充满激情的诉说。经过几轮、多方面的考核和评议，20位

"现代好爱人"的候选人产生了,其中有工人、工程师、教师,也有残疾人等。按理说,爱人应该由妻子来评判,但是这次活动却赢得社会各界的欢迎,好爱人被赋予了新的时代意义,不少家庭的成员从模范爱人的事迹中得到启迪,开始营造和谐美满的家庭氛围。在谢希德的具体关心和指导下,这次活动为上海市精神文明建设作出了新的贡献,其实她和曹天钦就是最好的家庭典范。

在我国,宗教问题一直是政府工作的一个重点问题,同时也是一个极为敏感、棘手的问题,稍有不慎就会带来麻烦。谢希德虽然不信仰宗教,但是对宗教及党对宗教的政策了解不少,因而工作起来往往得心应手、游刃有余。1989年,市政协宗教委员会举办"宗教知识讲座",新闻出版、影视文艺单位都有领导参加。1990年,市政协宗教委员会和市有关部门举行"纪念中共中央《关于我国社会主义时期宗教问题的基本观点和基本政策》发布十周年研讨会"。谢希德出国访问回来后,秘书长陈福根向她汇报上述活动,她认为这些活动很有意义,"我国社会主义建设进入改革开放的新阶段,宗教工作也要适应新的形势;我们的干部应该更多地了解各教的历史、现状和我党的宗教政策,才能继续贯彻宗教信仰自由政策,把宗教工作做得更好"。

1990年至1992年间,陈福根几次随同谢希德去福建、江苏、海南、广东参观考察。每到一地,日程再紧,身体再累,她也要安排一些时间参观寺庙,拜访宗教人士,聆听他们介绍寺庙历史和典故趣事,了解党的宗教政策落实情况。她的足迹遍及苏州寒山寺、常州天宁寺、福州涌泉寺、莆田广化寺、厦门南普陀寺、泉州开元寺和伊斯兰教圣墓,以及我国现存最早的古伊斯兰教清真寺之一的清净寺等等。有一天,她访问厦门大学以后,顺道去南普陀寺参观。她早年曾在厦门大学读过书,对这所寺庙很熟悉。观音佛像前有一副对联,"法门佛身无定性,慈悲为怀即观音"。陈福根正在边念边思索的时候,谢希德对他说:"有人说观音是男身,有人说是女身,其实观音是男是女都不重要,最重要的是慈悲为怀,有爱心。如果对人民缺乏爱心,就根本谈不上为人民服务。"字字珠玑、句句肺腑,这正是谢希德美好心灵的最真实写照。

"风雨百年何足道,亲人两隔今安在?"谢希德的故乡在泉州,父亲谢玉铭曾任培元中学校长,后移居菲律宾,病逝于台湾。自从担任领导以后,她很想回家乡泉州看一看改革开放后的变化,也顺便寄托一下对父亲的思念之情。所以,她到当地考察的第一站就是培元中学,去看看父亲当年工作的地方,借睹物思人以慰藉自己亲情阻断、音讯难续的悲痛心情。后来,在听了现任校长的介绍后,她对学校发扬爱国主义传统、努力造就人才十分赞赏。同时,她也亲身走访了父亲当年的工作之地,虽然是在不同的时空背景下。

泉州古寺很多,素有"宗教博物馆"之称,当地除佛教外,伊斯兰教也有许多重要史迹。在访问了培元中学以后,谢希德兴致勃勃地参谒了伊斯兰教圣墓和清净寺。据《闽书》上所载,唐武德年间,穆罕默德遣门徒大贤四人来华,一贤传教广州;二贤传教扬州;三贤、四贤传教泉州,卒葬于泉州东门外圣墓村灵山。清净寺始建于北宋大中祥符二年(1009年),拱门巍峨壮观,屋顶有如城堞,外墙及坛内壁龛嵌有古阿拉伯文石刻经句。永乐五年(1407年),明成祖颁发的保护清净寺谕旨及伊斯兰教的石刻《上谕》至今保存完好。看到这些,她无限感慨地说:"今天所见乃我国与阿拉伯各国友好往来和文化交流的历史见证,我们要十分珍惜与世界各国人民的友谊。"参观时,她还向随行者透露她母亲可能有阿拉伯血缘,只因历史变迁,她又长期在外,无暇考证。有人建议请当地领导帮助查证一下,她以现在大家都很忙的理由推脱了:"今天参谒了圣墓和清净寺,对伊斯兰圣墓表示敬意,也可告慰母亲在天之灵。"

考察期间,谢希德一行由泉州去福州,途中应莆田政协邀请参观广化寺。该寺始建于南朝,现存寺为清光绪间依旧制重建,寺中宋代建造的石经幢两座和释迦文佛塔保存完好,她感到由衷宽慰。在和住持方丈的对话中,她询问寺中僧人常年素食,营养如何?住持方丈回答说,素食养生。随后,她又和大家一起参观膳堂,其入口大红柱上书写着两副意味深长的对联——"一日不作一日不食,粒粒同参粒粒同餐""坐享坛施岂易,自忖己德如何"。堂内有只大铁锅,直径一米五，每次可下米一二百斤，号称"千人锅"。看到这里，谢希德风趣地说，"看来'大锅饭'源出于和尚庙，不过到寺庙化缘吃'大锅饭'还有制度和要求，而我们现在的'大锅饭'却越吃越大，看来非改革不行"。

在考察中，谢希德不时思索着宗教工作如何改革开放，如何与时俱进地适应国家和社会的发展。1992年5月，市政协组织委员学习邓小平同志的南方谈话，她率团去苏锡常考察学习。在常州，她还拨冗访问天宁寺，拜访松纯法师。天宁寺始建于唐代，历史上"法会之盛闻于遐迩，庄严妙胜甲于东南"。松纯法师告诉她，美国东部一座佛寺就是由常州天宁寺老法师住持，所以天宁寺在美国也颇有影响。谢希德很受启发，希望他们多向美国僧人和居士介绍我国改革开放情况和宗教政策，增进人民友谊。

在苏州考察学习之后，苏州政协工作人员陪同谢希德去拜访寒山寺方丈释性空法师。一走进大门，她想起了唐朝诗人张继的著名典故，低吟起那首脍炙人口的《枫桥夜泊》来。性空方丈向她介绍，寒山寺始建于梁天监年间，初名妙利普明塔。相传唐贞观年间，高僧寒山、拾得曾在此住持，于是更名寒山寺。寒山、拾得皆为高僧，好吟诗唱偈，友情甚笃。她听了这个故事后，感慨地说他们坦诚相见，肝胆相照，真是一对挚友、净友。

临别前，性空法师邀请谢希德登上钟楼去撞击寺钟，她欣然要随同人员一起撞击。据说该钟撞击三下，可除人间烦恼，得平安幸福。在撞击的时候，她说，"第一声，祝祖国昌盛；第二声，祝人民幸福；第三声，愿世界和平"。性空法师十分敬佩地说，谢老真是福慧两足啊！回到上海后，秘书长陈福根特地向明旸法师请教，才知道"福慧两足"的具体表现就是慈悲与智慧。明旸法师说，唯有修福修慧，利益人群，才能实现"庄严国土，利乐有情"的宏誓。谢希德是唯物主义者，她没有宗教信仰，却很关心我党宗教政策的贯彻，尊重宗教界人士，宽大的胸怀始终装着祖国和人民，其情操和正气可嘉。

"一片丹心昭日月，满腔热血报国民。"谢希德自小就立志科学救国，到后来不顾千山万水，千辛万苦地回国献身新中国建设，到担任市政协领导人时心装百姓，她的人格情操实在是令人钦佩、高山仰止。

52. 家庭风雨相扶将

"风雨一生，相濡以沫"，谢希德与曹天钦曾是同学、朋友，后来又是夫妻、同志，他们间的友情爱情，贯穿在人生的每时每刻，体现在人生的每件事情中。熟悉他们的人，都称他们是有名的一对恩爱夫妻、人间眷侣。

每天清晨上班以前，曹天钦最担心的是妻子带没带假牙、眼镜、钥匙，甚至连中午吃的饭，他都亲自为她准备好。有一次学校办公室一位同事陪同曹天钦，一起去虹桥机场接国外访问归来的谢希德。从下午2时开始，旅客走了一批又一批，还是不见谢希德身影，等得真够呛。曹天钦坚持要等下去，机场的灯光通亮，肚子饿得咕咕叫，还是不肯离去，最后终于等来了妻子乘坐的班机。我们从这样细微的情

谢希德与曹天钦在居家客厅（1985年）

节中，不难理解他们之间的感情是何等的深厚！

据谢希德透露，归国40年以来，她没有一次与曹天钦一起出国的机会，感到很歉意："这是最大的遗憾，所以我拒绝任何一次让我和别人在国内休养的机会；就是我最喜欢的古典音乐会也不愿一个人去欣赏，这种心情也许别人是不会理解的。"40年间，他们有过许多次出国的机会，常常是谢希德的飞机刚刚从国外飞来，曹天钦则坐着飞机正向国外飞去，从而在蓝天上擦肩而过。唯有一次，曹天钦回国途中和谢希德在旧金山机场相逢，但仅仅只有几小时，他们又各自赶路去了。为了祖国的科学事业，他们将个人之间的情感化为对祖国、对人民、对事业的爱，他们的情感也因此上升到一个更加纯洁而高尚的境界！

然而，正当曹天钦准备为祖国科学事业而千里奔波、大展身手的时候，1987年在率领代表团去以色列参加国际生物物理会议期间，不幸摔了一跤。他原有的颈椎病症加重，一时上肢麻木、下肢瘫痪、说话不清。1987年，他手术后脑力衰退。1988年2月25日转入华东医院，医生诊断为脑子已受损伤，生活需要家人细心地照顾才行。

一时之间，一位成就极高的科学家顿时判若两人，变成了比孩子还更需要照顾的病人。到医院探望曹天钦的人，无不为他生病住院、难以再展才华而感到惋惜，可需要面对这沉重的变故而更加痛苦、更加需要勇气的无疑是谢希德。"现实是残酷的，可即使再残酷也得沉着勇敢地面对，并不因为你的逃避它就不存在。"经过很短暂的时间，谢希德便接受了这一残酷的事实，尽心履行一个妻子的职责，为治愈爱人的病倾注了一腔深情。

圣诞和春节期间，曹天钦的许多友人、学生，从世界各地寄来了雪片似的贺年卡。对于长期住院的他来说，这也许能给予一种无声的慰藉。一天下午，细心的谢希德带来一根长长的绳子，从病房的这头斜拉至另一头，然后将上百张的贺年卡，一张张地挂在上面，给房内增添了一种节日特有的气氛。

那几年，正逢谢希德政务缠身，再加上频繁的学术和外事活动，身心都十分劳累。但是不管工作多忙，只要人在上海，她就每天都要挤出时间，去华东医院陪伴曹天钦，带去妻子的深情厚谊。在曹天钦

曹天钦患病后，谢希德到华东医院看望丈夫（1993年）

住院早期，她像营养学家一样亲自安排一天的食谱，注意荤素搭配、营养适当。每天，她扳着爱人的手臂，帮助他活动关节、疏通血脉，叮嘱他坚持多动、不能松懈。她还提议给爱人辅以电疗、推拿、针灸等综合治疗手段，尽量促进身体机能的恢复，保证身体的健康。

从1988年6月起，谢希德在帮助爱人恢复肢体功能的同时，又试图恢复其大脑功能，用她的话说是"要将蕴藏在曹先生大脑深层的知识诱发出来"。于是，她每天亲自给爱人出四则运算练习题和英语单词译题，并坚持当天批改完毕。曹天钦在她的帮助下，每天听从指导，一到时间就正襟危坐，神情专注，一丝不苟地完成布置的练习。可往日才思泉涌、挥毫如流的爱人，而今竟语意不清、字不成形，怎能不叫她潸然泪下。不过，她仍然坚持不懈，循循善诱，然而曹天钦的写字却没有进步。不过，功夫不负苦心人，在她的帮助下，曹天钦在一段时期内对做作业十分认真，一天要手执计算器在练习簿上做100多道简单的数学题，并翻译60个左右的英文单词。他的英译水平恢复得较快，据统计一度准确率达到95%以上。只是后来，随着病情的反复，不久曹天钦又退步了。

1989年初，谢希德访美归来，带给爱人的礼物是一架红色的小型英文打字练习机。这架练习机配以教程，并按练习者的打字准确率及所用时间给予打分。曹天钦练习打字的兴趣极浓，左手能熟练操作，可右手还不太听使唤。4月29日傍晚，谢希德诱导他用右手练打字，结果在显示屏上出现打字练习的分数，曹天钦轻声地说："77分。"谢希德马上问道:"对这个分数,你满意吗?"曹天钦摇摇头,她连忙鼓励说:"坚持下去,你会打得更好!"

原先,曹天钦在科研之余,有吟诵古诗的爱好,而今这一点是否能唤起他的文艺意识?谢希德从实际出发,采用重温唐诗的方法,尝试恢复他的脑功能。经过数月读写,有好几首唐诗,只要稍加提示,曹天钦便能背诵下来。接着,她又给爱人带去一本《唐诗鉴赏辞典》,指着王维的五言诗《相思》——"红豆生南国,春来发几枝,愿君多采撷,此物最相思"——希望他能把它背出来。

一天下午,当有人去看望谢希德,提起美国20世纪40年代的球星时,她的思绪又回到了40多年前。她喜欢看棒球,而且特别喜欢一个叫"红短袜"的波士顿球队,这些事曹天钦早年是记忆犹新的。她为了唤醒爱人对往事的记忆,俯在他的肩上轻声地问:"你还记得以前我在美国喜欢的那个棒球队吗?"

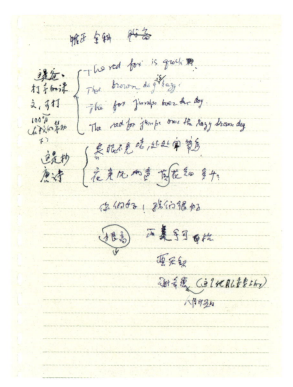

为了帮助曹天钦恢复脑功能,谢希德在医院教曹天钦抄写唐诗,这是曹天钦的手迹

对往事多不记得的曹天钦听到这句话，居然肯定地点点头，脸上还浮现几分笑意。

"那你说说是哪个球队呀？"谢希德热切地启发道，眼睛里充满着期盼的深情。

"Red Socks!"曹天钦清楚地吐出一句英语，谢希德听到后异常兴奋，又继续鼓励道："是'红短袜队'吗？"曹天钦再次认真地点点头。

作为妻子，除了在生活上无微不至的关心、治疗方面想方设法的努力外，谢希德还以一个女人特有的细心，处处设法给爱人带来精神上的慰藉。她在爱人病榻旁的小柜上，放上一束芬芳的鲜花，不等花朵萎谢又换上新鲜的，让他总是感受到大自然中原野的清新和生气。

曹天钦发病后的前两年，谢希德每次探望即将离开时，他总要护理人员推着轮椅，送妻子到电梯口，直到电梯下落才依依不舍地回到病房。然而，从1990年夏天起，他的脑力又开始逐步退化，意识也渐渐差了。1991年夏天之后，他病情继续恶化，只能通过一个鼻孔胃

谢希德与曹天钦在华东医院

管喂食，而用另一个鼻孔通氧气，以缓解由于脑缺氧的痛苦。谢希德面对着爱人发生的这一切，仍然默默地做着她力所能及的一切，从不抱怨。她和所有勤劳朴实的中国妇女一样，有着与日月同辉的人间至诚，有着撼人心魄的感人力量，爱情在这里得到最崇高的阐释！

曹天钦与谢希德，是我国科学院院士中为数不多的夫妻院士中的一对。他们在过去的岁月里，投身于祖国的科学教育事业，并且取得了重要的科学成就。后来曹天钦完全病倒了，探望他的队伍在不断扩大，病床前的一个厚厚的签字本已经换了好几本，上面记载着每一个关心他健康的人的名字，以及他们真诚的祝福留言。

"曹天钦完全是为人民、为事业累倒了的"，这句实事求是而又高度概括的话勾起人们对他的无比尊敬和爱戴。20世纪80年代初，曹天钦当选为中国科学院生物学部学部委员，后又被任命为中国科学院上海分院院长和中国科学院生物学部副主任、主任。那时，曹天钦身体状况已不太佳，但仍不怕劳累，奔波于京沪两地，以极大的热情推动科学事业的建设和发展。作为一位知名的科学家，作为我国在国际科学联合会（ICSU）的代表，他在生病前的十年时间，多次出访了许多国家，参加国际学术会议，访问研究所，为介绍中国科学事业的发展、促进中国和各国科学界的了解和合作作出不懈的努力。

曹天钦还是一位卓有成效的教育家。30多年间，他和同事一起，通过培养研究生、举办训练班、到大学兼课、选派进修等方式，为国内培养了一支数百人的分子生物学方面的科研队伍，造就了一大批生物化学和分子生物学专业人才。他的学生和曾与他一起共事的年轻助手中，已有数十人晋升为高级研究人员，不少人曾担任过分院、所、室一级领导职务，很多同志担任课题组组长，并成为各自学科研究领域的学术带头人、科研第一线的骨干。他们的成才是与曹天钦的精心指导分不开的。

自从爱人病倒以后，谢希德最为感动的是，曹天钦不仅受到医务人员的精心治疗、护理，而且经常得到领导和社会各界人士的真诚关心。

1989年5月2日，国务委员宋健一行刚下飞机，就直驱华东医院，代表国家科委向曹天钦表示慰问。

1990 年 12 月，曹天钦的同事们在华东医院为他祝贺 70 岁生日时，正在那里检查身体的朱镕基同志，以一个病友的身份赶来祝贺。

1992 年 2 月 4 日，国家科委副主任邓楠，受宋健同志的委托，也特意赶来探望曹天钦。

在曹天钦病房的留言簿上，还留下了许许多多前来探望他的签名：全国政协副主席苏步青，中共中央政治局委员、上海市委书记黄菊……

谢希德夫妇为了学业，结婚很迟，而且只有一个男孩曹惟正。他毕业于复旦大学物理系，后出国留学，又在美国攻读机械工程博士学位，1990 年顺利通过论文答辩，获得工学博士学位。

惟正出生在科学家的家庭，本应该是很幸福的。然而，专心于科教事业的谢希德夫妻却没有更多的时间与小惟正玩乐、亲抚培养他。在惟正刚满五个月时，谢希德便接到任务，毅然离开了心爱的儿子，去北京大学参加五校联合半导体专门化的教学工作，为国家培育急需的人才。"文化大革命"中，他们双双受到不公正的待遇，被打成"牛鬼蛇神"关进"牛棚"。12 岁的惟正，又过早地担负起日常生活和精神上的重担，而且成了"可教育好的子女"，经常被造反派找去"开会"。这些经历，无疑使他那颗还十分幼小的心灵受到极深的创伤，但也因此铸就了他坚强的性格。

曹惟正较早地踏上社会，原工作单位是一个集体制的房修队。他整天在脚手架上登高修房，谢希德知道有人在劳动时摔下来过，但从来没去看过儿子修房子，她的一个朋友对她说，"不能想象她让自己的孩子做那危险的工作"。可尽管工作是危险的，但房修队的几年生活不但锻炼了惟正的体力，而且培养了他的独立生活能力。在十分繁重的劳动之余，惟正并没有放弃自学，他刻苦钻研书本，吸取科学营养，从而具备了比较扎实、巩固的基础知识。粉碎"四人帮"以后，他更是以百倍的努力和刻苦的精神，自学中学六年的功课，终于考取了复旦大学物理系，成为一名本科生。

俗语说，"慈母多败儿"，可慈祥的谢希德对儿子却一向严格要求，曹惟正也十分替母亲争气。1980 年的一天，惟正希望当副校长的母亲用小汽车替他带一床被子到学校去。她委婉而聪慧地对惟正说："被子是可以带到物理楼，可是再叫谁帮你送到宿舍去呢？"儿子领悟了她的话，便自己骑车将被子带到学校，从此自己的事情尽量不麻烦他人。在复旦大学校门口，人们还常常看到惟正总是花钱打公用电话回家，但门卫同志却不知道他就是谢希德的儿子。

1991年春天，才四个月大的小孙女科林回到上海老家，在谢希德身边生活得很好，这给整天忙碌的她增添了新的忙碌，却又乐在其中。她和儿子惟正曾带着科林到医院看天钦，可惜祖孙二人对当时的情景都无法理解，所谓"老小老小"自然令人心酸。同年秋，惟正从美国回来，深夜刚抵达上海，第二天一大早就到华东医院探望病中的父亲。曹天钦对于孩子的归来，似乎有所感觉，但已不能说些什么了。

1995年1月8日，曹天钦在一次并发症中，走完了人生的最后一程，谢希德从此失去一位好爱人、好同事、好同志。她悲痛欲绝地说："在人生的道路上，我们曾经多少次风雨与共、并肩作战……1951年我和曹天钦在英国剑桥结婚，次年一起回到上海，1956年5月，我们又在同一天加入伟大的中国共产党……"93岁的全国政协副主席苏步青，在时任他的秘书王增藩的陪伴下专程来到她家表示深切的慰问，连连劝慰她节哀保重。复旦大学党政领导获悉以后，立即前往住所表达最诚挚的慰问，曹天钦所在单位领导对谢希德更是关怀备至，所有的这一切让她悲痛的心得到暂时的慰藉……满头银发的她，在悲送自己至亲的同时，也不忘感谢领导干部和络绎不绝前来辞行的同事和朋友们。

曹天钦院士是著名的生物化学家，长期从事蛋白质化学、植物病毒的分子生物学研究，是肌球蛋白轻链发现者。在肌肉蛋白质、神经蛋白质、蛋白水解酶和抑制剂、马王堆古尸的保存、植物病毒、植物类菌原体、中国古代科学技术史等研究方面，曾获重要成果，共发表研究论文100余篇，为发展我国的生物化学、生物工程和分子生物学研究作出了重要贡献。

长歌当哭，人们悼念曹天钦的功绩，人们怀念他的品德，也为他的逝去而悲痛流泪、惋惜不已。"托体同山阿",在默默的哀思之间,人们同时也希冀谢希德能够坚强地走下去,为国家和人民作出更大的贡献。

53."我是党的一员"

这些年来,从普通的教员到一校之长再到市政协主席,谢希德职务变了,但对党的忠诚、为党工作的热情依然如故。

在复旦大学校长办公室党支部组织委员的桌子上,放着一只信封,里面装着一位即将出国考察的同志提前交纳的党费,这位同志是谁?

一位同志来找党小组长,不为别的,单为临时接到出差通知而不能参加当晚的组织生活专门来请假的。这位同志又是谁?

这位同志就是共产党员谢希德。

1982年9月,在中国共产党十二届一中全会上,谢希德当选为中共中央委员。回校后,她第一件事就是向校长办公室党支部汇报思想,表示"自己仍是党的普通一员,希望党支部教育和监督"。

谢希德是国内外有影响的物理学家,然而却始终以一个普通党员的身份出现在人们的面前,同时又显示出一个共产党员对共产主义、

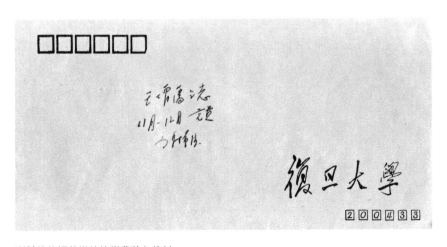

谢希德将提前缴纳的党费装入信封

与本书作者之一王增藩在一起（1993 年）

社会主义的坚定信念，对事业的不懈追求。在这一点上，同志们都很受教育和启发。

1989 年"六四"风波之后，当新华社还未将事件真相公布于众的时候，来自许多国家和地区的信件，雪片似的堆在谢希德的案头。有问复旦大学是否驻扎军队的，有关心她本人是否安全的，还有许多是动了肝火的……

那个星期天，谢希德在家一一给予答复。她了解他们中的许多人对中国没有恶意，她不认为他们是在"大合唱"，因为有些动肝火的恰恰曾为中美友好出过大力的。她以自己的人格、以自己的威信耐心地解释着，尽力去消除误会。遇到鲁莽的，她也会坚定地反问一个主权国家有没有处理发生在本国事件的权利？掷地有声的回答与反问，显示出她坚定的立场以及对政局的深刻分析和正确把握。同年 7 月，她访问美国，和许多仍相当激动的留学生辩论，回国后因心脏有窦性早搏而住了十天医院。

谢希德之所以具有高度的党性观念，还在于她对共产党有一个认识不断深化的过程，在于她不断加强党性的修养和锻炼。她深知，自己从小生长在旧知识分子的家庭，也是在旧社会完成大学教育的知识分子。旧中国受帝国主义，特别是日本帝国主义的欺压，多年抗战的艰苦生活给自己留下了深刻的印象。她认识到国民党政府的腐败，也从一些进步刊物中得知国家未来的希望在延安，但并没有投身于革命，而选择了出国留学。新中国成立以后，亲友的信件都对她进行新旧社会的对比教育，特别是共产党干部提倡全心全意为人民服务的精神，解放军官兵执行"三大纪律，八项注意"规定，让她看到了祖国充满希望的未来。

谢希德说，"虽然当时对党、对共产主义的理解、认识还是很模糊的，但我带着爱国的心回到祖国，加入了院系调整后的复旦大学教师队伍。在教学工作中，我发扬全心全意为同学服务的思想，经常听取意见、改进工作，在教研组能够团结同志、共同前进。为了能在党组织的监督和帮助下更好地发挥作用，我于 1956 年初提出入党申请，而且在 5 月份经过党支部大会通过，光荣地加入中国共产党。这对我个人来说，是一个难忘的日子，也是一生中的转折。我和我的爱人曹天钦同志是同日入党的，因此在我们的生活中，除去家庭、对科学的爱好是我们的共同点之外，又增加了同志的关系，我们努力要求以工人阶级大公无私的思想，来逐步克服从旧社会遗留的旧思想与旧作风，逐步坚定为共产主义奋斗的信心。正是这种信心，使我们在十年动乱中能经受住考验，而且在粉碎'四人帮'之后能以大局为重，以国家的前途为重，不计较一些个人的恩怨，正确对待自己，也正确对待别人，唯一的希望就是能为党做更多的工作，把失去的时间夺回来"。从娓娓道来的言语中，不难感受到她对党的认识正是这样一步步地深化，在经历了各种考验后变得如此的成熟和坚定。这些肺腑之言，隐约跳动着她对党的赤诚之心，让人们看到了一个真正共产党员对党的忠诚信念，看到一个真正共产党员对自己的严格要求。

作为党的领导干部，谢希德一直为维护党的优良传统、廉洁风尚而身体力行。有一次，一个外国代表团来访，拿出一台录音机，特地声明是送给她个人的。她觉得那位送礼物的教授与自己无亲无故，他以访问者的身份馈赠的礼物，自己不能随便接受。于是，她请示校党委,并将录音机转交给学校处理……

有一年,谢希德即将出国讲学,当时任学校保卫处处长的蔡培元出于工作需要找到她,希望谢校长能带回一台当时国内还难以购到的微型录音机。话虽讲了,但他想,谢校长那么忙,出国还会记住办这种小事吗?可是半个月后,当谢希德从国外归来到学校上班时,她托人将一架精密的微型录音机送到保卫处同志手中。大家深受感动的不仅仅是这台录音机,而是一个部门的小小要求也能得到校长的如此重视。事后大家才知道,那录音机是她用节省下来的费用托人购买到后带回来赠送给保卫处的。

谢希德的工作很繁忙,但她觉得无论多忙,也得抓紧政治学习,在思想上与党中央保持一致。当她发现少数学生怀疑四项基本原则时,就抽出宝贵的时间,阅读中共中央文件和报纸上的有关文章,结合自己的曲折经历,以一个普通党员的身份进行宣讲教育。当她看到部分青年盲目崇洋,她又用自己在国外看到的大量事实作关于发扬爱国主义的报告,让学生受到一次次生动而具体的教育,健康地走出复旦大学校门,成为祖国的栋梁之材。

多年以来,谢希德具有坚定的共产主义信念,坚决贯彻执行党的基本路线,密切联系群众,在科学研究、教学和统一战线等方面的工作都做出了卓越成就。1992年春,基层党支部一致推选她为党的十四大代表。

1993年2月14日上午,谢希德在出席上海市八届一次政协全会预备会时说:"长江后浪推前浪,这是事物发展的规律,也是我们的事业蓬勃发展的动力!"这位七届政协主席即将和一部分委员从市政协退下来,顺利完成政协领导的更替和工作的交接。

谢希德担任市政协主席一职,度过了很不平常的五年。这五年期间,上海市政协经受了1989年春夏之交的政治风波和1990年特大洪水灾害的考验,也看到了1991年国际政治风云剧变的动荡时局,如海湾战争、东欧剧变、苏联解体等等。但是,她主持的七届市政协委员会,坚持团结各界人士,与中国共产党风雨同舟,在维护和发展安定团结的政治局面、巩固扩大爱国统一战线、开拓市政协工作等方面作出了积极的贡献。在预备会上，八届市政协委员对谢希德的致辞报以热烈的掌声，充分肯定了她和七届市政协委员会的贡献。

"我虽然人退了，但心不退，一定会继续关心和支持政协的各方面工作"，谢希德对八届委员会寄予很大的希望。她特别提道："这一届委员中许多人年富力强，可以更好地挑起参政议政重担，特别是八届市政协首次增添了经济界的委员，许多在位的经济界领导进入了市政协，他们可以和其他界别的委员相互沟通，为振兴上海、开发浦东多出主意，多想办法。我希望在这一次政协全会上，委员们畅所欲言，多提提案，以增强会议的民主气氛。"方方面面的考虑、真真切切的期望令委员们无不感动，这就是谢希德的风格和品德。

在政治上坚持党的基本路线，在思想上全心全意为人民服务，谢希德为党和国家的事业投入了许多精力，作出了很大的贡献，体现出共产党员的崇高品质，受到人们的普遍赞扬。"烈士暮年，壮心不已"，年近八旬的谢希德以共产党员的标准严格要求自己，广泛联系群众，关心他人，给人留下深刻的印象。

美国研究中心办公室主任乔长森，1998年第一次见到谢希德，便为她典雅的气质、平易近人的风范所折服，初次见到"大人物"的那种紧张、局促、恐慌的心情一扫而光。从此，在她的办公室或家中，乔长森常常看到谢希德那亲切慈祥的微笑，听到那悦耳动听的声音。小结、报告中哪些词用错了，谢希德都会一一指出。送回的报告，在无法确定的地方打上问号，或写上"请查字典"，她甚至会为一些词的用法去请教这方面的专家。乔长森感动地说，"这些细小的地方，把谢校长科学严谨的治学态度和虚怀若谷的精神，展现得淋漓尽致，这种道德品质和人生态度，永远值得我们学习"。

1999年春天，复旦大学美国研究中心的吕慧芳同志赴美国工作进修。在美国，她挂念住院治疗的谢希德主任，经常用电子邮件汇报自己的近况及观感。有一次，谢希德在电子邮件中写道："吕慧芳，你有些地方的英文是中国式的，让我来帮你纠正。"吕慧芳收到信件后，激动不已地描述了这件事，"我一读到她的电子邮件，就十分激动。谢老的学术地位及行政身份都很高，又在病中，却好像一位优秀英文老师手把手地教我，改正我英文中的错误，这真是我的福气。我当即回了一封电子邮件，谢谢她并诚恳地向她请教。第二天，谢老在回信中除了指出我英文的错误外，同时加了一句鼓励的话，'你以前没有很多机会写作英文，以后多用就能进步。'在近一个月的日子里，谢老每次都对我发去的电子邮件进行修改，帮助我纠正用词的错误。对此，我会永远铭记在心，将她的帮助化作动力，以提高自己的英文写作水平"。

风雨知劲草，细微见精神。这是多么平凡、多么细小的事，但是谢希德对此却如此认真、如此耐心，特别是自己还在住院治疗期间。我们可以想象，倘若平时身体稍好，她又会是怎样的投入！有这样一位关心群众的共产党员，人们能不衷心地爱戴她，能不支持她的一切工作吗？还有什么样的困难、问题不能解决呢！

心中装着党，心中装着群众的人，党和群众也不会忘记他的，也一定会在历史上书写上他的名字，谢希德亦然。

54. 偷得浮生半日闲

也许人们很难想象，谢希德这样一位日夜为科学教育事业和国家政务操劳的学者，却拥有许多业余爱好。"我喜欢多色彩的生活"，这似乎是一个少女的梦幻与追求，而不应该是她的生活写照，可事实上的确如此……

1984年，复旦大学集邮学会举行第四届邮展，谢希德一下子提供了三套集邮展品，其中有《列支敦士登邮票一瞥》，美国1984年奥运会发行的首日实寄封，还有一套是一枚快递实寄封，上面贴有两枚9.35美元的邮票，图案是美国国鸟——白头海雕。这件实寄封是当时美国在20世纪发行的面值最大的邮票，而且从美国飞到上海只用三天，学生们大开眼界。谢希德告诉学生，集邮可以陶冶人的品格和情操，扩大知识面，丰富业余生活，是一种健康有益的活动。

其实，集邮是谢希德中学时代就形成的一种业余爱好，不过当时限于条件，她只能从友人的通信中剪集邮票，按国别收藏。方寸邮

业余生活——参观复旦大学邮展（1987年）

票，不仅是图案优美、易于收藏的艺术品，也是一扇窗口，可以看到彩色的世界，从中汲取很多历史、地理、人文等科学知识，集邮便成了她的启蒙教材之一。第一次世界大战后，同是德国出的邮票，面值比战前翻了几倍。资本主义通货膨胀的经济危机，也在邮票上留下了不可磨灭的痕迹，这一点对她的感触也是十分深刻的。抗日战争期间，在颠沛不定的岁月中，她所有的邮票都散失了。随后科学道路上的繁忙生涯，使得她一度无暇顾及集邮，但少女时代萌发的集邮兴趣却始终没有改变，反而因岁月的积淀而更加浓厚。

20世纪50年代初，她一路波折地从国外归来后，生活开始有了一定的规律。到了60年代初，她又点燃了集邮的兴趣。然而，精湛的邮品全靠平时的收集和整理，要集邮就得花不少时间，对她来说埋头在邮票之中显然不现实，毕竟事业最为重要，她不能顾此失彼、因小失大。好在儿子曹惟正已懂事，亮晶晶的眼睛里也流露出对集邮的兴趣，并开始学会排列邮票的各种图案。于是，谢希德就把自己爱好集邮的兴趣，逐渐影响和转移到培养、引导儿子的集邮活动上来。她还结合实际情况，教育孩子认识集邮的意义，掌握科学方法，进行专题收集。这中间，谢希德既尽到了做母亲的责任，又享受到集邮的乐趣，还融洽了家庭的和谐气氛，曹天钦对儿子的兴趣爱好也非常支持，可谓一举多得，何乐不为。

"文化大革命"期间，谢希德身陷囹圄，邮票被抄走了。她在惦念祖国科学事业的同时，也掺进了为孩子失去心爱的邮集所带来的忧郁。直到她重新恢复工作以后，当年被抄走的集邮册，才陆续还回来一部分，充满乐趣的集邮活动又在她的家庭中开始延续了。那时，儿子惟正仍然保持着集邮的爱好，她总是在繁忙的工作之余充当孩子的业余"采购员"，代他购买新邮票，收集整理有意义的实寄封等。

集邮虽然只是谢希德的一种爱好，但同时又成了她联系学生、建立深厚友谊的纽带。当复旦大学集邮协会成立时，她就应邀担任名誉会长，一直关心集邮协会的健康成长。她谆谆告诫学生，集邮作为业余爱好是有益的，但不要本末倒置，学生的天职无疑是学习，平时主要精力要花在学习上。同时，她建议学生将集邮协会改为集邮学会，以使学生增长更多的知识。她希望学生要讲究集邮道德，不要偷窃、撕毁别人信件上的邮票。对社会上的邮票交换现象，她认为互通有无、交换是可以的，但是不要介入邮票的倒卖活动，沾染上商人气息。

1986年教师节，正泰橡胶厂邮协与复旦大学集邮学会联合举办邮展，谢希德校长欣然应允带领学会师生前往参观，从而促进了复旦大学集邮学会与社会的交流与合作。

英阿马岛之战硝烟未散，复旦大学1982年校庆邮展上，已出现一种关于马尔维纳斯群岛风土人情的邮集。这部紧密联系形势、十分珍贵的邮集，引起了各方的兴趣，它的主人就是谢希德副校长。原来，在邮展筹备期间，学会的学生希望她提供展品，但又担心她工作忙，无暇顾及这些琐事。可是当她得知邮展的消息后，立即一口答应。在特地与曹天钦商量之后，第二天一早她就拿出这套马岛邮品来，为这次邮展增添了些许亮色。

其实说起这套邮品的来龙去脉，其间还有一段曲折的故事。该

1986年9月，与复旦大学集邮学会师生一起出席正泰、复旦"教师节"联合邮展（前排右四为谢希德）

邮品是一位英国朋友送给谢希德的，而那位朋友又是从她的一位在马岛工作的朋友那里得来的。不幸的是，这个寄邮票的英国人，却在战火中丧身于英国的炮弹之中。这套邮票展出后反响很大，许多人从中受到教育、得到启发。在1983年上海市大学生的集邮展览上，她又拿出了50多枚马岛邮票，为整个邮展增辉添彩。

如今，在复旦大学集邮学会的藏品之中，人们还可以见到一枚十分珍贵的首日封。那就是在党的十二大胜利召开时，谢希德亲自签名寄出的邮封。1982年9月1日，谢希德作为代表参加了党的十二大，并被选为中央委员，那枚难得的实寄封使复旦大学集邮学会的人们感到无上光荣。值得一提的是，党的十三大召开时，谢希德又为复旦集邮学会藏品新增添了一枚寄自人民大会堂的首日实寄封。在繁忙的日子里，她仍不忘集邮，使复旦大学和上海的集邮迷大为感动，一时之间集邮蔚为成风。

正因为得到谢希德的大力支持，复旦大学的几届集邮学会会长，都干得相当出色。1987年至1990年度的评比中,复旦大学集邮学会都被评为先进集体,第六任会长罗立新获得上海市集邮先进个人。她的邮集《中国近代区域邮政简史》获得上海市大学生第四届邮展一等奖,在第二届上海市电视节邮展中参展并获奖。

谢希德尽管工作非常忙碌,但是在北京出席会议期间,当有代表请她在首日封上签名留念时,她总会满足代表的要求。1983年,一位第二汽车制造厂的干部徐月周,还收到一枚纪念京汉铁路"二七"大罢工60周年的首日封,封面上有谢希德的亲笔题词,"开展集邮活动,增进知识,促进友谊"。这位二汽干部感到无比荣幸,在收集邮卡时,也曾寄赠谢希德表示感谢。时任福州市政协副主席的王雪如也是个集邮迷,邮品多次获奖。她得知谢希德先生酷爱集邮,一有精彩的首日纪念封就寄赠,谢希德出席全国政协大会时,也总不忘记给她回赠首日封。

谢希德在长期的集邮中,积累了不少经验,然而她谦虚地称自己与许多集邮专家相比,还是一个门外汉。其实,只要有机会浏览她的一些邮品,一定会大开眼界,惊叹其精美、丰富和珍贵。她说自己和老伴以及儿子都爱好集邮,收藏的邮品可以说是所有家庭成员合作的

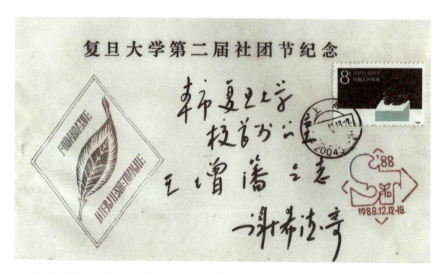

1988年12月,谢希德为本书作者之一的王增藩寄赠首日封

结果，还兴趣盎然地讲了一个收集"哈雷彗星"专题邮票的故事。

1986年2月9日，哈雷彗星离太阳最近，许多国家对这个76年方可遇到的天体奇观，都发行了纪念性的邮票、封和邮简。曹天钦收到朋友从新德里寄来的第19届国际天文联合会的纪念封，上面有哈雷彗星的纪念邮票，颇有意思。接着谢希德收到美国友人的实寄邮简，封面上不但印有哈雷彗星的纪念邮票，而且印有马克·吐温的照片和他的一段话，"我在1835年与哈雷彗星同来，明年它又要来了，如果我不与哈雷彗星同去，这将是我一生中最大的失望"。当时并没有在意，1994年底时捡出来观摩，她查了查有关的资料，才发现马克·吐温死于1910年，正好是"与彗星同去"。据同事、复旦大学外文系陆谷孙教授说，马克·吐温是自然死亡，他能预言自己与哈雷彗星同来同去，这种幽默令人拍案称奇，但不过纯粹是巧合而已。关于哈雷彗星的邮品，谢希德夫妇当年收到不少，这引起了曹天钦的兴趣。他不但查阅大量现代科学杂志，还翻阅了不少古籍经典。从公元前240年到1910年，共有29次记录着那"拖尾巴的星"出现，周期也是76年，倘若中国有人超前总结它的运动规律，那彗星就不会以哈雷命名了。

通过集邮，谢希德一家也更好地与国际友人沟通，加深彼此之间的情谊。美国某大学一位教授到上海访问，送给她一套当年出版的美国50个州的州花、州鸟邮票，并且附送一本对这些花鸟详细介绍的画册。与此同时，儿子惟正也从美国寄来20余封信，也贴有这些邮票。可以说，她的一家有了这个专题比较全的收藏。这位教授知道她爱好集邮，回国后马上给她寄了一封快件，贴了当时美国面值最大的邮票。同时，他又寄来面值为10.1美分的邮票，该面值古怪的邮票是专门为集邮者而发行的，上面印的是古老的马车。这引起她对交通工具的兴趣，于是复旦集邮学会的学生帮她从有关邮票中整理出了交通工具的专题。一组组邮票，一段段故事，方寸之中蕴藏着大千世界，真令人兴趣盎然！

世界上爱好收藏者不计其数，而且收藏的物品五花八门。收藏品大到世界名画，小到衣服纽扣，每一种类别的收藏常常体现着主人的兴趣爱好和艺术修养。谢希德除了爱好集邮外，还经常收集各国小纪念品、画像和模型，为生活增添了诸多的乐趣。

那时，谢希德居住的会客室只有十多平方米，一套沙发、两个矮玻璃柜和一架钢琴，茶几上放着两盆漳州水仙花，陈设十分简单。玻璃柜里摆着世界许多地方的娃娃，大都是曹天钦出国时搜集来的，唯一美中不足的是独缺一个黑娃娃。1990年，她访问美国时，特地在南方地摊上选购了一个。此外，柜中有一半是与科学研究工作有关的纪念品，如用激光在桃木上雕刻的阿贡国家实验室标志、美国原子核反应堆使用的石墨工艺品、法国巴黎的埃菲尔铁塔模型、美国纽约自由女神小雕像、波兰居里夫人雕像、瑞典的海盗船模型、澳大利亚的大袋鼠、英国的自鸣钟，还有英格兰人、美国黑人等小艺人。因此，谢希德的整个居室像一个国际博览会展厅，许多国家都不甘示弱地在此插上一脚，她也对这些纪念品十分珍爱、细心收藏。

生活往往如雨后彩虹般多色彩，也唯有这样的生活才不至于单调，面对七彩的人生，谢希德同样爱好广泛。她喜欢古典音乐，诸如贝多芬的《命运交响曲》、莫扎特和施特劳斯等人的名曲，那恢宏或柔曼的音响构成的氛围每每令她心驰神往，使她激动不已。她喜欢文艺作品，特别喜欢看英文的传记和与历史有关的文学作品，文学大师用心血和理想塑造出来的人物，常常栩栩如生地从她的口中滔滔不绝地讲述出来，可惜她平时非常忙碌，只有在出差或住医院时才能保证阅读时间。

业余生活——爱好收藏
（1985年）

业余生活——喜欢古典音乐（1995年）

业余生活——阅览文学作品（1982年）

业余生活——编织毛线（1990年）

1986年秋,夫妇二人在家招待外宾

1986年,谢希德(左二)与外国朋友在一起

第七章 | 德才师表仰高风

她会编织样式和色彩都很别致、漂亮的毛衣，经常用住院或晚间看电视的一点空闲，积少成多地完成几件"惊人之举"。她还特别喜爱收集国外朋友、同事、学生寄来的节日贺卡，别看那一张张小小的卡片，却是亲情、友情的见证，承载着无数愉快、美好的回忆。

不过，生活虽然是多色彩的，但个人的生活也不是样样色彩齐全。有人曾撰文说，谢希德业余爱好烹饪，其实她对此道说不上内行。有一年，一位美国朋友到她家做客，她便动手做了三样菜，一方面显得主人热情友好，另一方面也是就地取材，比较简单而方便。客人尝后，觉得味道不错，赞扬了一番。后来，这事被一位记者张扬出去，说她擅长烹饪。对此，她特意关照那位记者要实事求是："中国的烹饪大有学问，我还未入门，其实我的手艺远不及爱人曹天钦。"

众所周知，谢希德身患癌症，换作常人也许早就在病魔面前屈服倒下，而她没有。这里面除了她的坚强意志和为国为民的精神在支撑着她以外，一个很重要的因素恐怕就是她热爱生活，更懂得如何生活，从而在更长的有生之年更好地为人民服务、为国家贡献。1966年，因左侧乳腺癌而动手术时，她只计划再活十年。1992年，那时她已经活到了70岁，对一个自幼多病的人来说她感到是一个奇迹，原先的目标已远远超额完成。不过，虽然是多活了，但她不认为生命任务已经终结，因为还有那么多想做而没有做的事摆在面前！虽然记忆是有些衰退，工作效率也不那么高，但她自认为体力还能支持，也还能做些事直到生命的最后一息，发挥一点自己的最后余热。

当人家问及有什么养生之道时，谢希德颇有感慨，一番言语道出她的经验，"没有什么养生之道，用了70多年的这部人体机器运转起来，总不那么自如，不是这儿有毛病，就是那儿运转不灵。其实，我是维生素C的崇拜者，经常服用大剂量的维生素C，既可预防感冒，也可提高抗癌的免疫力。此外，我还服用许多增强抵抗力的药物，一次吃药一大把。有了小毛病，不怕去麻烦医生，在体力能支持时，尽量让工作把自己带到激发状态，这样可以忘记疲劳和一些不伤机体的小毛病。一旦发现疾病，我就听从医生的安排，进行手术、化疗、服药，相信科学，密切配合医生的诊治"。

谈及人老了，该注意些什么时，谢希德自我检讨："老人容易多话，因为自己觉得有许多值得介绍的事要向别人说，遗憾的是所说的话并不是别人都爱听的。健忘与话多，可能是两种老的象征。多用脑可锻炼记忆力，少说话要靠自己去克制，经常提醒自己要适可而止。"以往，她的秘书偶有同行出差，只见她在飞机上看看报纸什么的，一会儿即进入梦乡。可到要下飞机时，她已换成精力充沛的另一人，让秘书佩服不已。

在艰难的人生道路上，谢希德一直很乐观地走过来，凭借着她对生命意识的独特理解和超然态度，凭借她对科教事业的执着追求和不懈开拓，凭借她对兴趣爱好的雅俗共赏和与众同乐。如果我们把她的一生比作一棵高耸入云的大树，那么科教事业成其为主干，而兴趣爱好则成其为绿叶，两者其实都是不可或缺的。

55. "三月会议"传佳讯

谢希德担任市政协主席之后，十分关心学校的科研工作。每年应邀出国参加学术会议，以及世界银行贷款项目会议仍然没有间断，她经常有机会接触到世界上最新的研究成果和各类信息。

美国物理学会（APS）照顾到该国不同地区的科学家，每年"三月会议"都在美国不同城市召开。这个会议是一个以凝聚态物理为主要内容的会议，但是也有许多和材料物理、生物物理、化学物理、高分子物理以及流体动力学有关的内容。自从1983年参加APS"三月会议"以来，谢希德不论什么情况每年都参加，目睹科学界许多令人兴奋的进展，也带回了许多新信息和新动向。

每次回国后，谢希德到表面物理研究所的第一件事，就是把最新的科研情况向同事们作介绍，并提出一些新的研究方向。1991年3月，谢希德参加美国物理学会"三月会议"之后，敏锐地发现了一个很有发展前途的C_{60}科研课题，立即提出开展这方面研究的建议。一年之后，国内已有科研单位在C_{60}的研究上获得可喜的成果，可见她对世界科技动态是很了解的，对科研课题的选择也是很有创造性的。

其实，"三月会议"一般分早上、中午、下午三段举行，科研学术文章很多。1994年收到摘要575篇，邀请报告有550篇，而1995年却有摘要4 400篇，报告575篇。除最后一天外，大多有33个分组同时进行，因此每个人只能参加会议的一小部分，听报告固然重要，但是这个会的特点更

介绍美国物理学会"三月会议"专题报告内容（1995年）

多是会外交流。开会的前一天还有美国物理学会主办的辅导课（APS Tutorial），它是为研究生和想了解自己不熟悉领域的科学家们开设的。1995年，美国"三月会议"讲课的内容包括：① 激光的最新发展；② 数据并行计算的介绍；③ 纳米结构和纳米技术；④ 制造小物体的工艺和科学；⑤ 使环境清洁的物理学家的观点；⑥ GeSi（锗硅）：从材料研究到器件和工艺；⑦ 薄膜的科学和工艺及其革新；⑧ 信息工业；⑨ 计算机模拟和数学、物理和生物科学中的探索。这些课题多少反映了某些值得重视的发展和动向，特别令人注目的是学科间的交叉和渗透所导致的新进展。

把国外的信息和科研成果介绍到国内，把国内或研究室同事的研究成果向国外同行介绍，这可以说是谢希德相当长一段时间致力于科学研究的一个很重要的内容。每次出国访问或参加会议，她都要抓紧一切可以利用的时间，向国外同行介绍中国科技、教育改革的进展状况，谈自己的切身感受。同时又把复旦大学半导体物理和表面物理的研究成果向国外朋友通报，这无疑提高了学校这一重点学科在世界上的影响和知名度。

正由于谢希德的真诚与努力，复旦大学表面物理的研究一直得

到国际上一些著名科学家的支持和关注。诺贝尔物理学奖获得者杨振宁、李政道博士，与复旦大学的密切关系是众所周知的。此外还有一批对中国非常友好的外国朋友，也与她结下了深厚的友情。这些对于开展科学研究、促进我国与外国的友好往来，也发挥了重要的作用。

1992年8月，第21届国际半导体物理会议在北京召开，谢希德荣任本届会议主席，中外专家500余人出席了大会，报送的论文达900余篇。国际半导体物理会议是世界上半导体物理学科中最具权威的大型会议之一，自1952年以来每两年一届轮流在各国举行，国际上无不将主办这一会议作为本国学术界的荣誉和显示自身学术水平的一次机会。经过我国半导体物理学界的共同努力，并经历了许多曲折和困难，特别是谢希德等教授的争取，包括顶住了1989年"六四"风波后的签名抵制等压力，我国才成为该届会议的承办国。这样的半导体物理大型国际会议，是第一次在亚洲发展中国家召开。为了筹备好这次国际会议，早在一年多前，她和许多国内同行就已经为之操劳筹划，最终结出丰硕的果实。她在开幕式上说，这次会议为我国半导体物理学界提供了一个直接接触国际科技前沿领域的良机，并将对我国半导体学科的发展以及青年人才的培养，起到很好的推动作用。

1998年5月19日下午，谢希德在美国研究中心作了关于美国物理学会1998年"三月会议"的综述报告，介绍了美国物理学界在计算机凝聚态物理、高温超导等方面的最新研究进展，报告吸引了数百名师生。美国物理学会每年一度的"三月会议"，集中了美国几乎所有重要研究机构和高校的物理研究人员代表，也荟萃了当前物理学界的最新最高学术成果。然而，大家也许都没有想到，自1983年到1998年，谢希德每年都参加"三月会议"，每年都带回大量关于物理学最新进展的信息，都在这里向师生作综述报告会，其中对复旦大学的物理学研究起到的推动作用是不容低估的。每次报告会，她总会把两本字典那么厚的材料整理成一个精练的学术报告，站着一讲就是几个小时。这样的报告会，后来逐渐成为复旦大学理科师生期盼已久、趋之若鹜的盛会，在学校的影响也日益深远。

1999年"三月会议"是美国物理学会成立100周年的大庆，谢希德因病而未能出席，她倍感遗憾，于是1998年的那次综述报告也便成为绝唱。

复旦大学蒋平教授在回忆起谢希德时深情地说，"人们常常尊称在某个领域卓有建树的人为某某家，但谢先生在许多领域都作出了杰出的贡献，我们很难用某个方面的敬称来概括。而且谢先生虚怀若谷，也从来不愿意别人称她什么家。想到谢先生，我只能说她始终是学生心目中的好老师，她一直站在科研的最前沿"。

自从1993年退出上海市政协领导岗位之后，谢希德有更多的时间关注物理学界的科研新进展。当今科学技术飞速发展，各种信息的收集和运用就显得特别重要。她谈起这样一件发人深思的事情，1959年她应少年儿童出版社《科学家谈21世纪》的约稿，写了一篇《半导体的将来》的文章。她认为现在看来，虽然离世纪之交还有一段时间，但当时的许多预测都已实现。以半导体超大规模集成电路为基础的微处理机发展日新月异，每18个月微处理机的速度就要加倍。1971年美国英特尔公司推出的微处理机芯片上只有2 300个晶体管，1982年的Intel 80286微处理机有134 000个晶体管，1986年Intel 486微处理机有1 200万个晶体管，而1996年初推出的P6则有5 500万个晶体管，后来又有更加先进的产品问世。试制中的产品每个芯片已有近十亿个晶体管。生产集成电路的硅片直径已达到8英寸，有如一个意大利馅饼，并且在向12英寸进军。随着超大规模集成电路技术、计算机技术和光纤技术的发展，人们已进入信息时代，"秀才不出门，能知天下事"已不再是个梦想。各种基于集成电路的个人计算机、家用电器、医疗设备等正在使人们的生活为之改观。生活和工作范围也由地球扩展到宇宙空间。谈到此，谢希德为自己当时未能正确地预测感到惭愧，但也为科学技术的迅速发展感到无比高兴。

基于此，谢希德更加重视信息时代的各种最新信息的收集和研究，力求使自己立足于科研的风口浪尖。为了获取新信息，谢希德倾注了许多精力，为我国的物理学研究操心尽责。就拿国际表面结构会议来说，这是世界许多国家和地区科学家的盛会，前三届分别是1984年、1987年、1990年在美国加利福尼亚州的伯克利城、荷兰的阿姆斯特丹市和美国威斯康星州的密尔沃基召开的。第四届国际表面结构会议在我国的上海举办，这是第一次在亚洲召开，也是第一次在一个发展中国家召开，机会确实来之不易！1993年8月16日到19日，这届国际学术会议在上海如期举行，可以说谢希德作出了重要的贡献。

第四届国际表面结构会议共收到来稿157篇，大会报告近90篇，其中有的是邀请报告，涉及的内容有清洁金属表面、新材料、表面的成像、元素半导体和金属表面的化学吸附等，此外还有一些关于氧化物、薄膜的新技术，以及改进低能电子衍射方法的研究报道。这届会议加强了我国科学家，特别是年轻的科学家与国际同行的联系，与会代表对这次会议的组织工作都表示满意，这次会议也为我国表面物理学界在国际上争得了荣誉。

谢希德关注最新世界科学技术动态，为年轻学者提供信息、悉心指导，这种甘为人梯、无私奉献的精神，深深地打动了同事和学生的心。她还热心于科学的普及工作，总是在百忙之中，热心而又及时地将所获的知识用科普文章，向更多的青年宣传科学知识，为祖国的科学普及作出贡献。她所撰写的科普文章，通俗易懂，文风朴实，富有启迪作用。

这一件件、一桩桩，谢希德都在匆匆忙忙之中接手，又以井井有条、卓有成效的成绩展现在人民面前。难怪，人们从内心钦佩她，人们从内心爱戴她！1991年3月，正逢谢希德70大寿和在复旦大学执教40周年纪念，国家科委主任宋健、中国科学院院长周光召联名发来贺电，国际著名的诺贝尔物理学奖获得者李政道、萨拉姆教授也分别发来贺电。国家教委致电谢希德表示热烈祝贺，中国物理学会理事长冯端教授也寄来祝贺信……

56. 师德景行构脊梁

退居二线之后，谢希德一如既往地关心着年轻人的成长，并以自己坎坷的人生和富有哲理的言辞教导他们记住自己的根，珍惜美好的今天，为祖国的富强、民族的腾飞而奋斗。

《现代家庭》主编孙小琪回忆道，"我曾经在复旦大学中文系学习工作过八年。1983年秋天，中文系党总支书记找我谈话，说上海市妇联有个叫《为了孩子》的杂志，希望调我去任职。我因留恋复旦校园，不愿意去。这事大约拖了一个多月，谢希德校长亲自过问了这件事，希望我再考虑一下。那年我32岁，自知在藏龙卧虎、人才荟萃的复旦校园是小字辈。谢希德校长是我十分敬重的，虽然我们之间尚无任何交往，但我愿意遵从她的意见"。

1994年初，孙小琪送来自己拟出版的书稿，请谢希德阅后发表点感想。尽管平日工作还是那么繁忙，谢希德却很快将《女人一生》的大部分文稿看完，她很欣赏作者的散文和随笔。有一篇题为《没想到你是个女的……》的文章，其中谈到孙小琪曾收到的许多称赞《现代家庭》期刊办得好的信中称她为叔叔、伯伯时，谢希德也不禁笑了。因为她也有过同样的经历，收到的信中常有人称她为谢希德爷爷。由此，谢希德提出了一个值得世人关注的问题——在人们的脑海中，传统的习惯和思维的定式总是认为"成就"只属于男性世界，与女性无缘，科学更加是妇女的"禁区"。"前些时候我的一名研究生看到一篇论文参考文献中，有两个同姓的外国人同为一篇论文的作者，他问我这两个人是否弟兄，实际上他们两人是夫妻，而且女的在各方面都更出色一些"，谢希德评论道："人们也许还是不习惯把成功和女性联系起来，现在年轻作家不少，希望她们能在作品中不仅为女性呐喊，也把女性的成功放在一个恰当的位置。"

在同一本书中，《一盏灯二两油》一文描写了作者孙小琪插队时的经历，情文并茂。也许，如今城市中长大的年轻人可能想象不到那种日子的苦楚，可这篇文章却把谢希德带回到抗日战争时的闽西山城长汀。在那艰苦的岁月里，她和同学在宿舍中只能靠菜油灯看书。在菜油紧张时，还得点桐油灯，一晚上下来，她的鼻孔全被油烟熏黑了。所谓"一粥一饭，当思来之不易；半丝半缕，恒念物力维艰"，她点评道，"现在忆苦思甜已不流行，但偶尔登些这类小品，让年轻的一代理解过去，还是有益的"。就是这样，她以在青年中的影响力，经常从一些看似细小的事件中引申出富有教育意义的议论，随时为青年指点迷津、加强修养。

"忠于职守的语文老师成了批斗的对象，即兴的顺口溜成了'战斗檄文'，不负责任的大字报铺天盖地，人的尊严丧失殆尽"，谢希德含泪读完孙小琪的文章《诚实的悼念——〈一个红卫兵的自白〉读后》。一提起"文化大革命"，她过去遭受的不公正待遇，身心被摧残、尊严被侮辱的事实，如电影般历历在目。然而旧事重提的纠缠，并不是出于个人的怨恨，更着眼于正视历史真相、探求科学真理。1994年随笔集《女人一生》要出版，她给孙小琪作序："回想到当时的情景，我浑身战栗，眼前似乎又涌现出那些天不怕地不怕的'红卫兵'……"那些笔端下富有情感色彩的文字使孙小琪感到酸楚，谢希德平时虽然不愿多说，但并非健忘，只是不愿让那些倒行逆施的罪行干扰自己的工作，影响自己的心情罢了。

序中，谢希德还指出，横扫一切的年代，共产党员、共青团员、少先队员的光辉形象没有了，原来一些传统道德观念也随"批林批孔"一扫而光。其中的原因，读读孙小琪这些小品可以找到一点答案，她最后说，"做人还是要有规范尊严和追求的，让我们把失去的再找回来吧"。

美国研究中心资料室顾问吕慧芳，1994年在谢希德帮助下，好不容易调到中心工作。到了1997年夏天，她感到自己即将退休，而此时正好有一个单位要调她去，而且待遇较高，她不禁心动了。当有人来办理此事时，谢希德脸色凝重地问吕慧芳："你不是自己说愿意在我手下工作吗？你现在怎么想反悔了？！"吕慧芳后来回忆的时候很惭愧，"当时我一听到这句话，就感到无地自容、汗颜不已。因为这句话，问的是一个严肃的做人道德原则，即在人世间、人与人之间、领导与下级之间应该讲信义，虽然时代不同，内涵不同，但基本点是一样的。人是应该信守诺言的"。其实，当时她就向谢希德认错，并表示不会离开中心。

1996年的一天，在会议休息时间里，谢希德慈祥地问起上海市欧美同学会副会长、上海医科大学教授朱世能有关她爱人曹天钦遗体解剖

1998年10月，与复旦大学美国研究中心的同志们在上海华东医院亲切交谈（左三为倪世雄，左四为沈丁立，中为谢希德，右二为乔长森，右五为吕慧芳）

的情况。接着，她又问，"我要申请遗体捐献，你看怎么办"。一种对长辈的尊敬和医务工作者特有的感情，使朱世能感到在他面前的那位老人是何等高大，多么令人仰慕！他回答她，"请您放心，我会帮您办好一切手续，但表格必须由您亲自签名"。当时，朱世能半开玩笑地对她说，"还早着呢！"她望着朱世能坦心地笑了，还说"谢谢您！"朱世能回到单位后，很快要了表格寄到她家中，没几天她就将表格工工整整填好、签好字寄回了。她办好捐赠登记，登记号是2423。就这样，谢希德完成了生命中最后要完成的心愿——她的病理档案，从此永远留在复旦大学上海医学院的病理室里。她科学对待人生、无私奉献一生的伟大精神也将永远令人敬慕和爱戴——她可以从容、安详地离开了……

两年后的夏天，正值"'98中华学人与21世纪上海发展"国际研讨会在华亭宾馆召开。谢希德找到朱世能，告诉他自己的病情。当时，朱世能一听十分惊诧，她怎么会将检查身体的事一拖再拖、拿自己的生命开玩笑？但是她平淡地说："看来要手术，但我还有两个会要参加，还有许多事。"朱世能一面帮她联系，一面安慰她，说服她要听医生的话。他知道那时候她需要有人给她作些解释，希望知道身体的实情，好让自己更好配合。手术那天，朱世能一早赶到华东医院，和其他两位医生一起为她做了病理诊断，在诊断书上签了字。可以说，那时候他们的心情真是难以言表。手术进行得很顺利，她配合默契。但终因肿瘤已经出现扩散，必须作进一步的治疗。对谢希德来说，那是十分艰巨而痛苦的事，但她始终乐观对待。治疗间隙，她还要从医院请假外出开会，记挂着大洋彼岸的另一个会，因此治疗期间仍在笔记本电脑上不断地工作，直到体力不支。朱世能很感动，"在她面前，我不是一个医生，我永远是一个无知的学生"。

1997年5月，复旦大学又一批学生即将毕业，毕业意味着什么，今后的路怎么走？谢希德来到毕业生中，以一次演讲的形式与青年学生谈心话别，"在英语中，'毕业典礼'含有开始的意思，也就是说毕业并不是终结，而是更广阔生活的开始"。她的几句富有哲理的开场白，引来台下数百名毕业生报以热烈的掌声。

其实，在此之前，复旦大学学生工作部的同志在下基层与毕业生座谈时，听到不少毕业生反映，在离校前希望能听到一些名人学者谈谈治学与做人，以期对今后的人生道路有所启迪和帮助。在得到建议后，为实现这个目的的"复旦学者、校友讲坛"很快筹备起来了，可谁来讲第一讲？"谢校长"，在他们头脑中马上闪过老校长谢希德的名字。

那时，尽管退居二线，谢希德还承担着繁忙的社会工作。受到邀请后，她并没有立即应承下来，倒不是因为忙，让她有些犹豫的是学生愿意听她讲吗？不过，去和学生见见面交流，这种迫切的愿望最终压倒了一切。然后，为了这场一个多小时的演讲，这位深孚众望的科学家足足准备了好几天。

正式演讲那天，会场上的热烈气氛让谢希德的担心显得有些多余。一听说老校长要来作演讲，不少毕业生早早地来到了会场，有些学生怕没有位置，还事先用本子占了座位，更有一些已经开始上班的学生特意向单位请了假出来。也许"听君一席话，胜读十年书"，前来听演讲的学生将可以容纳数百人的报告厅挤得水泄不通，最后只能在走廊里临时加了一排椅子。

谢希德结合自己的人生经历,生动而又很有感染力地讲述了当前大好形势来之不易。她希望毕业生认清现实,在奔向未来时需看到任重道远,在遇到挫折时不能怨天尤人。对那些即将出国留学的毕业生,她语重心长地说:"人最重要的是什么?待遇?身体?最重要的要记住自己的根,你们的根在中国!"她的演讲,引起了毕业生一阵阵的笑声和长时间的掌声。很快,短短的一个多小时过去了,可毕业生们还意犹未尽,"今天不仅学到很多东西,而且亲身感受到老一辈科学家谢希德教授的人格魅力"。

1998年3月,在周恩来总理100周年诞辰的日子里,谢希德于一篇怀念周总理的文章中,深情地写道,"周恩来总理逝世已经22年了,回想起他的一生对中国的贡献,心中有无限的思念。我的会客室中一直悬挂着意大利记者给总理拍的照片,他坐在那里,态度非常安详。许多来家的友人,都特别喜欢在这张照片下和我合影或独自留影,因为他们喜欢这张照片,同样地非常怀念周总理。今年是他的百年寿辰。现在百岁老人越来越多,可惜他老人家却太早太早地离开了我们"。在那个难以忘怀的年代,周总理对科学事业、对科学家的关怀之情,一直记忆犹新。从她的文章中,我们看到她对周总理深切的、真挚的怀念之情。

1956年,周总理亲自领导制订《国家十二年科学发展远景规划》。根据规划,国家采取"四大紧急措施",即优先发展半导体技术、自动化技术、计算机技术和电子技术。为了培养半导体的人才,谢希德率领复旦的一部分同事和学生到北大参加"五校联合半导体物理专门化",拉开了我国大规模培养半导体人才的序幕。到北大不久,总理曾陪外宾参观了教研组的工作,给予大家很大的鼓舞。当时,谢希德并没有机会和总理交谈,但他的平易近人和风度,给她留下了深刻的印象。

1972年10月,周总理在北京盛情招待谢希德一家的老朋友、英国学者李约瑟博士。当时没想到,这次接待却将他们一家从"文化大革命"中解救出来。由于曹天钦在抗战期间,曾在李约瑟主持的中英科学合作馆工作,"文化大革命"中为此受到隔离审查。后来,李约瑟离开北京到上海访问,那时曹天钦刚从"牛棚"出来不久,也被允许参加招待李约瑟一行。所谓"成也萧何，败也萧何"，这次接待李约瑟后不久，他也从煤砖间被解放出来。谢希德深情地说："在周总理的直接或间接关怀下，不知多少在'文化大革命'中受迫害的知识分子得到了解放！"

1999年5月以后，相随谢希德多年的王增藩常到上海华东医院院士病房看望她，可每次给他的感觉总是她很"忙"。虽然医生嘱咐要多休息和静养，可她总还有许多事急着要完成。在医院里，她还在会见外宾，与远在加拿大的厦大校友会书信来往。北京大学高教研究所的一位教授，要她提供办好教育的意见和看法；报社记者上医院约稿，请她审阅稿件。为了方便、及时与学校、实验室等保持经常联系，医院特地为她提供市内电话和电传。谈到自己的拼命工作，她说，"与爱人曹天钦相濡以沫40多年，他终于在我之前走了，可他的音容、他的思维却永远与我同在。我现在人在医院，却每天仍在工作，因为我做的不是我一个人的工作，而是我们夫妻两人的工作，它也代表曹天钦对国家的一份贡献，我的每一点成就都有他的一份功劳"。一位年近八旬又身患疾病、正处在恢复之中的病人，如此顽强和豁达，令王增藩感动不已。

什么叫德高望重，不是显赫的地位，也不是远扬的声名，而是一个人本身所拥有的高尚品质和人性的光辉，谢希德如是。

一位党委副书记说，校领导开会时，当谢希德走进会场，大家都会不由自主地站起来，她身上有一种人格力量令人肃然起敬。每次，当我坐在她身旁，我感到了这种力量在发挥作用，这种力量不断鞭策我做好自己的工作。

一位很平凡的教师说，我的妻子身上长了一个肿块，谢希德从别人那里听说后主动来询问，并写信同医生联系帮助医治。她哪像身居要职的名人，她就是生活在我们身边的一个品德高尚的善良的普通人。

另一位研究妇女问题的专家在谈论现代妇女典型形象时，总要提起谢希德。她说："谢希德既保留着中国传统妇女善良、温厚的美德，又汲取了现代西方妇女积极进取、开明宽容的精神，在她身上有一种完美的和谐和典型的美丽。"

一位美国研究中心的部下在探望1998年住院治疗的谢希德后说，住院已有十个月，虽然吃药打针不停，加上阶段性的化疗，但她依然拥有坦荡的胸怀，以微笑对待去看望的人们，看不出有什么心绪不宁。我深切地认识到，她平和、谦虚的待人之道，是发自固有的品格以及达观的人生态度，这种境界是永远装不出来的。

就在同年的8月，谢希德向中国革命博物馆捐献了她所珍藏的，先后被美国、英国、日本、加拿大等十余所大学授予的名誉博士学位证书和第三世界科学院授予的院士证书等49件珍贵证书，受到国家文物局的高度赞扬。

也许，如果要用什么词眼来形容谢希德的为人处世之道，"博爱"两字应该是最为合适的写照。她关心所有和她有过接触的人，她乐意为他们帮忙服务，询问每个人最关心的事情和细节。她的细心、她的真切，使每个和她熟悉的人都感到无比温暖，她的爱遍洒人间都是情，却唯独对自己的困难和不便用极强的毅力来忍受、来克服，从来不要求人家什么——她给予的很多，索取的却很少很少！

"言行传师表，科教构脊梁"，谢希德留在我们心里的，永远是一个完美的、高大的形象，一种不屈不挠的精神力量——她那胸怀祖国人民，奋斗不息、贡献不止的精神，实在令人敬仰不已！

第八章

无私心底即神州

我对自己的奋斗历程和业绩始终只是一个结论——平凡。我只是一个很平凡的人,我把自己对事业的执着追求和对社会的奉献定位在对社会责任的真诚实践,并在实践中注意团结周围的同事共同奋斗。于是对我来说,也就没有什么"不平凡",没有什么值得标榜,我所能做的也就是始终不悔的价值选择和对社会责任的努力实践;所取得的成绩也是集体智慧的结晶,因此我的发展性思维的动力还在于对这种社会责任感的深层体验。正是由于这种对社会责任的倾心,我才能一再地作出果断的选择,始终保持发展锐意;才能执着于自己的事业,并最终多方面地充实丰富自己,使自己成为一名不只是徒有虚名的科学家。

我以我们这一代科学家对社会责任的真诚实践,留给青年一代一个最有价值的思考,那就是在科学技术迅猛发展的今天,科学家的社会责任是什么?怎样丰富自己的社会形象?反过来看,社会又为科学家这个独特的社会群体提供了什么样的现实要求和发展条件?

——谢希德

57. 数年风雨同学会

1984年9月3日,秋高气爽。上海市欧美同学会成立大会在上海市政协礼堂召开,市长汪道涵、市委统战部部长张承宗到会祝贺并讲话,谢希德院士和曹天钦院士伉俪成为同学会首批创始会员。在9月5日举行的第一届第一次理事会上,谢希德当选为上海市欧美同学会副会长,开始参与主持同学会的建设工作。从此,她历任欧美同学会的一、二、三届副会长,四、

上海市欧美同学会会员证

五、六届会长,十几年如一日地躬耕于其中,用自己的心血和爱无私地浇灌这片土地,并与会员分享着丰收的喜悦。

"勇踏学坛常奋足,勤披月色独埋头",世上最怕的是认真二字,而谢希德会长就最讲认真,而且认真到"点子"上。欧美同学会副秘书长夏善晨说:"谢老学富五车,但一言一行从来没有居高临下的姿态,让人总觉得谦和。她也从来不以矜持和经验自居,清晰的谈吐中饱含着思路的敏捷和睿智,不得不让人折服。我从来没有听她说过'此事应该如此如此'之类的话,而是以理解和荦荦大端的神情仔细听完别人的意见,然后用近乎温柔的口吻和平易近人的方式,提出自己切实的想法和意见,最后还不忘记加上一句'这样是否可以'……"

1992年9月,上海市欧美同学会成立八周年大会在上海云峰剧场举行,谢希德副会长出席(左起分别为林文进、杨楒、谈家桢、苏步青、冯德培、谢希德、毛经权、吴汉民)

一次，谢希德和夏善晨等同学会会员一起到黄浦和徐汇地区考察教育资源的保护，对一些房地产商在区域开发中忽视和逃避保护教育设施的承诺，大家都义正词严地提出了批评，唯有谢希德提出了要全面研究发生这种现象的问题所在。"当时上海教育电视台先后采访了谢老和我，后来从电视中再次听到和看到我们俩的发言和表情，我深深地被谢老的水平所折服。看来，我们年轻的一代还总停留在看到的问题上，而她老人家却能看到问题的症结所在。"在娓娓道来中，夏善晨表达出对谢希德的尊敬和爱戴。

风雨知艰难，言行见精神。欧美同学会的事情尽管很烦琐，可是谢希德还是不厌其烦地认真把关。一次起草一份欧美同学会简介，尽管袁随善同志亲自拟好中文稿和英文稿，经过反复推敲、讨论修改以后才交给她，可是，她还要反复推敲，有时为了更改一个词，就要打很多电话，查很多依据。诸如院士怎样译为英语，是"academician"还是"member of academy"，值得斟酌，她参考了很多资料，最后还向几位院士征求意见，才把这个词定下来。这些细节，并不意味着她对身边的工作人员不信任、不放心，而是体现出谢希德对工作的认真负责。事实上，欧美同学会的每一次年会发言都为她提供代拟讲稿，可谢希德都要亲自修改，有时文稿甚至被全部推翻重新起草，文字显得更有条理，观点更能体现高瞻远瞩的气势。毕竟，别人代拟的稿子，总是会有漏洞和错误，有些事情别人是代替不了谢希德的。

1999年底，顾问王乃粒与同学会几位领导去华东医院，向谢希德汇报即将于2000年7月召开的第二次国际研讨会筹备情况，谢希德对"大都市生态、环境与可持续发展"第一次会议通知的中英文稿进行了逐字逐句的推敲，并提出具体的修改意见。当她发现英文稿将"保护资源和环境"译为"protection of resources and environments"时，当即指出，对"resources"应该用"preserve"，而不是"protection"。谢希德还请大家不妨去查查字典看是不是这样。王乃粒说："谢希德会长这种一丝不苟、虚怀若谷的严谨作风，给我一生留下深刻的印象，是很难用一篇纪念文章所能表达出来的。"

如果说对工作认真负责是谢希德一贯的、可贵的作风，那么她对后学的关心和培养，则是更高一层的人生态度，是对事业和祖国高度负责的一种行为表现。年轻的同学会副会长沈志钦回顾自己的成长历程，对此深有体会。他是学工科的，曾经在某企业担任领导，"文化大革命"后通过考试进入复旦大学读研究生。当时，国家百废待兴，管理人才极度缺失，希望培养出一批既懂技术又懂管理的青年干部以适应社会发展需要。面对这样的契机，谢希德通过汪道涵市长联系，委托美国波士顿塔夫兹大学为复旦大学培养管理学研究生，他有幸通过托福考试，并被选送到该大学攻读。从此，他就和海外学者、和欧美同学会紧密联系在一起了。

学成回国后，沈志钦参加了欧美同学会，后来还当上常务理事、留美分会副会长。虽说作为在海外学习过的人，更加懂得怎样为欧美同学会作贡献，但他的成长与谢希德的关心和培养是分不开的。每每在工作中取得一点成绩，谢希德就鼓励他、配合他，并创造条件放手让他干。有一次，欧美同学会在静安区举行一次青年教育活动，很受青年学生的欢迎。那次大会，得到谢希德的大力支持，

参加上海市欧美同学会工作经验交流会（前排左三为谢希德，左四为丁右孙，右二为王生洪）

陈赛娟等同学会会员作了报告，用海外学人勤奋学习和为祖国建设作贡献的优秀事迹，教育青年学生出国后应该保持良好的言行举止，培养青年一代健康成长。还有一次，欧美同学会为扩大海外联络，需聘请海外联络干事。当时沈志钦是联络委员会主任，积极和海外青年学者联系。由于大家对谢希德是非常敬佩的，听说谢希德是欧美同学会的会长，都非常乐意担任干事工作。他们回国时，谢希德总会挤出时间来会见他们。叶德全先生是美国伊利诺伊大学药理系系主任、终身教授，欧美同学会聘他担任在美国的联络干事。当他回国时，谢希德身体已不太好，沈志钦一联系，她就马上接见他，叶教授非常感动，还和她一起合影。此后，叶教授积极为欧美同学会筹集海外基金，并联系海外青年学者回国。

同学会副秘书长夏善晨说："记得一位我所熟悉的美国学者，在复旦美研中心是这样评论谢老的——'谢女士是一位伟大的女性'……我想这是找准角度的。每个人对谢老的了解也许只是或多或少，但都会被她杰出、伟大的人格力量所感染。我的学生刘敏随我自费参加了复旦美研中心主办的美国法律研讨班。按照惯例，教师参加的研修活动与学生是有一定区别的，但是谢老知道小刘是我带来的学生后，执意要复旦的主办人员在告别宴会上把刘敏安排在主桌上。我向谢老推却，她却认真地对我们说，'这次活动的成功，不仅是美研教授、美研中心的成功，也是参与这次活动的大家的成功'。我知道谢老所要突出的不仅仅是组织者，更要强调参与者，培养年轻人，这使我深受教益。刘敏同学也非常珍惜谢老和她合影的照片，并视为永久的珍藏和回忆。后来，每年来看我都会问起谢先生的情况，她对谢老的感受和谢老对她的影响都是一辈子的……"

"桃李不言，下自成蹊。"1994年2月，在上海市欧美同学会成立十周年之际，江泽民主席应谢希德会长的要求，特地为该会成立十周年题词，"广泛联络海内外学友，为振兴中华、繁荣上海作出贡献"。为贯彻江主席这一指示，谢希德呕心沥血、身体力行，积极倡议和参与同学会的一系列活动，为同学会的发展壮大及扩大海内外影响，作出了不可估量的贡献。

58. 身心俱在病痛外

她身在病房，心中仍挂念复旦学子。一天下午，雨后初晴。复旦团委的几位学生，为了第六届全国"挑战杯"大赛，特地到华东医院谢希德的病房进行采访。他们在介绍了学校的组织和宣传工作情况之后，立刻把话题转向"挑战杯"的目的和意义，很想知道她对于浓厚复旦学术科技氛围的看法。

谢希德说，这个问题还是教育问题。氛围的浓厚，还是要靠人才，要培养出多种多样的人才，关键是教育。现在提倡的素质教育，大学里也要强调，教师的教学要有启发性。你们平时应该多看些书，各种书都可以看，不一定是本专业的。我们的学生跟国外的学生相比，看的书好像太少了。掌握的知识不少，但面太窄，也不能够活用。同时，写作很重要，要多写写，把思考的内容记录下来，也可以练笔。理科的学生要写，文科的学生更要多写。

"那么，你觉得浓厚校园科技学术氛围在其他方面还有什么办法呢？"学生又提问说。谢希德关切地问："现在学校里海报还多吗？据说学校经常有报告会的海报，不过理科的报告可能专业性太强，学生可以去听听报告，现有几个系列的报告搞好就已经很不错了。至于理科，需要各个院系加强组织、宣传，尽可能多举行一些报告会。其实理科同学可以听文科报告，反过来也是，隔行的也可以听一听，交流融合很重要，这对活跃学校学术风气也很有好处。"

采访结束前，谢希德拿起硬笔，写了四个大字"志在创新"，鼓励复旦学子勇于创新和实践，也作为出征前的赠言。后来，学校传来的捷报让她更加兴奋不已。在学校领导的高度重视下，复旦学子努力拼搏，终于夺得第六届全国"挑战杯"大赛冠军，捧回了金光闪闪的"挑战杯"。

对于学生，怎样才称得上热爱？历经几十年的教师生涯，谢希德十分清楚，既要关心爱护学生，又要对他们严格要求，决不能做"好好先生"。有的教师对学生的问题，不敢抵制，也不批评，从某种意

谢希德教授（1997 年）

义上来说，这样做只能是害他，而不是爱他。

1998 年 8 月，因乳腺癌复发住进华东医院，但是谢希德仍与复旦大学保持密切的联系。每星期三下午，她的同事都会准时到医院探望，讨论科研工作和进展的情况。

有一次，与老师同来的还有一名学生，谢希德一下子认出来，两年前他曾在一次仪式上发言。闲聊中得知他正在申请出国留学，便表示愿意为他写推荐信，而他却反应迟钝，似乎有什么心事。

过了一星期，那名学生又与导师一起看望谢希德，他在很近的位置上坐下。没谈多久，就提出自己的学习成绩不是很好，不好意思请老师写推荐信，也挺担心谢先生会不会为他办这件事。可一问起是什么原因造成成绩不佳，他倒挺坦率地说，"因为在电脑上花的时间太多了"。

谢希德很严肃地对他说，那你为什么还要出国读物理？如果你选择了在物理上深造，其唯一纯粹的原因应该是物理本身，而不是其他。既然你的计算机和英语都不错，如果在国内科技界发展会更有前途。最后又说，根据你现在的情况，我不能给你写推荐信，你回去再考虑一下吧！当时他的导师也吓得够呛，连着帮他说好话。虽然他心里知道，这推荐信算是没戏了，但事后还是对人说："我体会到了谢先生为人、为学者的严谨、负责，她绝不做所谓的好好先生。她用自己的言行教育我，什么是一个物理学者最应有的品格。"

谢希德后来了解到，事隔一载有余，他还是免不了受世俗所累，远渡重洋成为"留美学生"。据说，他在美国学物理远比在复旦用功，始终不能忘记当年谢希德拒绝写推荐信的一幕。他曾经想写一封信诉说近况，并附上上个学期全 A 的成绩单，对谢先生当时没有随便给他写那封推荐信表示感谢。因为如果没有这一课，他可能早已放任自流，对物理学科得过且过了。但最后他没有写这封信，因为一切都太早，他知道谢先生所希望看到的不是承诺，而是结果。

对学生如此，对同事、对工作亦然。谢希德从1984年欧美同学会创建时就任第一届副会长，后来又担任会长一直到她逝世，前前后后服务了16年。由于会长、会员的齐心协力，以"广泛联络海内外学友，为振兴中华、繁荣上海作出贡献"为宗旨的同学会，在上海的影响日益深广，成就日益卓著。

同学会顾问林文进是从第二届开始同谢希德共事，第四、第五届在她的领导下工作了六年。他回忆道："在这12年当中，我深切地体会到谢希德对我的教导，目睹了谢希德对同学会的巨大贡献。谢希德在党内、党外都有很高的职位，责任很重，但是她对我会工作还是投注不少精力，紧紧把住了正确的方向，特别在重大的活动的时候，很善于采纳我们助手的一些建议。在关键时刻，她亲自出面，比如说在''98中华学人与21世纪上海发展'国际研讨会的筹备工作中，她亲自打电话邀请徐匡迪市长出席，并且得到徐市长对我会的支持。对一些海外有名望人士，她亲自出面邀请；对特邀人士名单，她亲自拍板。前几届她是副会长，除非出国和特别重要的会议被耽搁外，会长办公会她都出席，并在会上提出很中肯的意见。自从她任会长后，所有会长办公会她都亲自主持，并且作出正确决定。可以说，正是由于谢希德的正确领导，我们同学会才有今天的发展。"

林文进口中所说的"'98中华学人与21世纪上海发展"国际研讨会，是由上海海外联谊会与上海市欧美同学会联合举办、上海市科学技术协会协办的一次科学、人才大会，其主题是"知识经济和高新技术产业化"。会议邀请上海市领导、海内外嘉宾、众多学长和校友、专家出席，是一次为上海市的腾飞出谋献策的重要国际研讨会。

"1998年春节期间的一天晚上，都快10点钟了，我在家里接到谢先生给我打来的电话，告诉我上海市欧美同学会将于今年7月举办一次''98中华学人与21世纪上海发展'国际研讨会，她要我协助组织好这次研讨会"，欧美同学会顾问王乃粒如是说。由于是谢希德亲自邀请，王乃粒欣然从命并迅速着手工作。不久，他又荣幸地被选为同学会副会长，协助谢希德主持日常工作。在筹备研讨会期间，王乃粒有更多的机会接触谢希德，聆听她的教诲。当然，开好本次国际研讨会的关键在于是否能邀请到国内外高水平的学者参加，而谢希德不遗余力。在北京开会期间，她亲自出面邀请了王选和倪光南两位院士，又致函邀请美国田长霖等著名教授与会作主题报告，从而保证这次会议得以圆满成功。

7月27—29日，"'98中华学人与21世纪上海发展"国际研讨会顺利召开。中共中央政治局委员、中共上海市委书记黄菊在会前会见了与会海内外学者，徐匡迪市长出席开幕式并致辞，市政协主席王力平出席欢迎招待会并讲话，副市长左焕琛在会上介绍上海市高新科技产业化总体规划，谢希德邀请六位国际著名学者田长霖、吴瑞以及国内杨福家、王迅等海内外中华学人在会上作了报告。最令人感动的是，在研讨会召开期间，谢希德虽然已经知道自己癌症复发急须住院治疗，但她一再推迟住院时间，不仅坚持到整个会议议程结束，还带

主持"'98中华学人与21世纪上海发展"国际研讨会开幕式（1998年）

病出席了最后一晚的宴会。

谢希德抱病参加开幕式并在致辞中说:"江泽民同志今年 6 月在北京接见中国两院院士和外籍院士时的讲话中指出,'当今世界以信息技术为主要标志的科技进步日新月异,高科技成果向现实生产力的转化越来越快,初见端倪的知识经济预示人类的经济社会生活将发生新的巨大变化'。江泽民同志号召我国要跟上世界科技进步的步伐,必须千方百计加快知识创新、加快高新技术产业化。众所周知,自邓小平同志 1992 年南方谈话以来,上海市各方面的发展极为迅速,在此世纪之交,上海市遵照江泽民同志的指示,制定了科教兴市和可持续发展战略。但如何改造传统产业以迎接知识经济时代的到来,是海内外关心上海发展的学人们所关注的问题。知识经济的崛起,关键在于科技与经济的密切结合,因此将知识经济和高新技术产业化作为此次研讨会的主题不仅非常及时,而且是紧密结合了上海当前发展的热点。"她的开幕辞,突出了会议的主题,简短的讲话既鼓舞人心,又指出发展前景,令与会者振奋不已,会场不时响起热烈的掌声。

然而,在掌声的背后,谢希德不知道承受了多少病痛的煎熬,那种坚强的毅力非常人能及。上海市欧美同学会副秘书长袁传伟回忆道:"记得那是在 1998 年夏天,在同学会的一次会长办公会上,刘庚生学长告诉大家一个不幸的消息。他说,最近谢希德检查身体时发现癌细胞转移和扩散,需要立即住院动手术。但她坚持要等''98 中华学人与 21 世纪上海发展'国际研讨会开完后才去住院开刀。"这一消息乍一传开,会场上鸦雀无声,当时大家感到十分突然,也非常难过。一时之间,大家不知说什么好,只是在心底默默地祝愿她开刀顺利,早日康复!

不久,复旦分会会长庄锡昌教授听说此事后,便准备和袁传伟一起去医院看望谢希德。事有凑巧,一次他俩去上海交通大学参加太平洋区域经济发展研究年会,决定下午会议提早结束后到华东医院去看望她。当时下午 3 时许,他们驱车前往华东医院,买了花篮,乘电梯到病房前,正好遇到谢希德的儿子曹惟正,他是专程从美国回来照顾母亲开刀的。他一见到客人就说:"妈妈今天刚开好刀,还不能会客,要不我先去告诉她一下。"听到这一情况,他俩感到有点鲁莽了,原以

谢希德与儿子、媳妇、孙女在一起（1997年）

为她还没有开刀呢！于是马上说，那就不惊动她了，并放下花篮准备往外走，但曹惟正说："你们可以站在隔离病房门口看一下，时间不要太长。"于是，他俩走到病房门口，只见谢希德半卧在床上，当她见到来客时面带笑容，两手紧握双拳频频作揖，表示"谢谢！谢谢！"他们约站了一分钟光景后说，"请谢老多多保重身体，祝您早日康复，下次再来看您"，然后他俩就往回走了。曹惟正送他们到电梯口说："妈妈手术很成功！不过要作很长时间的调养。"大家听到手术成功，也就放下心中高悬的一块巨石。

"身心俱在病痛外，功绩长留后世评"，在生命的危急关头，谢希德仍以国际研讨会为重，带病坚持工作，心中永远想着他人。这种无私奉献精神，已经深深感动着同学会的每一位会员，并以一种潜移默化的方式教育着他们——人的一生应当这样度过！

59.《会章》"要有英文稿"

经过1998年夏天的手术，谢希德的病情得以缓解，然而病魔仍继续蚕食着她的身体，损害她的健康，此事成为欧美同学会会员最为揪心的心病。大家都默默地祈祷着，但愿她能与大家一起迎来上海市欧美同学会第六届理事会换届工作，继续带领同学会走向更美好的明天。

1999 年 6 月 29 日，欧美同学会第五届十四次会长办公会议，在谢希德会长的关心下，就换届选举工作作了部署，并在王乃粒副会长的主持下成立换届筹备工作组。由于各位副会长、秘书长本单位的工作都脱不了身，换届选举的许多具体筹备工作就落到副会长徐振国身上。

徐振国第一次和谢希德见面交谈，还是在 1993 年组建留东欧分会的成立大会上。留东欧分会由 40 多位学友组成，成立时徐振国邀请会里领导和几个分会的负责学长参加。当时他也很想邀请谢希德，但有顾虑，怕这个小分会成立的事情占去她宝贵的时间。不过，考虑到分会成立毕竟是一件大事，徐振国还是向她发出了热情的邀请。谢希德毫不犹豫地答应了，而且在成立会上发了言，对分会提出鼓励和希望，热情洋溢的话语感动了在场的每一位会员。至今，分会的学友谈起谢希德都还记忆犹新，牢记她当时对大家的叮嘱和支持，并为有这样德高望重的领导而自豪。

徐振国组建留东欧分会后，在当年 9 月的第四届理事会上又被推荐担任同学会会员工作部的主任，得以参加历次的会长办公会。谢希德每次主持开会，话虽然不很多，但都考虑得很细致精到，而且能当机立断。这样一来，会长办公会的效率提高了，能在不长的时间内决定不少事情。不仅如此，会里的不少具体事务她都主动承担，亲力亲为。在上海市欧美同学会成立十周年之际，谢希德提早半年亲自请江泽民同志题词，没有多久就收到江主席的亲笔题词，言简意赅地指出同学会的宗旨，成为指引工作的灯塔。这一切，徐振国都看在眼里、记在心上，成为他日后开展工作的重要原则和基本方式。

当时，第六届换届工作任务繁重，不仅要提出理事条件，照顾各个方面，推选理事成员，更好地发扬民主，而且选出的理事要有代表性，还要能真正理事，要求相当高。同时，换届还要修改《会章》、选择开会地点等，所有这一切，无论琐碎还是条块、具体还是宏观都很重要，都应该及时向会长请示汇报。

由于这些都是第一阶段的筹备工作，所有程序都会公布，所有的结果都会在会长办公会上通过。徐振国担心影响谢希德的休息和治疗，但又怕口头汇报挂一漏万，就精练地写好文字材料，让她能在充分的审阅时间里一目了然。可是，当徐振国刚送上这份材料，谢希德第二天就打电话把他请去。见面时，她先肯定了筹备工作，在理事候选人名单中，她还推荐几位理事。关于东华大学候选人介绍，前两天报纸才报道学校改名，徐振国图方便未能及时将中国纺织大学的校名改为东华大学，她亲自在名单中逐个更改为东华大学，并指出在东华大学之后用括号注明原中纺大，这样就清楚了。在名单介绍中，她不仅具体修正了不确切的介绍，还改正了错别字。在各分会推荐的名单和统计的打印材料上，徐振国只举例写上还没有推荐候选人的分会，她在后边仔细地将每一个还没有推荐候选人的分会，都逐一填写在材料上。本想偷懒，只简单汇报一下，可谢希德如此细心，徐振国既惭愧又感动。

后来，筹备工作进入修改章程阶段，更需要在文字上严加把关，自然更加体现文字功夫了。谢希德特别重视文字表达的准确性和科学性，在《会章》修改草案的文字上作了具体认真的修改。首先她在刊头写上"要有英文稿"。这样一来，既能使海外友人具体了解同学会，也便于同学会的对外交流。谢希德仔细审阅了有关本会办会方针的文字，并在原稿增减些定语，予以强调，使之更加准确。譬如"精诚团结合作，提倡无私奉献"，她将"精诚"和"提倡"去掉，并在旁边还以商量的口吻写上"要不要"几个字以征求意见。徐振国当即认为改得好，言简意赅，否则有画蛇添足之感。整个过程中，谢希德逐字逐句审阅和推敲，并指出有的条文应合并，有的条文需更改，一丝不苟。

事后，徐振国深有感慨地说，"谢希德审阅换届筹备工作汇报材料时的态度，使我久久不能忘记；从这里我们不仅可以看出她对我会工作的关怀，而且她那工作细致、认真、一丝不苟和对人负责的精神和作风，使我深受教益，终生难忘"。

为了组织好这次换届理事大会，筹备组选在位于风景秀丽的青浦淀山湖畔的市工行培训中心举行会议，这样可以让从事繁忙工作的学长们积极参加会议、研究同学会工作的同时，又能略作休闲、放松心情、舒缓紧张的生活节奏。在开会前，徐振国两次前往探察，当时艳阳高照，空气清新，是个休闲的好地方。没想到开会那天，天公不作美，不仅下起雨，气温下降，傍晚还下了小冰雹。谢希德是在中午参加完另外一个活动后，才驱车来到100多里外的青浦，虽然道路生疏，一路颠簸，可仍坚持参加，还亲自邀请市委副书记、市政协主席王力平出席。开会时，大家本想让人代为书面发言，可她一口拒绝，拖着病身一直和会员一起开完大会。散会临别之际，当徐振国抢上去和她握手告别时，她还问："会员的数字到底是多少？"

谢希德会长返回后，当晚徐振国深感内疚，久久不能入睡，后悔不该将开会地点选在青浦，这可能导致会长身心疲累、病情加剧。事实上，从这以后，谢希德的病情逐渐恶化。然而，更让他感到惭愧自责的是，作为会员部负责人，竟没能把准确的会员数报给她。徐振国后来说："今后一定把统计工作做好，把会员部的组织工作做好，一定要把自己的本职工作做好，以慰敬爱的谢先生在天之灵……"

60.《会刊》上的人间绝笔

1998年夏天，谢希德动手术一个多月后，庄锡昌教授与袁传伟先生又一次去看望她。那天下午到达病房时，复旦物理系王迅教授等也在病房里，谢希德对他们说："我在与他们讨论工作，没关系，你们坐。"

这次看望，离她手术后还不到两个月时间，但谢希德已经在考虑如何工作的问题了。她好像一头永远不知疲倦的老黄牛，给人们留下了深刻的印象——她不是一位患了绝症的病人，而是一位德高望重的老科学家正在珍惜不多的宝贵日子，与自己的同行和学生研讨工作。这哪是在养病，而是在抱病工作，只不过工作地点由研究室换到了病房而已。她的这种革命乐观主义精神和执着忘我的工作热情，无不令在场者为之动容、深深折服。

到了1999年夏天，原副会长、后任欧美同学会顾问的袁随善也患病住进了华东医院。有一天上午，袁传伟去医院看望袁随善，两人简单地谈了一会儿。随后，袁随善话题一转，建议上楼去看看谢希德。当他们走进谢希德病房时，只见她站在一个柜子边，正在使用笔记本电脑，聚精会神地工作着。也不知她站了有多久，似乎双腿有点颤抖但精神矍铄，他们仿佛看到一棵在风雨雪霜中虽经百般折磨而屹立不倒的青松，那伟岸的形象、坚强的背影再次深深地感动他们。也许，对像谢希德这样一位著名的科学家来说，时间就是生命，就是工作，就是奉献；只要生命一息尚存，就会工作不止，奉献不止，要为祖国和人民的事业奋斗不息，挤出最后一滴"奶"。

谢希德住院期间，她唯一的要求就是要有一部电话，能接通便携电脑。因为腿疾不能弯曲，她只能站立着工作，而只要她能站立的时候也一定在工作。她每天接发很多电子邮件，处理大量的事情，直到发生急性心衰和呼吸衰竭，抢救之后再也无法站起，才不得不停止工作。袁传伟带着问号："为什么医院不给您弄一把椅子，坐着工作不好吗？"她回答说："医院的椅子不合适，我站着打字已习惯了，只有家里那把椅子才合适。"应该说，按照谢希德的地位，让医院弄一把适合她身体条件的工作椅子，是一桩微不足道的事情，可是她从未提过这样的要求。后来她又说："星期五晚上我就回家去住了，星期一早上再来，没关系的。"

趁着这次与袁随善一起看望谢希德的机会，袁传伟顺便把1999年《会刊》稿源的情况向她作了简要汇报，并请她在不影响养病和身体的条件下，为《会刊》撰写一篇短文，并问是否方便。当时，他的潜在想法是，如谢希德不方便，自己就帮她代拟一篇。不过话未出口，他马上打消了这一念头，深知会长的一贯作风是——撰稿一类事，她要么不答应，一旦答应一定是亲自动笔，绝不叫人代劳。"让我考虑考虑！"在他们告辞时，谢希德表了态。

事后，在回家路上，袁传伟想着想着就感到有点后悔，内心十分矛盾。其实不该向谢希德约稿，毕竟她重病在身，绝不能再给她加压添麻烦，但转眼再一想，今年是上海市欧美同学会成立15周年，没有谢希德的大作肯定美中不足，多少是件憾事。他没想到大约过了十多天，谢希德亲自打来电话，仔细咨询了文章内容有什么要求，写多少字,什么时候要。袁先生一一作了回答,最后又加了一句,看您身体状况好了,言外之意自然是,如果您身体不好就不要写了。

到了 11 月中旬,谢希德再次打电话到袁传伟家里,告知文章写好了,让他第二天下午 3 时到家来取。翌日下午,袁传伟准时到她家按门铃,没想到开门迎接的竟是谢希德,而不是老保姆。见此状况,袁传伟马上说:"实在不好意思,还让您亲自来开门。"有点紧张和担忧的他反而得到谢希德的道歉,"很抱歉,临时有美国客人来访,你先到对面房间坐着看一下"。她边说边把稿子交给了袁传伟,接着又补充说了一句:"至多十几分钟,他们就去机场回美国。"

袁传伟到对面房间坐下,正在看稿,她家老保姆倒了一杯茶进来。于是,他乘机同她攀谈起来:谢希德最近身体还好吗?中午休息不休息?文章是谁帮她打字的?……老保姆的回答使袁传伟大吃一惊,"她哪里是在养病啊,整天简直都在忙于工作;中午只稍稍地休息一会儿,半个小时就起来了,晚上到 11 点才睡觉;文章都是她自己用电脑打的。"袁传伟感慨不已:"这寥寥数语,把重病在身的谢希德每天的作息时间讲得一清二楚,她的这种忘我、忘病的工作是一种多么了不起的思想境界呀!"是一股什么力量在激励她如此争分夺秒地工作呢?如果真要寻找答案,那只有两个字——"信念",一种对伟大的社会主义事业、对伟大祖国无比热爱的信念在支撑着,舍此无他。

过了一刻钟,袁传伟听到谢希德送客的声音,随即站了起来。这时,谢希德走了进来,要他到刚才接待美国客人的那间会客室里去坐。此时,室内光线较亮,只见她气色红润,精神饱满,身着那件她最喜欢的西洋红羊毛衫,显得神采奕奕、气质格外高雅。她面带笑容,要客人坐在沙发上,并指着茶几上的一盒巧克力,"这巧克力是美国带来的,很好吃"。袁传伟抓紧时间,把本期《会刊》的要目一一向谢希德作了汇报,她听后很高兴地说,内容很丰富。袁传伟随即说,加上您现在这篇文章,正好弥补了缺少庆贺同学会成立 15 周年的不足。接着,她又问起同学会组团出访日本去了没有,"去了,是今年 1 月去的"。袁传伟兴奋不已,谢希德虽在病中,仍没有遗忘江泽民总书记对同学会成立十周年时的题词,仍然关注内聚外联,惦念小辈的出访,积极支持同学会组团出国考察,实在难得。

在袁传伟向谢希德告辞时,她要他把一封信退还给会员部负责人徐振国,表示"重庆"舰纪念专刊的序言不签署了。袁传伟看出她有点误会,马上解释说,纪念专刊之事,办公会议上讨论过了,很多文章是我们会员写的,内容上没有什么原则性问题,您要是签署了,他们会很高兴的。谢希德听后思索片刻,马上拿起笔,坐在沙发上签了名。这虽然是小事一桩,但也充分反映了谢希德办事认真、负责和乐于助人的高尚品德。

《会刊》印出后的第二天,副会长兼秘书长的向隆万与几位副秘书长一起到华东医院看望谢希德,她精神虽好,但已卧床不起,没有精力接待大家了。当来访的客人把两本刚出版的《会刊》送她审阅时,她连说了两声:"谢谢!谢谢!"虽说仅两个字,但这是对同学会工作的肯定,也使大家感到由衷的宽慰。正是在谢希德的指导、关心和支持下,每年一期的《会刊》终于与大家见面了。

袁传伟感慨万千:"但万万没有想到,刊登在《会刊》上她的这篇文章——《喜迎上海市欧美同学会建会十五周年》竟成为她的绝笔;这篇文章中所提到的每个字、每句话、每件事都凝结了她 15 年来为欧美同学会的建立和发展所付出的辛劳、汗水和心血;这不能不使人对她肃然起敬,谢希德的名字将永远镌铸在上海市欧美同学会的历史上。"

61. 巾帼相惜吴健雄

1997 年秋,复旦大学出版社出版了江才健先生写的《吴健雄》人物传记,并邀请谢希德为该书作序。为此,复旦大学团委和学生会专程特邀她主讲《我与吴健雄》讲座。

接到这任务后,谢希德立即安排时间撰写讲稿,还在演讲中着力介绍吴健雄的生平和事迹。当时学生记者请她一定将自己与吴健雄比较时,她婉言拒绝,还将话锋一转,请大家多多关注在场的物理系女同学们,因为她们将是"21 世纪的女物理学家"。

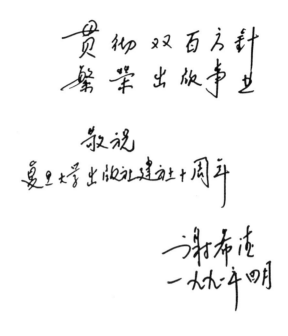

谢希德为复旦大学出版社建社十周年题词（1991年4月）

关于江才健先生写的《吴健雄》，谢希德认为这本以"物理科学的第一夫人"为副书名的传记，会受到广大读者，特别是女同胞的欢迎。许多人把吴健雄比为中国的居里夫人，但吴健雄在加州大学伯克利分校时的老师塞格瑞，早年去过法国，并和居里夫人有所来往，在他写的书中认为吴健雄对工作的投入和意志力使人想起居里夫人，但吴健雄比居里夫人更加地入世、优雅和聪慧。谢希德对此也毫无微词，她相信"读完此书的人一定会有同感"。

榜样的力量是无穷的。当年在访问法国的实验室时，谢希德感慨地说，那里给人留下的最深刻的印象，就是在实验室工作的女性人数要比相邻的德国和英国多。女物理博士生和教授的百分比也远高于美国、英国和德国。她咨询过造成这个现象的原因，许多人都认为这是居里夫人的感召力和影响。以此比照，《吴健雄》的出版，以及其中所描述吴健雄工作的毅力和取得的成就，谢希德相信也可以感召许多女性树立起只要加倍努力也有可能成才以及对社会有所贡献的信心。

谢希德回忆说，最早知道吴健雄，是从史密斯学院的研究生院院长安斯罗博士那里听到的。她说有一位中国女教师曾在该校教过物理，给她们留下了深刻的印象。她们称她为"Gee Gee"。这个奇怪的名字使谢希德在很久以后才将"Gee Gee"和吴健雄联系起来，她为自己没能和吴健雄同时在该学院感到遗憾。谢希德1947年在史密斯学院攻读硕士，安斯罗是她的论文导师，也是这位导师把吴健雄请到该校任教。可惜吴健雄在1943年就离开史密斯学院到普林斯顿大学去了，和谢希德失之交臂。

谢希德和吴健雄相识，是由吴健雄爱人袁家骝的燕京大学同学张文裕先生介绍的，当时袁家骝在普林斯顿的美国无线电公司工作，张文裕在普林斯顿大学作研究，他们都是谢玉铭在燕京大学的学生。1947年冬谢希德去普林斯顿访问张文裕，在普林斯顿吴健雄家的门口与她相遇，那时她正抱着新生的儿子，未能多谈。其后给谢希德印象最深刻的是，从1948年到1952年，每年美国物理学会1月下旬在哥伦比亚大学召开的物理学会年会上，都能听到吴健雄所作的论文报告。每次年会发言，她都不只有一个报告，因为那时她已在哥伦比亚大学工作，开展有关 β 衰变的研究，经常有新的结果。有一次她在报告结束时说"我们真的很开心！（We really have fun!）"。

当时，吴健雄总是废寝忘食地工作，但对她来说这显然不是负担，而是一种乐趣。自然，将工作当成乐趣已经达到一种超然的境界，非常人所能及。虽然那时她的研究已有很多可喜的成绩，但是她在哥大并没有教席，她只是埋头工作，也从来不主动去讲提升和增薪的事。1951年曾有人提议给予吴健雄教授的地位，但由于她是一位女性，遭到系中有极大发言权的大权威所反对。谢希德说："一直到1952年她才被提升为有永久聘任资格的副教授，这种全心全意地投入工作、不计较个人得失的精神在这本传记中得到阐释和发扬，也将激励更多的女性走出家庭的小圈子，抛开个人的名利观，去奋发图强、争取一番作为。"

1982年夏天，吴健雄访问复旦大学，受到谢希德副校长与学校领导、师生的热情接待，参观校园，并与同行作了交流。临别时，吴

1982年夏，吴健雄访问复旦大学时合影（前排右三为吴健雄，右四为谢希德）

健雄与物理系教授及接待人员合影留念。

吴健雄对β衰变的深入研究导致她去进行证明杨振宁和李政道弱相互作用宇称不守恒理论的实验。1952年谢希德回国后，对大洋彼岸的事知之甚少，只听说她为宇称不守恒理论作了非常出色的实验证明。改革开放后，在国内外数次和吴健雄见面，她的风采给谢希德留下深刻的印象。不过，最使她感动的是1986年吴健雄带谢希德参观她在哥大负责的低温实验室。那时她已年逾古稀，仍在实验室工作，讲解低温对核物理研究的重要性。看到这样的成就，谢希德很是钦佩，同时也很是感慨："回想当年，她就是由于哥大缺少好的低温实验室，不得不到美国国家标准局去做实验的。"

谢希德说："从这本传记中，人们还可以看出她不仅是一位伟大的科学家，也是许多人的良师益友。我有幸认识库勒教授和威尼克教授,他们都是吴健雄很有成就的高足,都对吴健雄非常崇拜。吴健雄还有一个美满的家庭,她的爱人袁家骝博士也是一位资深的科学家,他对健雄女士百般照顾,说明每一个成功的女性,背后都有一个关心体贴的爱人,反之亦然。"

吴健雄因再度中风于1997年2月16日在纽约不幸逝世的消息传来,令人悲痛和震惊。此前,大家最关心的可能就是吴健雄的健康。同年初,谢希德从袁家骝先生写来的新年贺信中还得知:"健雄目前在家中活动自由,出外当需人陪伴照顾,阅读书报仍有困难(双眼患有白内障),饮食一切都很正常,并已装备心脏起搏器维持心脏跳动规律。血糖、血压亦服药维持正常,平常极少外出,多在家休息。亲朋好友时常来家中帮助照顾健雄,使她能安心疗养、逐渐恢复。"万万没想到高速发展的现代医学,依然没能延长这位物理大师的寿命,她在完成了自己的生命使命以后离开了这个人间。

"人们将永远记住她在一生中对物理学留下的丰富遗产,这本传记的出版正是对吴健雄教授的一种纪念。"谢希德在序言中这样深情写道,但这何尝又不是她自己一生的真实写照!

62. 生命弥留之际

1999年12月的一天,当来自北方的寒流又一次袭击上海时,谢希德的病情加重了,只好重新入住华东医院,她的生命也开始进入了严冬。

"为什么我的眼里常含泪水,因为我对这土地爱得深沉。"从1966年10月被医院诊断患有乳腺癌的那一天起,谢希德已是第五次与这一疾病进行抗争,而每一次都以她的胜利告终。在风云变幻的20世纪60年代,她身患绝症,面对"四人帮"的倒行逆施,她满含着对祖国、对科学事业的深情的爱,默默地、坚持着对自己说:"我一定要活下去,争取多活几年!"没想到这一坚持就是30多年,其间谢希德一直在为祖国的科学教育事业不停地奋斗着。

那天,在吴兴路谢希德的寓所中,她的儿子曹惟正告诉来访记

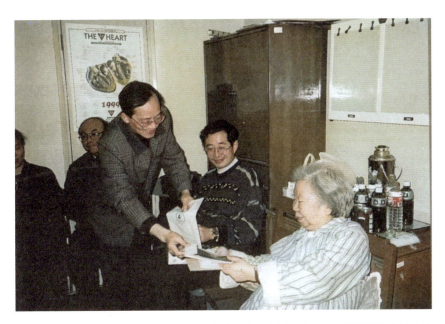

1999年3月，复旦大学应用表面物理国家重点实验室同仁去华东医院祝贺谢希德生日（中立者为王迅，右二为侯晓远）

者，这次他从美国回来后，妈妈问起自己的病情。

他想了想，委婉地回答她：

"你这次情况比较严重——"

"怎么严重？"

"胸水里有癌细胞。"

这时，谢希德没有再说话，只是推了一下监测器，但她的内心依然很平静。无疑，对于谢希德来说，她对自己病情的严重性已十分清楚，自己的生命已经进入倒计时了。

秘书曹佩芳回忆说，12月4日，谢希德处于昏迷状态，昏迷中的她反反复复地讲着几句话，一是念叨着她唯一的孙女，一是叮嘱曹佩芳："我对存放的钱要作个交代……"当她恢复清醒时，她对曹佩芳说："我这一生没有留下什么产业，就是有一笔15万元的奖金，全部都给表面物理研究室作研究基金。"就这样，谢希德将属于她生命的最后一点价值，完全献给了党，献给了人民。进入2000年的一天，

儿子曹惟正从美国回来探望母亲（1999年）

谢希德的病情转重，她几次提及想见见自己的好友张立纲，了却她多年的心愿。

国际著名物理学家张立纲，20世纪60年代初获美国斯坦福大学电机及电子工程系博士学位，后身兼美国科学院院士、美国工程院院士、中国科学院海外院士、香港工程科学院院士和台湾"中央研究院"院士等数职，有"五院院士"之称，曾任香港科技大学教授、副校长。1980年，在北京举行的一个重要国际性物理学会议后，谢希德以复旦大学副校长和中国著名物理学家的身份邀请与会代表来上海访问，在许多欧美人中间有一位华裔科学家，他就是张立纲。

张立纲回忆，他与谢希德20多年的交情自1975年他首次自美回国访问固态物理学界始，在愈益频繁的世界性学术研讨会议交流活动中，每每看到谢希德以其卓越识见、坦诚负责与充沛精力，赢得无数国际学者的钦佩和友谊，从而为将来的中国学者开启了许多国际交流的通道。"而25年的结识，在华沙、巴黎、柏林、波士顿、费城、香港……以及多次纽约的聚会，更让我们有幸了解谢先生人情味的一面。在轻松的场合，她曾殷殷问询两个孩子的近况，也总不忘我们那条调皮而不大听话的爱尔兰猎犬。两年前女儿调任驻上海记者，谢先

1998年夏，孙女科林到华东医院探望术后的奶奶

1998年8月4日，谢希德与秘书曹佩芳、司机倪明于华东医院合影

生还亲自下厨做小菜留她吃饭，笑谈她的小孙女逗人的趣事，一位誉满中外的严谨物理学家变成了可亲的家庭长者。"张立纲和他的女儿张象容如是说。

就在谢希德病榻上表示要见张立纲后，欧美同学会常务副秘书长刘庚生立刻拨通了张立纲在香港的电话，接电话的是他的秘书。秘书告诉刘庚生他正在美国圣地亚哥度假，并给了他的联系电话。

张立纲一接到越洋电话，立刻决定结束度假，并改变直返香港的行程，先到上海。遗憾的是，在2000年的第一个星期，圣地亚哥竟然无法买到一张赴上海的机票！

1月7日深夜，张立纲飞回香港，仅仅休息了四个小时。1月8日清晨，他乘坐最早的一班客机飞抵上海机场，然后又马不停蹄地直奔华东医院。

当张立纲步入北楼1810病房时，谢希德正在输液，像往常一样，她合着双眼，面容安详。张立纲走上前去说："谢先生，我是张立纲。"

谢希德微微睁开眼睛："你来了⋯⋯"

张立纲一字一顿地说："你好好休养，别的什么都不要去想。你这么坚强的人，能挺得过来的⋯⋯"

谢希德欣慰地笑了。

离开病房后，张立纲对刘庚生说："我说的是真话。我有一个朋友，也是这种症状，后来胸水和腹水都消了。"此时此刻，朋友们所有真诚的希望和祝愿，都包含在这段话里。

在术后化疗期间，谢希德忍受着各种副作用的巨大痛苦，以科学求实的态度积极配合治疗。平时去看望时，大家总是见她一边听音乐，一边看英文小说。有一次，她的笔记本电脑放着贝多芬的《命运交响曲》，也许她是在用伟大的音乐篇章鼓励自己与病魔作斗争。她积极乐观地生活着，"养好了病以后，我还要去美国参加第100届世界物理大会呢"。可惜，一切还没来得及，残酷的病魔就无情地剥夺了她这个最后的愿望。

谢希德在病中时常想着同学会的工作和2000年第二次中华学人大会。1999年刘庚生到美国探亲，她几次在电话和电子邮件中叮嘱他一定要与佐治亚理工学院的江家驷教授联系上。果然江教授一听是谢先生请他开会，就一口答应参加，并且对如何开好大会提出了非常有价值的建议。

由于病情几次反复和不断恶化，到1999年底欧美同学会换届后开第一次理事会时，谢希德身体相当虚弱，可是她仍坚持赶到青浦参加大会。刘庚生觉得那天她有些气喘，"会后谢希德还与部分新会员合影，与会学友都很感动，她走到哪里总是把力量带到哪里。会后不久，她再次住院，从此不治。想不到这次大会竟是我们与谢希德共同参加的最后一次同学会活动！也许谢希德自己也明白这一点，所以那天的讲话特别深情"。

2000年2月，谢希德的病情突然转重，身上插满了各种管子，头和手已经不能动弹了，但对去看望她的人还认得出来，可也只能用左手一个手指上下动一动表示致意。她的胸部积液每天要抽一次，到后来抽出来的竟然都是血水，而且胸部有大面积的溃疡疮面，每次抽液、清洗疮口都是非常痛的。护士们说，谢老你喊不出来就哼几声吧，可是她硬是一声不哼，护士们都说从来没看到过这样坚强的女性！

《现代家庭》杂志社孙小琪讲述了这样一件小事，1998年10月下旬的一个下午，谢希德因癌症复发住院手术已有一段时间，她去华东医院看望她并兼做一个采访。当时谢希德正安静地在小圆桌上用圆珠笔写一个推荐材料，地上有个小型冰箱，是复旦大学送来的，可以放些吃的。她告诉小琪自己已做了三次化疗，不是很难受的，下个月起做放疗，只是不知到时身体是否吃得消，言谈之间还是带着那亲切的笑容。这么一个细节，折射出谢希德那种从容面对人生、面对困难的生命哲学。

"真的勇士，敢于直面惨淡的人生，直面淋漓的鲜血"，谢希德面对困难从来没有退缩过、屈服过，从来都是从容、沉勇地面对，无论是在国外辗转求学、"文化大革命"中的磨难还是数十年的癌症困扰，即便是在生命最后一息。生命的意义往往因此而得到升华，于人类绵长的历史恒河中得以闪现她永不磨灭的光芒。

63. 一夜漫天素鹤翔

2000年3月4日21时35分，中国共产党优秀党员、忠诚的共产主义战士，著名物理学家、教育家，第九届全国政协常委，上海市第七届政协主席、党组书记，复旦大学原校长，中国科学院院士谢希德同志因病医治无效，于上海华东医院逝世，终年79岁。噩耗传来，人们沉浸在悲痛之中，举城同悼、举校同悲……

谢希德住院期间，中共中央总书记、国家主席江泽民曾到医院看望。在得知谢希德病重情况的报告后，江泽民同志亲自打电话到病房向她表示问候，高度评价她同病魔作顽强斗争的革命乐观主义精神，并叮嘱华东医院要尽力为她诊治好、服务好。谢希德逝世当晚，江泽民同志表示哀悼并对其家属表示慰问。

谢希德病重住院期间和逝世后，党和国家领导人李鹏、朱镕基、李瑞环、胡锦涛、李岚清、李铁映、吴邦国、罗干、钱其琛、黄菊、温家宝、曾庆红、吴仪、司马义·艾买提、巴金、钱伟长、宋健、钱正英、钱学森、苏步青等曾到医院看望或以不同方式表示哀悼并慰问其家属。全国政协、中组部、教育部、科技部、中国科学院、中国社科院，中央有关部门领导唐家璇、陈至立、朱丽兰、华建敏、赵启正、路甬祥等，谢希德同志故乡福建省的领导，也分别表示哀悼并向家属表示慰问。

3月8日，上海市欧美同学会举行追思会，由副会长向隆万主持，常务副秘书长刘庚生介绍谢希德顽强与病魔搏斗的事迹。林文进、王迅等十余位同志作了深情的追忆。

3月16日下午，上海市龙华殡仪馆大厅内气氛庄严肃穆，正中一幅"沉痛悼念谢希德同志"的横幅倾诉着无数人的追忆和哀思。谢希德的遗体安卧在鲜花翠柏之中，上面覆盖着中国共产党党旗。在低回的哀乐声中，上海市委书记黄菊、教育部部长陈至立、上海市市长徐匡迪等来到谢希德的遗体前肃立默哀，鞠躬道别，并献上一朵朵寄托哀思的鲜花。

2000年3月16日，上海市和中央有关部门领导以及各界人士在龙华殡仪馆痛别谢希德同志

在送别的队伍中，有上海市有关方面的负责人，谢希德工作过的单位及部门代表。她生前十分重视团结一切力量，支持和关心我国改革开放和社会主义现代化建设事业。上海市政协办公厅负责人说："在担任上海市政协主席期间，她积极宣传贯彻党在新时期统一战线的方针，在中共上海市委的领导下，坚持和完善中国共产党领导的多党合作和政治协商制度。从市政协主席岗位上退下后，她不顾年老体弱，继续为巩固和发展党的统一战线不遗余力地工作。"人们看到，谢希德总是积极利用各种机会，宣传我国的对外开放政策，常就中国妇女问题、维护世界和平、大学教育发展、世界银行贷款使用等多方面的问题，与外国朋友进行交流，扩大中国和上海在世界上的影响。著名物理学家杨振宁、李政道、袁家骝、田长霖和创价大学池田大作等外国专家学者，以及宋健、路甬祥、张光斗、陈佳洱、王乃彦、朱邦芬代表黄昆、王大中、张孝文、李道豫、张立纲、张象容等，海内外复旦校友会和其他友好人士都发来唁电，对谢希德的逝世表示哀悼……

在送别的队伍中，有上海华东医院的王传馥院长、陆佩芳副院长，他们对谢希德与疾病作斗争的顽强精神赞叹不已。在与死神交战的80多天，谢希德备受煎熬，但仍然顽强地勾勒出生命最后的轨迹。由于长期使用化疗和放疗，她的身体已经十分虚弱。医生改用生物治疗和支持疗法以减轻她的痛苦。肿瘤组织在胸腔上大面积扩散，造成胸腔严重积水。开始时隔天抽，后来不得不改成每天抽，先后29次抽出近两万毫升积液，相当于40个盐水瓶的容量。到晚期，她身上不得不插上好几根管子，吸氧、鼻饲、输血、导尿，还接着心脏监测仪。因为腿部残疾，卧床也是强迫体位，无法向右侧，这一切的一切都加深了她的痛苦。

然而，谢希德异常坚强，从未哼过一声。她尊重医护人员，对每一位帮助她的医护人员说"谢谢"。即使插管伸到喉咙，无法再说话，她也轻轻捏一下医护人员的手表示谢意。她从来没有为自己的痛苦流过泪，却为人们的关心而热泪盈眶。陆佩芳告诉《新民晚报》记者："谢教授近十次心衰后，医生在抢救中给她插了呼吸管。她醒来后希望把插管拿掉，在我手上写了一个'死'字，她要在最后的时间里把自己的想法说出来。我向她解释，照现在情况呼吸机不能拿，只有一个可能是从颈部切开气管，没想到她立即表示同意。为了党的事业，在生命到达终点的前夕，她愿意再次挑战极限，这种精神境界尤其令人敬佩至极。"

在送别的队伍中，有谢希德同志的亲属，他们追思亲人感人的往事。她的儿子曹惟正说，妈妈在身患癌症的情况下还经常乘公交车到外文书店买资料、文献，即使不许搞业务，她也从没间断学习。妈妈对别人总是给予力所能及的帮助，客人上门找到她，她哪怕刚刚结束化疗躺在床上，也不许他和爸爸赶客人走。妈妈的社会活动很多，忙的时候连他也难以说上几句话，只能从电视上了解妈妈的行踪。可即使这样，在爸爸生病住院的时候，妈妈只要人在上海，仍几乎每天到医院去看望爸爸。尤其是后来她为了美国研究中心筹款的事情，一瘸一拐地找到相关的议员，艰难地游说。可以说，在做人的每个方面，妈妈都是那么尽心尽力，那么认真，所以她非常成功。

专程从北京来沪的北京航空航天大学谢希文教授，对记者描述了谢希德的少女时代："我姐姐幼年时就体弱多病，但她非常坚强。17岁时患上股关节结核，当时没有抗菌素，只能绑石膏，让病菌坏死，躺了四年。她在病床上背字典学英文，日本侵略者的炸弹也不能阻止她的读书声,就这样打下了坚实的英语基础……病愈后重新站起,少女谢希德落下了终身残疾,结核菌没有了,右侧股关节也损坏了,右腿始终不能弯曲。但她考入厦门大学,受父亲、前辈物理学家谢玉铭的影响,选择了物理,以后又漂洋过海去深造。这个纤弱的、行走艰难的东方女子,最终以高尚的品格和踏实的脚步,走出了宽阔的人生之路。无论是她的高度和速度,都是一般人很难企及……"

在送别的队伍中,有她曾倾注无数心血的复旦大学师生。中国科学院院士、物理系教授王迅,师从谢希德40余年,见证了她为祖国半导体物理学和表面物理学而贡献自己一生的全过程。他深情地回忆起,1956年恩师刚生下孩子不久,就毅然赶到北京,为我国第一批半导体专门化班的学生讲课。此后,她一直在非常艰苦的条件下,从事着科学研究。谢希德是我国半导体物理学的开拓者之一,我国表面物理学的先驱者和奠基人之一,也是我国在国际上这些领域中的代表人物。她对我国凝聚态物理的研究和发展,倾注了毕生的心血,成就卓著。她与同事坚持不懈,刻苦研究,取得多项重要成果和奖励,1997年曾获何梁何利科技进步奖。王迅最后说,尽管我已66岁了,但与恩师相比仍不敢有丝毫懈怠,我们将尽力把她开创的事业推向新的高峰,以告慰她的在天之灵。

物理系教师资剑博士永生难忘恩师的关怀,10多年前他第一次写英文论文,谢希德为他连续修改了四次,改的比他写的还多;五年前他申请一个项目的推荐信,是谢希德在辞别爱人的第二天交到他手上的。他悲痛地告诉女儿:"谢奶奶去世了。"小女孩抱着谢奶奶送给她的玩具兔子,天真地问什么叫"去世",爸爸说:"谢奶奶到天堂去了,她是个伟人。""什么叫伟人?"孩子又问,资剑想了想说:"她是冠军。"

复旦大学党委书记秦绍德道出了全校师生的心声,在复旦的发展历程乃至新中国的科学史、教育史上,谢希德都留下了重要而光辉的一页。为提高复旦大学的国际知名度,她不辞辛劳地奔波于海内外;为促进中美关系的发展更是倾尽心血,组建了复旦大学美国研究中心,使复旦在中美关系发展史上占有不可忽略的地位。她的理想、她的信念、她的情操令人震撼，她教书育人时所焕发出的人格魅力与亲和力，令人从心底折服。谢希德的名字，将永远铭刻在复旦大学的历史上！

团委书记萧思健在缅怀谢希德时，深情地说："谢先生没有离开我们，她随时都会回来看我们学习，看我们做学问，参加我们的活动。"他在追思会上失声痛哭，谈起谢希德在病重期间还牵挂着全国"挑战杯"大学生科技创新竞赛，还在病床上为复旦学子题字——"志在创新"。这最后的题字，至今仍散发着墨香，也将永远激励着一代代复旦学子向着科学高峰阔步前进。

1997年，校团委请谢希德为学生开设一堂讲座，许许多多学生慕名而来，一睹这位老科学家的丰采。讲座结束，早已守候一旁的报社记者纷纷上前："谢先生，我们想采访您。"她慈祥地笑着，指着台下一群青春勃发的物理系新生说："你们可以采访他们，因为他们是物理学的未来，是祖国的未来！"可见谢希德对莘莘学子的殷切期望，也更见她甘为人梯的奉献精神。

在送别的队伍中，更多的是她的同事和生前好友。她给予别人的太多太多，唯独很少关心自己。大厅内人们在谢希德的遗体前肃立默哀，鞠躬道别，流下了痛别挚友、恩师和亲密同志的泪水。大厅外等候着与谢希德告别的人们排起了长队，为她送行的花圈，从殡仪馆大厅一直延伸到主干道的两旁，十分引人注目。谢希德的同事叶令老师说，谢先生在生活上很少关心自己，但是对别人充满了极度的热情和无私的关爱。在最后的日子里，她经常询问的不是自己的病情，而是同样卧病在床的叶令老师。叶令说："过去每天中午大家休息时，常常能够听到谢先生房间中传来或是敲击电脑键盘的声音，或是查资料的翻书声。她即使再忙也不会让学生或是她的秘书为她写资料或是打印稿子，而是宁愿放弃自己的休息时间。我现在多么希望依然能够听到她房间里传来这些熟悉的声音。"

在送别的队伍中，人们看到一群小学的少先队员抬着花篮，为谢希德送行来了。他们曾经得到谢希德悉心的关怀和指导，满是沉痛地聚集在一起回忆起当年和谢奶奶交往的难忘情景。另有一位戴红领巾的少年，单独和大人们站在一起，等候最后再看看谢希德的慈祥面容。他说,谢奶奶与他的合影仍保存在身边,今天他是一个人特地赶来送行的,来看谢奶奶最后一眼的。

谢希德走了,可她与曹天钦在生前早就立下遗嘱,身后将遗体献给医学事业。"把证书从家里拿出来",是她远行之前叮嘱秘书曹佩芳的最后一件事。五年前,谢希德的爱人、生物学家曹天钦的遗体也是捐赠给医学事业的。谢希德留下爱人的一缕头发,葬在龙华烈士陵园,每年都去祭奠。而后病重到生命的最后一息,她只好托秘书去扫墓。不久,她就随之而去,也许如今他们美丽的灵魂可以在那圣洁的地方无牵无挂地相聚。

可是,她的学生还在等着她在病榻上改好论文;她的信箱中还塞满了来自世界各地的信件,甚至还有山区里的孩子向她求助的信;即将在美国召开的物理学年会还在期待着这位中国杰出女科学家的到来;她的办公室里一叠叠资料还在等待着主人像以往一样不时地翻阅;她在国外的学生们还在盼着她的来信,看到她的字迹比什么都安心……可是她已经走了,走得那么匆忙。她走了,带走了人们的无尽思念,然而她永远活着,永远活在人们的心中,永远活动在复旦校园的每一个角落。上海市欧美同学会副会长兼秘书长向隆万在一首七律《敬挽谢希德会长》中深情地写道:

奉献毕生今小憩,鲜花簇拥态安详。
神游浩宇求真理,众仰高山哭栋梁。
聆教十年春雨润,名传四海国风扬。
校园桃李皆心折,一夜漫天素鹤翔。

一夜之间,复旦大学的学生自发折叠起的数千只纸鹤挂到树上,从物理系学生的宿舍 9 号楼一直绵延到教学楼。它们在风中摇曳着,似乎在述说着无尽的哀思。"我们怀念敬爱的谢希德教授""走好,我们永远的校长……"大幅的悼念横幅也成为学校海报栏的主题。在物理楼二楼最东边一间小小的办公室里,摆着一张快要被磨穿皮的椅子,一排早就应该淘汰的资料柜,同样年代久远的桌子上放着一台旧电脑。平日这个办公室里总是人来人往,有稚嫩的"红领巾",有国内外的学者,有向谢先生求教的学生……可是"黄鹤断矶头,故人今安在",这里的主人——杰出的物理学家、著名的教育家谢希德永远离开了尊重和景仰她的人们。桌上的台历永远停留在1999年9月8日——谢希德病重期间最后一次回校处理事务的日子。

2005年3月,蒋平教授动情地回忆说:"40年前,我和陈孝琛(两人都家在外地)当她研究生时,适逢三年困难时期,物资极度匮乏,饮食营养更谈不上。谢先生深知我们当时的困苦,在一个星期天,要我和陈孝琛到她家吃饭。虽然只有炒酱等不多的菜肴(当时他们的供应也不充分),但谢先生和曹先生的热情使我们两个年轻的学生,感到一阵阵回家似的温暖。软糯的米饭使我们缺少油水的胃得到极大的满足,菜肴更觉喷香可口,好于如今最美味的盛宴。迄今已逾40年,但这一顿饭我一直清晰如昨,感动不已。"

谢希德的弟子、复旦大学表面物理国家重点实验室副主任、青年教授资剑说:"虽然谢先生已经辞别人世,但是她作为一名杰出学者、著名教育家的人格魅力永远在这里延续……"

64. 最后的永远怀念

听到院士奶奶谢希德逝世的消息,上海市松江二中邱剑云说:"我愣愣地沉默了许久……"

在沉重的语气中,"我初见院士奶奶是在1996年9月9日召开的上海市'金爱心教师'颁奖大会上,她慈祥地坐在主席台上。她颁奖,我受奖;她鼓励,我感谢。仅仅几分钟就过去了,但由于见得真切,听得贴近,便留下了极为深刻的印象。我知道,她给家境困难仍好学上进的孩子全力支持,支持他们得到免费的更上一层楼的教育,她给素不相识的青少年学生以切切实实的关心,关心他们的成长"。

1999年12月,邱剑云所任教的松江二中筹备成立学生"探索之星"社团,很想请谢希德题词。但那时她已住进华东医院病房,只是偶尔才回家一次。当邱剑云把这个意愿转达给她时,心里难免惴惴不

少年儿童去华东医院看望谢奶奶（1999年）

安。想不到她一口答应下来，并一连题了几幅，直到挑出了最满意的才停手。

学校校长很想在社团成立大会时请谢希德光临，便盼着她早日康复出院。然而3月4日21时35分，她却离开了这个世界，大家终究没有等来这个日子……

> 探索创新、自主发展。书赠松江二中学生社团"探索之星"。
> 谢希德，一九九九年十二月。

谢希德走了，留下了一幅珍贵的题词绝笔，永远珍藏在他们的心灵深处，永远激励着他们在人生的道路上奋勇向前。

上海市欧美同学会常务理事沈国雄回忆说："我是1963年从上海科大材料系毕业的，但是由于当时我们国家科技发展的需要，上海组织搞大规模集成电路，冶金所和元件五厂从1965年开始一起联合，我们就下厂搞出全国第一块能生产的大规模集成电路。从材料到搞集

1999年12月,为上海松江二中学生"探索之星"社团题词

成电路,这里边档次跳得很厉害。所以,那时候自己主要的进修专业书就是黄昆、谢希德一起合写的《半导体物理》。"

随着时光的流转,高校开始恢复科研和教学秩序,沈国雄终于有了机会。1975年到1977年"文化大革命"后期,国家恢复招收研究生试点,复旦作为试点单位,而他考上复旦物理系研究生班,当时王迅教授是他的老师。

1977年2月,沈国雄毕业后回到所里只工作了一段相当短的时间。到了1978年,中国科学院开始举办第一期外语培训班,准备大批地送学员出国深造。由于谢希德的推荐,沈国雄成为我们国家恢复中美关系正常化以后,第一批大规模送出去的留美人员。当时全国有60个名额,其中中国科学院10个,教育部50个,沈国雄是中国科学院10个中的一个。开始沈国雄被谢希德推荐到斯坦福大学,本来说好免费进修,跟教授一起合作研究课题,但斯坦福大学了解到他要读研究生以后,要求我们国家支付费用。当时大使馆的前身联络处根据他的情况,马上联系康奈尔大学。而他本人则紧急联系谢先生请她再写介绍信给康奈尔大学。最后,他就去了康奈尔大学。对于以后的情况,沈国雄说:"回来以后,业务工作、管理工作就像前面讲的包括我后面到科协这个过程,发生了一个比较大的转变。一直到担任欧美同学会常务理事这样一个工作后,这下子我和谢希德真的共同为欧美同学会出力了。所以,前年的''98中华学人与21世纪上海发展'国际研讨会,我是在谢希德的领导下开展工作,一方面得到她很多教诲,同时也尽我最大的力量把这次研讨会搞好。也希望在今年和谢希德一起再来举办第二次的环境、生态与可持续发展研讨会。想不到谢希德已经不能再和我们一起组织这样一个研讨会了。我觉得对我们大家来说这是很大的遗憾。"

当谢希德学生的那两年多时间,对沈国雄来说是终生受惠、永远难忘的。当时要求学生住在学校里,宿舍离上课和做实验的物理楼很近。学生总是比老师要早到一点,大概也就是吃过早饭8点多钟,就到自修教室做实验。当时他总是发现四楼走廊已经打扫干净,开始他以为是清洁工,但1977年时学校好像没有找清洁工打扫。后来有一次做实验,沈国雄去得早一点,才发现四楼整个走廊都是谢希德打扫的。她的腿脚不方便,当时又没有校车可以乘,更谈不上小车。只好自己乘公交车上班,她总是比大家要提早半个小时到一个小时到校。因为来时车子很空可以早到,于是她就把走廊打扫干净。这件事在学生中传开了,大家都很受感动。当时她已50多岁,腿脚不灵便,每天还要把走廊打扫干净。不管怎么样,对有很多贡献的谢希德来说,这样非常非常平凡的工作她也在做——这给沈国雄留下很深的印象。

当时,有老师告诉沈国雄他们这些学生,说有一个当时还比较年轻的女老师,大概也就三十多一点,"文化大革命"中审查谢希德时,这个人搞得很厉害。谢希德复出后,有人问谢希德,当年如何如何审查,都有哪些人参与。谢希德一个也没有说,只是说这些事情在当时的情况下是很难责怪个人的,这是一个时代问题,大家都有个认识过程,不必追究。所以,后来这个女老师对谢希德很是尊重和感激。她由衷地说,谢希德胸襟宽广、大度、不计前仇,事情虽然从大局上看是"四人帮"的事,大家都受到了蒙蔽,但当年自己毕竟是有错的。这件事对沈国雄教育深刻,做人不能计较一点点的恩恩怨怨,胸怀要开阔一些。

沈国雄所在的研究班共有六个学生，其中有三个工农兵大学生和三个老大学生。老大学生当中，沈国雄入学最早，外文相对比较好一点，但到美国以后发现根本不行。谢希德认为，应结合专业提高英文阅读、书写的能力。当时她没有助手，儿子曹惟正在徐汇区房管局当油漆工人，谢希德就叫儿子为他们补习英文。后来，她还找来结合半导体物理集成电路和表面物理的一些两三页的英文短文，没有复印机，就叫儿子在打字机上打。打好以后，复打一次两份，复打三次让学生阅读翻译。先让儿子改一遍，最后她自己再改。改了后第二天或是第三天再发给学生，大家打心底里感谢谢老师。为了提高学生的英语水平，谢希德可以说是想方设法，给大家的教育也是终生难忘和终身受益的。

全国政协常委孙廷芳说："早年有几次，我在谢家碰见一位10多岁的小青年，他很有礼貌地待客，几次端茶给我喝，动作干净伶俐。小青年很漂亮，很像曹先生，大方而朴素，我猜是两位科学家的儿子曹惟正，果然我猜中了。谢先生还说，孩子能帮助他们做清洁工作，还会烧饭，曹先生听了大笑。如果不是'文化大革命'的干扰，那是一个多么美好、宁静、欢乐、高教养、极其进取的美满家庭呀！那时我只知道他们的身体都已存在潜在的病症，但是他们把这些事抛在脑后，看不到一丝家庭和个人感伤的阴影，真令人钦佩而感动。如今他们都离去了，但他们的音容笑貌、丰功伟绩将长驻人间，与青山不老、与流水不蠹。"

谢希德逝世后，中国驻美国大使李肇星发来唁电：

> 惊悉谢希德教授不幸逝世，我深为悲痛。
>
> 谢希德教授生前为发展中美两国人民的友好合作作出了杰出的贡献，在中美两国教育界和科学界享有崇高的威望。她的逝世，使我们失去了一位良师挚友，也失去了一位杰出的人民外交家。
>
> 在此，我谨以个人的名义，并代表中国驻美国大使馆全体人员向你们，并通过你们向谢希德教授的家属表示亲切的慰问！"

美国诺贝尔奖获得者杨振宁、杜致礼夫妇发来唁电：

我们会永远记住谢希德对复旦大学、对上海市和对中国物理学界的许多贡献。

美国诺贝尔奖获得者李政道博士发来唁电：

惊悉谢希德教授不幸病逝，万分悲痛，特致哀悼。

希德教授是一位杰出的女科学家，她把毕生精力献给了祖国的科学和教育事业，她不仅在科学上有高水平的成就，而且培养了大批科学技术人才，她同时也注意理、文科的平衡训练和修养，为了祖国的教育发展作出了重要贡献。

她的逝世是祖国科学和教育界的重大损失。

我们永远怀念她。

欧美同学会发来唁电：

惊悉贵会会长谢希德学长不幸辞世，我们欧美同学会心情十分沉重。谨代表欧美同学会全体会员向谢希德学长的家属和贵会，表示沉痛的哀悼。谢希德学长是我国留学人员的杰出代表，她为我国教育事业以及推动全国范围内欧美同学会工作，作出了重要贡献。

我们深深怀念她。

香港科技大学校长吴家玮发来唁电：

香港科技大学在筹备和创建期间，得到了她的关怀、支持和帮助。有感于此，并愿让一代香港学生知道她对国家民族和科教事业的热忱和贡献，引以为范，科大在1996年向她颁授了荣誉理学博士学位，承蒙她愿意接受，让我们这个新创大学分享了一份光荣。

......

"青山有幸埋忠骨，凄雨无情哭国殇"，每份唁电都诉说同样的悲痛，都在寄托同样的哀思。

谢希德的儿子曹惟正深情地说："亲爱的妈妈，您安息吧！我们将永远永远怀念您！借此机会，我代表我们全家和妈妈的亲友，感谢江泽民主席、朱镕基总理、陈至立部长、黄菊书记、徐匡迪市长等中央和上海市的领导同志对妈妈的关心和支持，感谢复旦大学的领导和老师们对妈妈的关心和支持，感谢上海华东医院、妈妈医疗组的医生护士们对妈妈的精心治疗，感谢照顾妈妈20多年的秘书曹佩芳老师和驾驶员倪明，感谢上海市人民政府外事办公室原主任周明伟对妈妈无微不至的关心照顾……"

谢希德是一位出色的社会活动家，她历任中国共产党第十二届、第十三届中央委员，第八届、第九届中国人民政治协商会议全国委员会常务委员，第七届中国人民政治协商会议上海市委员会主席、党组书记，上海市第三届科学技术协会主席等职。她于1977年12月获上海市先进科技教育工作者称号，1979年、1980年两次荣获全国三八红旗手称号。

在谢希德同志逝世后的讣告中，党和人民给予她高度评价，"中国共产党优秀党员，忠诚的共产主义战士，著名物理学家和教育家""我国半导体物理学的开拓者之一，我国表面物理学的先驱者和奠基人""谢希德同志的一生，是忠于党、忠于人民的一生，是廉洁奉公、淡泊名利、无私奉献的一生。她虚怀若谷，治学严谨，乐于助人，以崇高的人格魅力和对事业的执着追求，在社会各界享有崇高的威望"。这样的评价谢希德同志是当之无愧的，她永远值得尊敬和怀念。

2001年3月，谢希德先生逝世一周年。由复旦大学应用表面物理国家重点实验室、中国科学院上海技术物理研究所发起，精心编辑《谢希德文选》，并得到复旦大学美国研究中心、上海市政协、上海市欧美同学会、上海市科学技术协会和上海市对外文化协会的大力帮助，由上海科学技术出版社出版。教育部部长陈至立写序，上海市政协副主席、复旦大学校长王生洪撰写纪念文章。主编王迅、副主编王增藩和吴增烈、执行主编傅克廉齐心协力，在短短几个月内就使该书

1982年,与学生、秘书留影(前排左三为曹佩芳、左四为谢希德,后排左一为钱佑华、左二为张翔九、左四为蒋平、左五为陆栋)

1992年,与身边的工作人员在一起(右二为曹佩芳,右一为倪明)

面世，这是对谢希德先生最好的缅怀和纪念。

历史长河滚滚而去，不变的却是谢希德为了祖国的科教事业而永远矗立的一块丰碑，将永远值得人们瞻仰。伊人已逝，精神不朽，但愿在她所树立榜样的感召下，中华民族能够不断出现为国家增添光彩、为世界创造幸福的人才。

最后，伴随着这本书的落笔，刘志祥一时心潮起伏，情难自禁地挥笔写下了一首《七律·谢希德》，以兹纪念：

> 五年负笈异乡行，大雁东飞辗转灵①。
> 聚散何堪闻旧曲②，存亡岂独哭新亭③。
> 严师灯映人身瘦，慈母情留桃李馨。
> 七十二贤今尚在④，一时散作满天星。

"一生风雨，洒向凡尘都是爱；满腹才情，献于科教皆为诗"，谢希德同志无愧她光辉的一生！

65. 要留希德在人间

时间从来不停步，历史一直在向前，一晃谢希德先生离开大家已经有25年。在这25年，我们从来不曾忘记谢希德先生，谢希德先生似乎也从来不曾离开。

---

① 谢希德赴美留学五年，曾自比大雁在春回大地时飞回祖国。而1952年回国时，因朝鲜战争爆发，她不得不灵辗转英国以实现目的。
② 典出晋向秀《思旧赋·序》，向秀路经与嵇康、吕安居住过的山阳，日暮闻邻人笛声，追念往昔、悼亡之情油然而生。这里指谢希德因回国一事与父亲反目，一生没有得到谅解而失去联系，她于父亲去世后到台湾寻访过父亲最后几年生活的地方。
③ 典出南朝宋刘义庆《世说新语·言语》，西晋末，中原战乱，王室渡江流亡东南，王导等常于新亭饮宴，举目有山河之异，而相对泣，以示忧国忧时之情。这里指谢希德不仅有爱国之情，更是用行动、用一生来实践她的爱国情怀。
④ 孔子有弟子三千，贤人七十二。这里泛指谢希德学生众多，桃李满天下，并且他们所取得的成绩斐然。

谢希德先生，这位中国半导体物理学科和表面物理学科的开创者和奠基人，以其卓越的学术成就和崇高的教育精神，深深影响了复旦大学乃至整个中国的科学和教育事业。而我们也以各种方式来缅怀、纪念这位先贤——传承先生精神，激励后世学人。

希德书院：传承有道　创新为先

2011年，为纪念谢希德先生诞辰90周年，复旦大学成立希德书院，主要研究软凝聚态物理、生物医学物理。历任复旦大学物理系系主任、研究生院院长、副校长等职的周鲁卫教授担任第一任院长。

复旦大学希德书院以紫色为标识色，门匾取字秦汉简帛古隶，出自秦睡虎地、汉银雀山简牍，经配字形成"希德书院"。该字体脱胎于秦篆的威势，开创了汉隶的雄浑，象征着"希德书院"开创新书院制的尝试与创新。书院楹联取自湖南衡山集贤书院"立言立功立德，此之谓不朽；希贤希圣希文，人皆可以为"，不但恰当地给出了书院的定位和目标，也巧妙地嵌入了"希德"二字，可谓"借用"得恰到好处、巧夺天工。

复旦大学希德书院品牌活动有导师论坛、卿云讲会、书院学生自主社团等，旨在培养学生的综合素质和创新能力。希德书院第一届导师和学生来自中文、社会、物理、核技术四个院系。2012年9月重新规划后，希德书院师生以经管大类和自然科学大类学科背景为主，这完全符合谢希德先生教学科研的人才培养

复旦大学希德书院

理念。

2018年10月14日,复旦大学希德书院学生原创大师剧老校长系列《谢希德》在复旦大学相辉堂上演,校党委副书记许征、刘承功,以及希德书院院长周鲁卫、相关部处负责人、书院导师、校友和近千名2018级希德书院新生到现场观看,先生精神在代代传承。

这种传承还体现在复旦大学希德书院学生经常组织经典读书会,请专家、学者辅导,一起读《谢希德传》,学习先生精神。物理系的女生孙璐在读书心得中写道:"谢希德先生时刻心怀祖国和人民,毕生为祖国的发展奉献自己,矢志不渝。无论在什么时候,国家都需要科学,科学的发展是社会进步的根本动力。这就要求我们不仅要看得到眼前,更要看得高、看得远,站在为祖国、为人民的角度上,努力学习学科知识,培养自己的科学思维,在大学四年打好坚实基础。谢希德先生始终把家国天下放在第一位,视国家的利益和荣誉高于一切,我要向谢希德先生学习,这正是我学习《谢希德传》的最大收获。"

读书小组学习《谢希德传》,本书作者之一王增藩作辅导(2014年)

百年诞辰：大音希声　德育后人

2021年3月19日，谢希德先生诞辰100周年，复旦大学举行隆重的纪念活动。复旦大学党委书记焦扬，校长许宁生，党委副书记许征，原校长王生洪，原副校长强连庆、徐明稚、张一华，以及部分政界、教育界代表和家属出席纪念会，与会者形成一个共识："对先生最好的纪念，就是传承她的精神。"

党委书记焦扬在致辞中指出，我们致敬先生，就要弘扬她心有大我、服务人民的家国情怀，先生与党同龄、大爱至诚，对党和人民无比忠诚、对教育事业无比热爱，永远激励复旦师生不忘初心、为国奋斗；追随她追求真理、勇攀高峰的科学家精神，先生的科研初心和强国担当，永远激励复旦师生不断向科学技术广度和深度进军；传承她为党育人、为国育才的教育家本色，先生的为师为学之风、办学治校之道，永远激励复旦师生扎根中国、守正创新、勇担重任，继续向

2021年，《大音希声　德馨四方：谢希德先生百年诞辰纪念文集》出版

世界一流前列的更高目标迈进；学习她坚忍不拔、乐观豁达的人生品格，先生坚忍不拔的意志、不懈追求的勇气，永远激励复旦师生在前进道路上攻坚克难、奋勇拼搏。

上海政协委员的代表张恩迪在致辞中表示，谢先生担任第七届上海政协主席期间，不断加强政协自身建设，带领政协制定了系列制度，使政治协商、民主监督有章可循；带头参加政协活动，积极听取各界人士意见，使市政协民主气氛更加浓厚、协商监督更加有

2021年3月19日,谢希德先生诞辰100周年纪念活动举办

效、团结联系更加紧密。作为政协委员,谢先生对教育和科技领域尤为关注,提出要切实提高小学教师的地位和待遇,加强小学师资队伍建设,提出要培养文理相通和理工相通的交叉型、复合型人才;谢先生心怀天下、大爱无疆,她的理想、信念、情操、人格将永远铭记在所有人心中。

"谢校长很注意对学生人格的培养,她教导学生一定要诚实守信""谢校长是一位伟大的爱国者,也是一位伟大的女性,她一辈子言行一致,是心怀大爱的共产党员""谢校长讲真话,讲实话,这是赢得人们尊重的一个重要原因",上海市教育发展基金会会长王荣华在致辞中讲述了谢先生培养学生、铸魂育人的往事,爱国爱党、知行合一的情怀,以及讲真话、讲实话的人格力量。

复旦大学原外办主任周明伟说,谢校长一生都在和时间赛跑,一生都在和命运抗争、和命运合作,一生都在深厚的情怀和崇高的境界中奉献着自己生命的每一点光、每一点热,她用一生谱写了她最喜欢的《命运交响曲》,她注定会在复旦的历史上,在中华民族自强不息、厚德载物的史册中留下永恒的印记,谢校长将永远活在大家心中。

在儿子曹惟正的眼里,谢希德先生从一名品学兼优的学生成长为一位优秀的教育家、科学家和社会活动家,她不仅对中国的半导体事业的发展、对提高复旦大学及中国大学在世界的影响作出了重大贡献,也为推动中美两国间的政治文化交流作出了重大贡献。曹惟正说:"漫步在复旦校园,妈妈的影子无处不在,妈妈倡导的表面半导体正在蓬勃发展,妈妈创办的美国研究中心加强了对中美关系的全面探讨和理解,妈妈博大的爱国情怀、孜孜以求的爱国精神将永远留在复旦人的心中。"

从 2021 年 3 月 19 日起至 4 月 2 日,"大音希声,德育天下才——谢希德先生诞辰 100 周年纪念展"在邯郸校区光华楼二楼志和堂展出,以图片与实物相结合的形式展示了谢希德坚守初心、矢志报国的一生。展览共展出图片 80 余张、实物 30 余件,分为"求学生涯""立志回国""旦复旦兮""以她之名""生活撷取"五个篇章,既展示了谢希德的成长历程,又呈现出她作为人民教师、物理学家、复旦大学校长、社会活动家、外交家等在育人、治学、治校及推动社会发展、中美关系发展等方面作出的突出贡献。其中,谢希德生前使用的打字机、全国三八红旗手奖章、部分文章手稿等为首次展出。其间,复旦大学校长许宁生观看图片展,并慰问了家属代表。

而在此前的 2021 年 3 月 18 日,"挚爱至德——谢希德百年诞辰纪念展"开幕仪式举行。展览以谢希德一生忠于党、热爱祖国为核心主线,贯穿于她 79 年人生历程的各个阶段,充分展示了她的主要经历、重要成就和个人生活,突出反映了她的高尚品德和人格魅力。

2021 年 3 月 14 日,复旦大学校园原创大师剧《谢希德》在邯郸校区相辉堂连演两场,讲述了这位中国共产党党员、物理学家、新中国首位大学女校长的一生。大师剧由复旦师生倾情参演,谢希德先生理想信念之坚定、担当奉献之无私让参演的师生都深受感动。

雕像矗立：风采依旧 纪念永恒

2025年1月21日，谢希德雕像在她的故乡福建石狮落成揭幕

故乡福建石狮的谢希德雕像

2025 年 1 月 21 日，一座崭新的谢希德雕像在她的故乡福建石狮落成，复旦大学常务副校长许征、谢希德先生的儿子曹惟正等出席雕像捐建落成揭幕仪式。

2025 年 1 月，谢希德雕像落成揭幕活动举办（从左到右分别为丁士华、黄岸青、许征、徐明稚、曹惟正、余科、周律、章英芬）

这座纪念雕像的筹划始于 2020 年，由当地商会提议，历经多方讨论与调整，最终落成。而最初版本的坐像设计为穿裙双腿并拢，但其实先生单腿"因疾病不能弯曲"，为打磨这些细节，曹惟正向塑像大师提供了许多母亲坐着时的照片，工作室几易其稿。"雕像的创意和制作过程充满曲折"，曹惟正回忆，"最终选择母亲坐在椅子上、手捧《半导体物理学》一书的形象，突出她作为教育家和科学家的双重身份"。

这一原型来自谢希德先生的一个经典形象，那是1992年记者采访时拍摄的一张照片。照片中，谢希德站立在家中书架前，身着红色上装，一手拿眼镜，一手捧起书本，面向镜头微笑，成为许多人心中谢先生的经典形象。

雕像将人物与山石融为一体，象征着谢希德先生在科学领域的厚实基础，象征着她勇于攀登科学高峰的精神。雕像身后的那把椅子匠心独运，以谢希德办公室和家中的椅子为原型。担任复旦大学校长期间，谢希德就坐在这把椅子上，用打字机一字一句为学生敲出国推荐信。据不完全统计，先生平均三天就要写一封。"送学生出去，让知识回来"，谢希德送出去的学生很多在留学期满后回到祖国，成为学术界的中坚力量。担任校长的岁月里，谢希德先生用独特的方式、独特的魅力将复旦大学推向世界，不断改变和影响世界。

雕像坐落的石狮学府公园，毗邻几所学校，书香气息浓郁。地点与谢希德一生求学、执教的经历契合，"从厦门大学到美国大学深造，再到复旦大学任教，她的一生都与学术和教育紧密相连。将雕像安放在学府公园，不仅是纪念，更是一种传承"。

诚然，这不是谢希德先生在国内的唯一雕像，在复旦大学，在上海福寿园，在她的母校厦门大学，都有她的雕像。这些纪念雕像记录了谢希德先生的不同人生瞬间，也体现了人们以不同形式对这位杰出科学家和教育家的缅怀和纪念。

复旦大学校园内的谢希德半身像是最早的纪念雕像之一，在谢希德逝世一周年，也就是2001年揭幕。雕像位于复旦美国研究中心内的小花园中央，以她生前的官方肖像为蓝本。这座雕像不仅纪念谢先生对中国半导体事业发展作出的贡献，也纪念她为提高中国大学在世界的影响力、建立复旦大学美国研究中心、推动中美政治文化交流作出的贡献。

厦门大学的雕像定格了谢希德教书育人的形象，背后等身的著作则展示了她作为学术引领者的智慧。2011年，在谢希德母校厦门大学90周年校庆之际，为纪念杰出校友，厦门大学上海校友会捐赠建成雕像。这座身高两米的院士铜像现坐落在厦门大学海韵园中的山坡上，雕像下方的铭文简明扼要地概括了谢希德的生平。

复旦大学校园内的谢希德半身像

谢希德雕像在她的母校厦门大学落成揭幕（2011年）

厦门大学校园内的谢希德铜像

而在上海福寿园内,2004年竖立起谢希德与丈夫曹天钦的雕像,留下了夫妻二人的人间传奇。这对院士伉俪青梅竹马,相识携手一生,在学术领域互为支撑,成为科学界的佳话。他们在同日加入中国共产党、同年成为中国科学院院士,又一同立下遗体捐献遗嘱。曹天钦曾对谢希德说,"希望你做一个模范的人民教师",谢希德则用一生践行了这句话。虽然荣誉无数、著作等身,谢希德却说:"我一生最大的幸福,是拥有相濡以沫的丈夫和美满温馨的家庭。"曹天钦、谢希德伉俪情

上海福寿园内的谢希德、曹天钦雕像

深，携手相伴大半个世纪，共同书写科教报国、波澜壮阔的人生。

从复旦到厦大，从上海到石狮，这些雕像共同构成谢希德先生科研与教育生涯的立体画卷。这不仅是对谢希德先生个人的纪念，也是对科学界和教育界的致敬，激励年轻一代追求卓越，传承科学探索精神和教育奉献精神。

七律·再题谢希德

不辞万里破重关，骇浪惊涛若等闲。
灯影映窗千夜冷，霜痕蚀鬓一生艰。
炬燃霄汉开新域，舟引春潮越险湾。
已铸丰碑垂史册，要留希德在人间。

"与山川同在，与日月同辉"，谢希德先生的一生，是勤于开拓、勇于创新、乐于奉献的一生，是爱党、爱国、爱人民的一生，她的伟大成就和崇高精神将永远激励后人。无论是成立书院、庆祝诞辰，还是竖立雕像……所有的这些，都是一种缅怀、一种传承。我们将以谢希德先生为榜样，不忘初心，勇担使命，为民族之复兴、中华之腾飞而奋斗终身。

初版后记

"百年名校,鲲鹏展翅;一代宗师,天地同飞。"在复旦大学百年校庆日益临近之际,复旦大学出版社约请笔者撰写校长传记系列丛书之《谢希德传》。鉴于平时收集、整理过谢先生的一些资料和照片,在所承担的《复旦大学百年纪事》重要公务基本完成之时,笔者便于2005年1月15日欣然与出版社签订了出版合同,并抓紧春节假期突击成书,使《谢希德传》得以成为复旦百年华诞之献礼。

谢希德教授曾任复旦大学副校长、校长,其间作者之一王增藩有幸在她身边工作了十多年,并深为谢先生一生杰出的成就和崇高的品德所感动。当年,为了报效祖国,她选择暂时出国留学,一旦学成就不顾各方阻挠,千方百计辗转归来报效祖国;她培养人才呕心沥血,在百忙之中帮助研究生确定研究方向,利用晚上的休息时间为他们审阅论文、校阅译文,把自己辛勤积累的教学资料和教学经验毫无保留地传授给年轻一代;她与病魔作顽强搏斗,对中国共产党有着坚定的信念,并以唯物主义者的态度对待疾病、直面人生,一次又一次站在人生和时代的风口浪尖;她与爱人曹天钦同志相濡以沫的坎坷经历,以及献身科学的先进事迹,谱写出一段人间恩爱夫妻的感人篇章,得到人们的高度赞誉。而在担任校长期间,谢先生为复旦大学的发展作出重要贡献——她与物理学界的同事一起站在科学研究前哨,不畏艰辛,精诚合作,不断取得科研新成果;她甘为人梯、诲人不倦,为年轻学者提供许多重要的研究信息;她以国际主义的精神,拓展和加深中国与世界许多国家的交流与合作，使上海市、复旦大学与世界更为接近……

正因为有如此贴近的接触，才有了如此真实的感动，笔者在接到任务时也才欣然应允而毫不犹豫，亦不敢懈怠。其中，王增藩因忙于编写《复旦大学百年纪事》，时间和精力均感不足，复旦大学新闻学院硕士生刘志祥鼎力协助，才使本传以最快的速度面世，这是笔者两人合作的结晶。

当然，面对谢先生一生如此丰富和精彩的素材，笔者曾下决心尽力去写好这本传记而不辱她的光辉形象。不过，由于时间实在仓促，加之两位作者都不是物理学出身，对物理世界的了解实在太少，学科知识背景有限，因此本书仍存在不少问题，离传的要求还有一定的差距。然则，笔者希望以此书抛砖引玉，期盼相关专家作更深入的采访，写出更为精彩的、更能反映科学家学术水平的新版《谢希德传》，也不失本书的初衷。

在《谢希德传》成稿的过程中，王迅院士于百忙中阅览全书并亲自作序，这是本传的莫大荣幸，特致诚挚的感谢。复旦大学原校长华中一、原副校长庄锡昌，国际关系与公共事务学院院长倪世雄教授，物理系谢先生几十年的同事阮刚、陆栋、钱佑华教授，以及她的学生、上海市政协、上海市欧美同学会、复旦大学美国研究中心、中国科学院上海技术物理研究所等，都提供了大量文献资料并对征求意见稿提出宝贵意见。复旦大学党委宣传部部长石磊、复旦大学出版社社长贺圣遂和总编高若海、新闻编辑室主任顾潜、本书的责任编辑梁玲博士，对本书出版高度重视和支持，在此一并表示衷心感谢。

今夜，星光灿烂。案头文稿即将付梓，或许这浅薄的文字不能全面展现谢先生的高大形象，但于那永远飘荡在祖国和复旦上空的灵魂，应该是一次真情的阐释——伟人已逝、斯风长存，这也是笔者的心愿。

王增藩　刘志祥
2005 年 3 月 31 日
于复旦园

图书在版编目(CIP)数据

谢希德传/王增藩,刘志祥著. -- 2 版,增订本.
上海:复旦大学出版社,2025.5. --(复旦大学校长传
记系列). -- ISBN 978-7-309-17937-8

Ⅰ. K826.11

中国国家版本馆 CIP 数据核字第 2025AH9195 号

谢希德传(增订本)
王增藩　刘志祥　著
责任编辑/梁　玲

复旦大学出版社有限公司出版发行
上海市国权路 579 号　邮编:200433
网址:fupnet@fudanpress.com　http://www.fudanpress.com
门市零售:86-21-65102580　团体订购:86-21-65104505
出版部电话:86-21-65642845
上海雅昌艺术印刷有限公司

开本 787 毫米×960 毫米　1/16　印张 23.25　字数 335 千字
2025 年 5 月第 2 版
2025 年 5 月第 2 版第 1 次印刷

ISBN 978-7-309-17937-8/K·863
定价:105.00 元

如有印装质量问题,请向复旦大学出版社有限公司出版部调换。
版权所有　　侵权必究